企业管理创新与运营

杨琳 著

延边大学出版社

图书在版编目（CIP）数据

企业管理创新与运营 / 杨琳著. -- 延吉：延边大学出版社, 2016.12

ISBN 978-7-5688-0776-0

Ⅰ. ①企… Ⅱ. ①杨… Ⅲ. ①企业管理－研究 Ⅳ. ①F272

中国版本图书馆 CIP 数据核字(2016)第 314408 号

企业管理创新与运营

著　　者：杨　琳

责任编辑：孙淑芹

封面设计：瑞天书刊

出版发行：延边大学出版社

社址：吉林省延吉市公园路 977 号　　　　邮编：133002

网址：http：//www.ydcbs.com

E-mail：ydcbs@ydcbs.com

电话：0433-2732435　　　　　传真：0433-2732434

发行部电话：0433-2732442　　　　传真：0433-2733056

印刷：北京朗翔印刷有限公司

开本：787×1092　　1/16

印张：12.5　　　　　　字数：200 千字

版次：2017 年 7 月第 1 版

印次：2022 年 8 月第 4 次印刷

ISBN 978-7-5688-0776-0

定价：43.00 元

前　言

随着经济全球化和文化多元化的发展，面对新科技革命和知识经济的兴起，创新已成为时代的号角。要按照科学发展观的要求，实现中华民族的伟大复兴，一个关键因素就是要培养和造就大量具有全球视野和创新精神的优秀管理者，全面提高社会各种组织特别是各种经济组织的管理水平。企业是自主创新的主体，学习创新思维，培养创新智能，提高创新素质，开发创新潜能，将创新的思想梳理成系统，贯穿到企业运营工作的方方面面，以创新推动企业运营的全过程。

本书由榆林学院出版基金资助。本书按照市场经济条件下，建立现代企业制度的要求，从现代企业运行机制与管理创新出发，以现代管理理论为基础，坚持理论联系实际的原则，紧密结合改革与发展的进程，探索管理中的新问题，总结管理中积累的新经验；坚持以我为主，兼收并蓄，在总结我国管理实践的基础上，学习、吸收、借鉴国外先进的管理理论和方法，注意反映企业运行机制与管理创新的最新研究成果。

在编写过程中，我参阅了大量的相关专著及论文等，对相关文献的作者，我表示谢忱。由于编写时间仓促，书中难免存在不妥之处，敬请各位专家、学者、读者批评指正。

目　录

第一章 企业管理概述

企业是市场经济中的经营主体，它是由土地、劳动、资本、管理、知识等生产要素集合而成。本章主要阐述企业的概念、企业的一般特征和企业类型，最后介绍企业管理的基本理论和企业管理发展史。

第一节 企业及其特征

一、企业的概念

从一般意义上来讲，企业是指从事生产、流通和服务等经济活动，为满足社会需要和获取盈利，实行独立核算，进行自主经营、自负盈亏，具有法人资格的基本经济单位。企业并不是人类社会存在以来就有的，它是在社会化大生产条件下，适应市场经济发展需求而产生的经济组织，是社会生产力发展到一定水平的结果，是现代社会的经济细胞和国民经济的基本经济单位。企业概念具有如下含义：

①是以市场为导向、盈利为目的、从事商品生产与经营的经济组织；

②是自主经营、自负盈亏、独立核算的基本经济单位；

③是依法设立、依法经营的经济实体。

企业是一个历史的概念。工业企业是最早出现的企业，它经历了手工业作坊、工场手工业和机器大工业三个阶段。手工业作坊是一种简单的劳动协作的组织形式，一般而言规模小且分散，生产活动基本上没有分工和协作，是一种典型的家庭手工业。工场手工业是在 16 世纪以后发展起来的，比手工业作坊组织形式规模大，并以专业化分工为基础，是企业的初期形式。大机器工业是 18 世纪 60 年代工业革命后产生的，它以机器为基本生产手段。在工厂制度下，劳动分工进一步细化，生产力水平不断提高，促使工厂大量涌现并与社会各方面建立了广泛的技术经济联系，企业形式也从早期的工业领域逐步扩展到商业、建筑、金融、运输、邮电等各领域，这些领域又可分为加工制造和商业服务两大类，通常称为工商企业。

二、企业的一般特征

不同类型的企业，都有反映它们各自特殊性的某些特征。但凡企业，也都具有反映其共性的一般特征。

1.企业的职业特征：即企业是从事商品或劳务生产和经营的基本经济组织。企业的这一特征，表明在社会经济活动中企业主要进行的是什么活动，发挥什么作用，从事的是什么职业等。企业的职业特征是它区别于从事非经济活动的政府机关、政治组织、事业单位、群众组织和学术团体等非经济组织的本质特征。

2.企业的行为特征：企业是自主经营、自负盈亏的经济文体。企业的这一特征，是判断经济组织能否成为真正企业形态的重要标志。企业是独立自主从事生产经营活动的经济组织，在国家法律、政策允许的范围内，企业的生产经营活动不受其他主体的干预。

3.企业的人格特征：企业是具有法人资格的经济实体。企业的人格特征规定了企业必须依法成立，具有民事权利能力和民事行为能力，依法独立享有民事权利和承担民事义务的组织。法人企业的独立自主性，在法律上表现为财产独立、核算独立、经营自主，并以自己独立的财产享有民事权利和承担民事责任。

4.企业的目标特征：在竞争中满足社会需要和获取盈利，追求顾客价值和企业价值的最大化是企业的战略目标。企业是市场中的经营主体，同时也是竞争主体。竞争是市场经济的基本规律。企业要生存，要发展，就必须参与市场竞争，并在竞争中取胜。企业的目标特征，表现在它所生产的产品和提供的服务要有竞争力，要在市场上接受顾客的评判和挑选，要得到社会的承认。市场竞争的结果是优胜劣汰，企业通过自己有竞争力的产品或服务在市场经济中求生存、求发展。

三、企业的分类

从不同的角度，按照不同的标准可将企业划分成不同的类型。

（一）按企业所从事的经济活动的不同可分为：

1.生产型企业：主要指从事工业、农业和建筑安装业生产的企业等。

2.流通型企业：主要指交通运输企业、邮政电信企业和贸易型企业等。

3.服务型企业：主要指金融、饮食、旅游、咨询、信息服务等企业。

（二）按企业生产要素结构的不同可分为：

1.劳动密集型企业：是指在产品生产和提供服务的过程中，密集使用劳动力要素的企业，是相对于资本密集型和知识技术密集型企业而言的。一般可用劳动资本比的高低来衡量。对于单位资本占用劳动力较多或单位劳动占用资本较少的企业可定义为劳动密集型企业。

2.资本密集型企业：资本占企业成本比重相对较高的企业。如冶金工业、石油化工工业、机械制造业等重工业。特点：技术装备多、投资量大、容纳劳动力较少、资金周转较慢、投资效果也慢。同知识技术密集型企业相比，资本密集型企业的产品产量同投资量成正比，而同产业所需劳动力数量成反比。所以，凡产品成本中物化劳动消耗比重大，而活劳动消耗比重小的产品，一般称为资本密集型产品。

3.知识技术密集型企业：是建立在现代科学技术基础上，生产高、尖、精产品，集中大量科技人员，科研设备先进的企业。知识技术密集型企业的特点是：技术设备复杂，科技人员比重大，操作人员的素质比较高，使用劳动力和消耗原材料较少。在知识密集型企业中，科学知识、科研成果、技术开发将转化为现实的生产力。

（三）按企业财产构成的不同可分为：

1. 独资企业：由资产者个人出资兴办，又由其自己经营管理，这种企业在法律上称为自然人企业。特点：家族性、世袭性和传统性，是一种最简单的企业形式。独资企业在经营上不受制约，经营方式灵活，易于保守商业秘密，企业易起易落，但独资企业不具备法人地位，企业本身不是民事主体，企业主对企业债务承担无限责任。

2. 合伙企业：是指由两个及两个以上的出资人共同出资兴办，联合经营和控制的企业。主要由合伙人采用书面协议的方式确立双方的权利和义务。特点是：共同出资、共同经营、共同分享利润。合伙企业与独资企业同样不具备法律地位，为自然人企业，企业本身不是民事主体，出资人才是民事主体，合伙企业的出资人对企业债务承担无限责任。但合伙企业与独资企业相比有其明显优势：扩大了资本来源和信用范围，经营风险多元承担。由于是多元主体的集合，使决策能力大大提高，增强了企业的市场竞争力。

3. 公司制企业（这是现代企业的主要形式）：是指按法定出资者人数出资组成的，以盈利为目的，具有法人资格的经济实体。其基本特征为：合法性（合法成立、合法经营）、盈利性、独立性。优点在于：融资规模扩大，有利于规模化经营；有限责任，降低了投资者的风险；经营权与所有权分离，建立了相互制衡的组织制度，有利于规范化和科学化经营；独立的法人地位摆脱了自然人的束缚，不再因股东或管理人员的变动等因素影响企业的生存与发展。公司制企业的主要形式有：

①有限责任公司。有限责任公司是由两个以上股东共同出资，每个股东以其所认缴的出资额对公司承担有限责任，公司以其全部资产对其债务人承担责任的企业法人。基本特征为：公司的全部资产不分等额股份，公司向股东签发出资证明书，不发行股票；公司的股份转让有严格的限制；股东人数也在法律上有上下限，股东按出资额享受权利和承担义务等。

②股份有限公司。股份有限公司是指注册资产由等额股份构成，并通过发行股票或股权证筹集资本，股东以其认购的股份对公司承担有限责任，公司以其全部资产对公司债务承担责任的企业法人。除此以外，股份有限公司还具有以下特征：股票可以交易转让；股东人数有下限界定；每一股有一票表决权；股东以其持有股份数，享有权利和承担义务；公司的会计报告应经注册会计师审查验证后公开。

表 1.1 有限责任公司与股份有限公司的比较

比较	股份有限公司	有限责任公司
不同点	1. 资本划分为等额股份；	1. 资本不划分为等额股份；

	2.发行股票投资，资本必须是货币； 3.股东人数有最低限制，无最高限制； 4.注册资本最低限额为1000万元； 5.设立程序比较复杂； 6.适应于大中型企业。	2.出资证明，出资不一定是货币，亦可是技术、土地、厂房等； 3.股东人数限制为2个以上，50个以下； 4.最低注册资本为10万~50万元； 5.设立程序简单； 6.适用于中小型企业。
相同点	1.都是依法设立的企业法人； 2.股东均负有责任； 3.公司均以全部资产对债务承担责任； 4.公司组织机构均为股东大会、董事会及总经理，公司均有名称、章程等。	

（四）企业的其他分类：

1.按企业的经营内容和行业属性分为：工业企业、农业企业、商业企业、交通运输企业、建筑安装企业、邮电企业、金融企业、科技企业等。

2.按企业性质及有关法律规定分为：

（1）国有企业：改革以前，国有企业在我国是一个较为明确的概念，被称为国营企业和全民所有制企业，实际相当于"国有国营企业"。国有企业在我国立法中界定也很明确，是指依法自主经营、自负盈亏、独立核算、自我发展、自我约束的社会主义商品生产和经营单位，是独立享有民事权利和承担民事义务的企业法人。因此，有学者总结为，改革前我国国有企业特指"由中央或地方的一个财政主体或一个国有企事业单位所设立，利用全民所有的财产从事生产经营，隶属于政府某主管部门，适用《企业法》的企业"。

（2）外商投资企业，包括三种类型：

①中外合资经营企业，是指外国的企业、其他经济组织或个人，按照平等互利的原则，同中华人民共和国的企业或者其他经济组织在中国境内共同投资举办的企业；是我国利用外资、引进先进技术和经营管理的一种重要形式。具体内容为：合营各方按合同规定的出资比例进行投资，各种形式的投资均要折算成币值，按我国有关法律规定，外方合营者所占股份的下限不低于25%，对上限没有规定。共同投资、共同经营、共担风险、共负盈亏是中外合资经营企业的主要特点。

②中外合作经营企业，是指外国的企业和其他经济组织或个人，按照平等互利的原则，同中华人民共和国的企业或者其他经济组织在中国境内共同举办的契约式的合营企业。中外合作经营企业成为我国引进先进外资的重要方式之一，其特点是：中外合作各方的责任、权利和义务不是按各自投入的资本来确定，是通过合作各方自行协商、以合同或协议的方式加以确定；在投资方式上，是由国外合作者提供资金、设备、技术、材料等，中国合作者只提供场地、厂房和可利用的设备、设施等；

中外合作者是根据合同中事先商定的利润分配比例进行分配，是一种由合作各方自行协商，以比较灵活的方式组织起来的有限责任制的国际经济合作形式。

③外商独资经营企业，是指由外方投资者以及华侨和港澳同胞、台湾同胞，经中国政府批准，在中国境内租赁土地、独立投资兴办的企业，是我国社会主义经济必要而有益的补充。特点是：由外商独立投资、独立经营管理、自负盈亏。

（3）高新技术企业，是第二次世界大战以后伴随着高新技术的发展而产生和发展起来的一类新型企业，包括信息技术、生物技术、新材料技术、新能源技术、空间技术和海洋开发技术等。

（4）外向型企业和跨国公司：

①外向型企业，是指生产过程基本立足于国内，商品交换活动面向国外市场，产品主要为满足国外用户需要的出口创汇企业。基本特征是生产和经营面向国际市场，以国际市场为产品销售的主要场所。

②跨国公司，是指通过对外直接投资的方式，在国外设立分公司或控制东道国当地企业，使之成为子公司，并从事生产、销售和其他经营活动的国际性企业，实现了完全的国际化经营。所谓完全的国际化经营，即是进行对外直接投资，在多个国家设立分支机构或子公司，从而在全球范围内捕捉市场机会，在最适宜的地区进行生产、销售或其他经营活动，以实现全球性的经营战略目标。跨国公司已成为国际贸易、国际投资、国际经济技术合作的主要角色，是西方发达国家最有影响、最活跃的经济力量。

四、我国国有企业的主要经营方式

1. 股份经营。股份经营是指以投资者入股的方式，将分散的掌握在不同所有者手中的生产要素（土地、劳动、资本、管理、知识等）集中起来，统一经营使用，自负盈亏，论股分利的一种经营形式。其基本特征为：产权关系明晰；企业以全部的法人财产依法自主经营、自负盈亏、照章纳税；出资者按投入的资本享有所有者的权益；企业按照生产需求组织生产经营；建立科学合理的劳动体制和组织管理制度，形成激励和约束相结合的经营机制。

从国有股份权在公司中所占的份额来看，所采取的经营方式包括：国家独资经营企业（兵器工业企业、航天工业企业、国家储备等）；国家控股经营；国家参股经营，这是目前数量最多的经营形式。

2. 承包经营。承包经营是指以企业资产所有者的代表机构为发包方，企业资产经营者为承包方，明确规定双方的责权利关系。1987年我国国有大中型企业开始普遍推行承包经营责任制。1988年3月1日国务院发布的《全民所有制工业企业承包经营责任制暂行条例》规定，企业承包的主要内容是"包上交国家利润，包完成技术改造任务，实行工资总额与经济效益挂钩"——即"两包一挂"。实行承包经营责任制贯彻的原则是，"包死基数、确保上交、超收多留、欠收自补"。经营承包责任制是我国由计划经济向市场经济体制转变时期的一种带有过渡性质的国有企业经营方式。

3.租赁经营。租赁经营是指企业所有者的代表机构作为出租方，将企业有限期地交给承租方经营，承租方交付租金，并依照合同规定对企业实行自主经营的一种经营方式。20 世纪 80 年代后期，很多小型企业实行了租赁经营责任制，租赁的期限一般为 3～5 年。租赁经营的特点主要有：承租方必须提供财产担保；承租方向出租方按合同规定交付租金（租赁合同的内容包括：租金数额、交付期限及计算方法，是租赁经营合同的必备条款之一，租赁经营企业实现依法纳税后，剩余部分按照合同规定的比例分为四个部分：承租方的收入、企业市场发展基金、职工福利基金、职工奖励基金）；承租方享有充分的经营自主权；租赁经营在两权分离、业主自主经营、自负盈亏的程度上比承包经营更彻底，风险大、压力大、动力则更大。

第二节 企业管理的基本职能

一、企业内部的系统结构

从过程管理的思想看，企业内部是由供应子系统、生产子系统、营销子系统、研究和发展子系统等四大子系统构成。它们的有效运作，可以保证企业日常生产与经营活动的有序进行，以保证企业战略目标的顺利实施和生产经营目标的最终实现。

1.供应子系统的功能：主要是提供生产、经营、研究开发等所必需的人力、资金、物资等生产要素。

2.生产子系统的功能：是根据企业生产经营的目标，对投入的生产要素进行最佳配置，完成产品的生产过程，并按时、按质、按量向营销子系统提供产品。

3.营销子系统的功能：是协调企业上市产品与市场开发的关系。它既要把研发及生产子系统的产品推销出去，又要及时反馈市场信息给研发及生产子系统。

4.研究和发展子系统的功能：即根据企业和市场的战略发展需要，制定企业未来发展的基本对策，开发新产品、新工艺、新技术。

二、管理的概念

在人类历史上，自从有了有组织的活动，就有了管理活动。管理活动的出现促使人们对这种活动加以研究和探索，从而形成管理思想。一般而言，管理是指组织中的管理者通过计划、组织、控制等环节和各种方法，来有效地获得和利用各种资源，以期达到组织目标的过程。对这一定义我们可从管理的特征上进一步理解为：

1.管理的载体是组织。管理不能脱离组织而存在，反过来组织中必定存在管理活动。

2.管理的对象是组织内外一切可以调用的各种资源，通常包括原材料、人员、资本、土地、顾客、信息等。组织中任何资源的分配、协调，本质上都是以人为中心的，因此管理要以人为中心。

3.管理的本质是活动或过程。具体来讲，管理是分配、协调活动或过程。

4.管理的职能是计划、组织、控制等。

5.管理的目的是为实现组织既定的目标。

管理的作用，从理论上分析可以概括为如下三点：

（1）管理可使潜在生产力变为现实的生产力系统。

这是因为，不相干的生产力要素虽然有不同的作用，但犹如"乌合之众"，不会形成真实的生产力。通过管理这个纽带，使之结合在一起，只要配置合理、分工协作，就会产生与管理系统运动方向一致的正向结构组合效应,表现为现实的生产力系统。

（2）管理是当代人类社会加速进步的杠杆。

系统理论认为大系统相对于各子系统功能的总和是不守恒的,因为系统中的联系和发展是通过信息促使物质和能量的流通,而唯有管理才能够通过信息促使物质和能量进行合理的流通,而合理的流通能够使系统的要素功能集聚,并在整体上裂变而放大系统功率,所以管理具有一种"化小为大"的功力,这将大大加速社会的进步,特别是管理会使科学技术这个第一生产力得到最充分的发挥。

（3）管理制约着生产力总体能力的发挥。

管理同生产力、生产工具、生产对象和科学技术同样都是生产力要素。生产力总体是通过管理把诸要素有机地组合在一起,形成一个生产力动态运行系统。当代人们赋予生产力一个新的定义:生产力=（劳动力+劳动工具+劳动对象+科学技术）×科学管理。从公式中可看出,科学管理起乘数作用,管理水平的高低会产生显著不同的生产力总体功能,它制约着生产力总体功能的发挥。据专家评估,各国在现有技术和设备条件下,倘若能切实改进管理,均可提高生产力水平1／3以上。西方工业发达国家的一些经济学家有多种具体形象的描述,一种比较普遍的说法是"两个轮子说",即认为先进的技术和科学的管理是推动现代社会经济高速发展的两个车轮,两者缺一不可。另一种说法是"三大支柱说",认为管理、科学和技术是促进现代社会文明发展的三大支柱。还有一些说法,如"三七分成说"和"发展之母说",即企业的成败"三分在技术,七分在管理",因而认为"管理是企业发展之母",等等。总之,管理是促成社会经济发展的最基本的关键因素。

三、企业管理的职能

企业管理就是为了保证企业生产经营活动的正常进行,实现企业的既定目标,而对企业的生产、财务、经营等活动所进行的信息获取、决策、计划、组织、领导、控制和创新等。

关于企业管理的职能有多种不同的提法,如法约尔（H·Fayol,1841～1925）认为管理的职能包括计划、组织、指挥、协调和控制五种职能;孔茨（H·Konntz）等则认为包括计划、组织、人员配备、指导与控制四种职能;厄威克和艾伦等人则认为包括计划、组织和控制三种职能;国内学者如周三多等人认为管理的职能有信息获取、决策、计划、组织、领导、控制和创新七种职能;等等。我们认为,企业管理最为基本的职能是计划、组织和控制这三个职能,其他职能都可以从这三个职能中分解出来。

1.计划职能

广义的计划职能可以分解为预测、决策和计划三个职能,它包括计划的制定、计划的执行和计划的检查和控制。狭义的计划仅指计划的制定。一项完整的计划通常由：宗旨、目标、战略、政策、规划、程序、预算（以数字或货币表示的规划）等要素构成。

计划职能是指通过制定和选择决策方案，编制反映和执行决策方案的计划，监督和检查实施等管理活动的总和。其基本内容是制定经营战略、目标及实施方案，核心是决策。简单地说计划就是要解决两个基本问题：第一是干什么（What），第二是怎样干（How）。组织等各项职能都要围绕着计划所确定的目标和方案展开，所以说计划是管理的首要职能。

2. 组织职能

组织有两种不同的意义：其一，组织是一个实体（名词），指以人为中心的各种资源的集合体；其二，组织是一种行为（动词），是为了实现其经营目标，把构成企业生产经营活动的基本因素、生产经营的主要环节，以有秩序、有效率的方式组合起来的工作。

组织作为一项重要的管理职能是指：在组织目标已经确定的情况下，将实现组织所必需进行的各项业务加以分类组合，并根据管理幅度原理，划分出不同组织层次和部门，将监督等各类活动所必须的职权授予各层次、各部门的管理人员，以及规定这些层次和部门间相互配合关系的过程。组织职能把计划变成行动，为计划的实现提供资源保证。组织职能的内容一般而言包括：

（1）根据组织目标设计和建立一套组织机构和职位系统；

（2）确定职权关系，建立信息沟通的渠道，从而把组织上下左右联系起来；

（3）与管理的其他职能相结合，以保证所设计和建立的组织结构有效地运转；

（4）根据组织内外部要素的变化，适时地调整组织结构。

管理者必须把组织中的成员组织起来，以便使信息、资源和任务能在组织内顺畅流动，组织文化和人力资源对这一职能具有重要的作用。尤为重要的是，组织中的管理者必须根据组织的战略目标、经营目标和组织所处环境的变化，来设计组织结构、配备人员和整合组织资源，以提高组织的应变能力。

3. 控制职能

控制职能是指管理者接受企业内外的有关信息，按既定的目标和标准对企业的生产经营活动进行监督、检查，发现偏差，采取纠正措施，使工作按原定的计划进行，或适当地调整计划，以达到预期目标的管理活动。控制过程通常包括：确定控制标准—衡量工作成效—纠正偏差这三大阶段。为了确保企业管理系统按预定的目标和计划进行，控制职能必须自始至终贯穿于整个企业经营管理的过程中。

通常分为三种类型的控制：预先控制、过程控制、事后控制。

见图3.1所示。

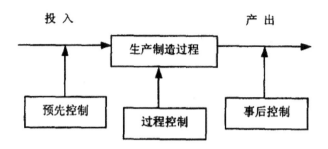

图 3.1 控制类型图

控制职能要求组织的管理者，应善于识别最初所设计的计划结果与实际执行结果之间的偏差，当组织的实际运行情况偏离计划时，管理者必须采取纠正措施。纠正行动可以是采取强有力的措施以确保原有计划的顺利实现，也可是对原有计划进行调整以适应经营形势的变化。控制职能是管理过程中不可或缺的一项重要职能，由于它的存在确保组织目标的实现。

计划、组织和控制这三种职能是相互联系、相互制约的，其中计划是管理的首要职能，是组织和控制职能的依据；组织和控制职能是实现有效管理的重要环节和必要手段，是计划及其目标得以实现的保障。只有统一协调这三个方面，使之形成前后关联、协调一致的整体管理活动过程，才能保证管理工作的顺利进行和组织目标的完满实现。

四、企业管理的内容

企业管理活动，可以从不同的角度进行分类，如按照企业生产经营活动的过程可以分为：产前—产中—产后的管理活动，即市场研究—产品开发与设计—供应与生产过程—销售及售后服务—市场研究；可以按照企业生产的要素来分类，有人、财、物、时间、信息等要素的管理；还可以按照企业活动的层次来分类，有高层管理—中层管理—基层管理等。这里主要介绍的企业管理内容为：

1.企业组织管理。主要介绍企业组织的概念、组织的设计、组织的变革与创新、企业组织流程再造、学习型组织等内容。

2.企业战略管理，是从企业的长期和总体发展为出发点，介绍企业的经营战略思想、战略目标、战略体系及其任务、战略过程、战略措施等内容。

3.企业生产管理，广义的生产管理是包括生产过程管理、质量管理、技术与设备管理、物资与仓库管理等；狭义的生产管理主要研究与生产过程有关的各项活动的管理。

4.企业质量管理，主要介绍产品质量的概念，质量管理的意义与基本方法，企业质量体系认证的基本内容及其他质量管理理论等。

5.物流与供应链管理，主要介绍企业管理模式的转变、供应链管理与电子商务的基本理论，供应链管理下的采购与库存控制等。

6.采购与库存管理，主要介绍物资需求分析，JIT 采购，电子商务采购，招投标采购等。

7.企业营销管理，主要介绍企业营销机会分析、营销战略确定、营销组合实施、加强营销活动的控制等内容。

8.市场预测与决策，主要介绍市场预测的技术与方法，企业决策的方法原理与应用等。

9.客户关系管理，主要介绍客户关系管理的概念与流程，客户关系管理的解决方案，客户关系管理的实施等。

10.企业财务管理，主要介绍企业资金的筹措、资金的投放和使用，以及资金的收入和分配等企业资金的运动过程。

11.企业人力资源管理，主要介绍企业人力资源的规划、工作分析、人才选聘、激励、以及人力资源的培训与员工职业生涯管理等。

12.知识管理，主要介绍知识管理的概念、内容，知识管理的策略，知识管理的实施等。

13.企业信息管理，主要介绍信息的概念与作用，管理信息系统等。

第三节 企业管理的发展与演变

企业管理是搞好企业的永恒主题，尤其在我国管理思想相对落后、管理水平较低的情况下，它已成为一个亟待解决的问题。企业现代化进程，迫切要求我们深刻认识和掌握管理思想的精髓。目前一般将企业管理划分为三个阶段：早期管理阶段（产生于 18 世纪，以亚当·斯密为代表）；科学管理阶段（产生于 19 世纪末，以科学管理理论、一般管理理论和行政组织理论为代表）；现代管理阶段（产生于 20 世纪 40 年代末，以管理科学学派、管理过程学派、经验主义学派、决策理论学派、系统管理学派、社会系统学派、社会技术系统学派、权变理论学派、经理角色学派、行为科学学派为代表）。简述如下：

一、早期管理理论阶段

开始于 18 世纪 80 年代的工业革命，止于 19 世纪末，其间经历了一百多年的时间。其原因在于，蒸汽机的出现导致的第一次工业革命成为资本主义工业生产的主要经营组织，大力推动了经济的发展、劳动分工和专业性的加强，生产力发展水平和劳动方式的变化对管理提出了新的要求，从而促使人们从多方面对管理工作进行探索。一般称之为经验管理或传统管理阶段。这时的企业管理理论和管理思想主要反映在企业管理者办工厂的个人实践和经济学家的个别论述中，还未形成系统的管理理论。主要代表性人物有：

1.英国古典经济学家亚当·斯密。1776 年亚当·斯密在其发表的《国富论》中，第一次系统论述了古典政治经济学，对以后的管理理论产生了重大影响。其主要观点是：（1）劳动特别是生产性劳动是国民财富的源泉，只有减少非生产性劳动，同时提高劳动者技能，才能实现这一目的；（2）劳动分工可使生产者技能得以及展，节约由于工作变更而造成的时间损失，有利于专门从事某种作业的劳动者改良工具和发明机械等；（3）提出了"经济人"的观点。

2.英国空想社会主义者罗伯特·欧文。1850 年罗伯特·欧文在苏格兰的一座棉纺厂中，开始了一种大力减轻劳动强度、改善劳动条件、为工人提供较多福利设施的实验。他认为，工厂是由员工组成的，若把他们有效组织起来，相互合作与配合，就可以产生最大的效果。因他较早关注企业中人事管理问题，被后人称之为"人事管理之父"。

3.英国剑桥大学数学家查尔斯·巴贝奇。查尔斯·巴贝奇通过对英、法等国家的工厂管理问题进行研究之后，提出了劳动分工、用科学方法有效使用设备和原材料等观点。其主要贡献在于：主张通过科学研究来提高动力、原材料的利用效率和员工的工作效率，采用利润分配的形式来谋求劳资双方的调和，可以说他是科学管理思想的先驱者。

早期管理理论的主要特点表现在：由资本家直接担任企业的管理者；主要依靠个人经验从事生产和管理活动；管理的重点是解决分工与协作问题。

二、科学管理阶段

它形成于 19 世纪初，自由资本主义向垄断资本主义过渡时期。这一时期的主要成就，一是美国的泰罗等人，以研究工厂内部生产管理为重点，以提高生产效率为中心，提出的解决生产组织方法科学化和生产程序标准化等方面的管理理论；二是法国的法约尔等人，以企业整体为对象提出的有关企业经营管理职能和管理原则的管理理论；三是德国的韦伯等人，以企业组织结构为对象而建立的古典组织理论等。这些管理理论是对社会化大生产发展初期管理思想的系统总结与提炼，表明管理科学的正式建立。主要代表人物有：

1. 美国的泰罗。泰罗 1855 年出生于美国费城一个富有的律师之家，小学毕业后考入哈佛大学法律系，但不幸因眼疾被迫辍学。他毕生致力于研究管理人员和工人工作效率提高的问题，其代表作有：《计件工资制》（1895）、《车间管理》（1903）和《科学管理原理》（1911）。这些著作奠定了科学管理的理论基础，标志着科学管理思想的正式形成，因此被西方管理学界称之为"科学管理之父"。

泰罗的主要观点和贡献表现在：（1）提出了工作定额原理。指出要制定工人的"合理的日工作量"，就必须进行时间和动作研究；（2）提出了标准化原理。他指出要使工人掌握标准化的操作方法，使用标准化的工具、机器和材料，并使作业环境标准化；（3）要使员工的能力与工作相适应。为提高劳动效率，必须为工作挑选第一流的员工（即他的能力适合做这种工作，而且他自己也愿意去做）；（4）提出了差别计件工资制（即计件工资要随完成劳动定额程度的不同上下浮动）。泰罗认为，员工之所以消极怠工一个重要的原因，是他个人感觉报酬不合理，实行差别计件工资制会激发员工的工作积极性，从而提高劳动效率；（5）明确提出了计划职能与作业职能的分离。泰罗认为，应采用科学的工作方法代替经验工作方法，为此应由专门的计划部门承担计划职能，由所有的工人和部分工长承担作业职能。

2. 法国的法约尔。1860 年法约尔从法国国立矿业学院毕业后进入一家矿业公司，担任过工程师和总经理，晚年担任大学的管理学教授。1916 年发表了《工业管理和一般管理》一书，这本著作是他一生管理经验和管理思想的总结。由于法约尔从高层管理人员经常遇到的组织经营问题出发，对管理进行了开创性的研究，因而被称为"经营管理学之父"。

他的主要成果和贡献在于：（1）提出了企业管理的基本活动和管理的五项职能。法约尔认为任何企业都存在六种基本活动，即技术活动、商业活动、财务活动、安全活动、会计活动和管理活动，其中管理活动具有计划、组织、指挥、协调和控制五种职能；（2）规定了组织经营的几条原则，即分工、权利与责任、纪律、统一指挥、统一领导、报酬合理、集权与分权、等级层次、秩序、公平、人员稳定、首创精神、集体精神。

3. 德国的韦伯。韦伯是德国著名的社会学家，他在管理理论上的主要贡献集中体现在《社会组织与经济组织》一书中。在该书中，他提出了理想的行政组织体系理论，因而被称为"古典组织理论之父"。

他认为理想的组织形式应具有以下一些特点：（1）组织存在明确的分工；（2）上下层次间有职位、责任分明的结构；（3）组织成员的任用须一视同仁，严格掌握标准；（4）组织内任何人都须遵循共同的法规和制度；（5）组织中成员间的关系以理性准则为指导，不受个人情感的影响，组织与外界的关系也是如此。达到上述条件的组织体系才具有精确性、稳定性、纪律性和可靠性，才能高效率地运转。韦伯的理论是对泰罗、法约尔理论的一种补充，对后来的管理学家，特别是组织理论学家产生了很大的影响。

科学管理阶段的特点主要表现在：系统化、科学化地研究和解决企业内部的生产管理问题；以提高组织的效率为直接目的；提倡管理职能的分工与专业化；把管理的对象看作是封闭系统，集中研究企业内部的组织管理问题；在人性的假设上，将人看作"经济人"、"生产的活机器"。

三、行为科学理论阶段

开始于 20 世纪 30 年代，早期被称做人际关系学说，后来进一步发展为行为科学，即组织行为理论。该理论兴起的社会背景：一是社会生产规模进一步扩大，经济发展出现国际化的趋势，使生产、经营、销售等经济活动的开展，需要更为先进的管理方法和手段；二是产品竞争更趋激烈，产品升级换代的步伐越来越快，对管理提出了越来越高的要求。同时科学管理的一些管理方法，在应用中常出现失效现象，迫使管理学家开始从人类行为的角度对管理活动进行研究，于是出现了各种行为科学管理理论。这些理论的共同特点是，力图克服科学管理理论的缺陷，从社会学、心理学、人类学的角度出发，强调人的需要、人的相互关系对生产经营的影响。

行为科学理论既可以看成是管理思想史上的一个发展阶段，也可以看成是现代西方管理理论的重要组成部分，其核心是所谓"人际关系"理论。主要代表性人物有：

1. 美国的梅奥。梅奥原籍澳大利亚，后移居美国。作为心理学家和管理学家，他领导了 1924～1932 年在芝加哥西方电气公司霍桑工厂进行的试验，研究工作环境、物质条件和劳动生产率之间的关系，即霍桑试验。霍桑试验的研究结果，否定了古典管理理论对于人的假设。试验表明工人不是被动的、孤立的个体，其行为不仅仅受工资的刺激，影响生产效率的最重要因素不是待遇和工作条件，而是工作中的人际关系。

梅奥对其领导的霍桑试验进行了总结，先后发表了《工业文明中人的问题》和《工业文明中的社会问题》，在这些著作中提出了人际关系理论的一系列观点：工人是"社会人"而不是"经济人"；企业中存在着非正式组织；新的管理方法在于提高工人的满意度。

2.美国的马斯洛。马斯洛是美国著名的社会心理学家和比较心理学家。他在1954年出版的《激励与个性》一书中，提出了需要层次理论，即人是有需要的动物，其需要取决于他已经得到了什么，尚缺少什么，只有尚未满足的需要才能影响其行为，或者已经得到满足的需要不能起到激励的作用；人的需要有层次之分。

马斯洛把人的需要，按从低到高的顺序分为生理需要（包括衣、食、住、行）；安全需要（其中包括心理安全，指的是解除严酷的监督，受到公正的待遇；劳动安全，指的是工作安全、环境无害、避免意外灾害；职业安全，指的是职业稳定、失业后有救助、退休后有养老费；环境安全，指的是无天灾、无战争、企业不破产；经济安全，指的是收入稳定、医疗保险、意外事故有赔偿等）；社交需要（包括得到某一正式或非正式团体的接纳，或某一人群的接纳，避免孤独、冷落）；尊重需要（包括自尊和受到他人尊重，得到相应的名誉、地位。在一定范围内树立权威，办事时有自信心，遇到挫折后得到安慰和自我安慰）和自我实现需要（包括能够发挥个人的潜力、创造力，实现个人理想抱负，有责任感、胜任感、成就感）。只有较低层次的需要得到满足之后，较高层次的需要才出现并发挥激励作用。

3.美国的赫茨伯格。美国心理学家赫茨伯格通过在匹兹堡地区11个工商业机构对200多位工程师、会计师调查征询后发现，受访人员举出不满的项目，大都同他们的工作环境有关，而感到满意的因素，则一般都与工作本身有关。据此，他在1959年提出了双因素理论，全名叫"激励、保健因素理论"。传统理论认为，满意的对立面是不满意，而据双因素理论，满意的对立面是没有满意，不满意的对立面是没有不满意。因此，影响职工工作积极性的因素可分为两类：保健因素和激励因素，这两种因素是彼此独立的，并且以不同的方式影响人们的工作行为。

所谓保健因素，就是那些造成职工不满的因素，它们的改善能够解除职工的不满，但不能使职工感到满意并激发起职工的积极性。它们主要有企业的政策、行政管理、工资发放、劳动保护、工作监督以及各种人事关系处理等。由于它们只带有预防性，只起维持工作现状的作用，也被称为"维持因素"。

所谓激励因素，就是那些使职工感到满意的因素，唯有它们的改善才能让职工感到满意，给职工以较高的激励，调动积极性，提高劳动生产效率。它们主要有工作表现机会、工作本身的乐趣、工作上的成就感、对未来发展的期望、职务上的责任感等等。

双因素理论与马斯洛的需要层次理论是相吻合的，马斯洛理论中低层次的需要相当于保健因素，而高层次的需要相似于激励因素。双因素理论是针对满足的目标而言的。保健因素是满足人的对外部条件的要求；激励因素是满足人们对工作本身的要求。前者为间接满足，可以使人受到内在激励；后者为直接满足，可以使人受到内在激励。因此双因素理论认为，要调动人的积极性，就要在"满足"二字上下功夫。为此，赫茨伯格提出了四组概念："满意""不满意""没有满意""没有不满意"，这四个概念是不一样的。换言之，在管理中，要避免不满意就尽力做好保健因素的事；要刺激满意，就尽力发挥激励因素的事。二者不可偏废，二者要交替使用，适度结合。

行为科学阶段的主要特点表现在：提出以人为中心来研究管理问题；否定了"经济人"的观点，肯定了人的社会性和复杂性。这些观点对后来的管理科学的发展起到了积极的作用。

四、现代管理科学阶段

现代管理科学阶段又称为管理科学阶段。它最早产生于 20 世纪 40 年代，当时美国面临着许多复杂的军事问题，如反潜艇技术问题、运输问题等。为解决这些问题美国组织了由数学家、物理学家和其他科学家组成的研究小组，该小组的研究活动极大地推动了管理科学的发展。管理科学在以后的发展中，与行为科学思想有过一段并行发展的时期，常被称为现代管理科学的两大学派。主要的学派有：

1. 管理过程学派。管理过程学派是在法约尔的一般管理理论基础上发展起来的。代表人有美国的哈罗德·孔茨和西里尔·奥唐奈。管理过程学派强调对管理过程和职能进行研究。

2. 经验主义学派。这一学派的代表人物是美国的彼得·德鲁克，《有效的管理者》是其代表著作。经验主义学派重点分析许多组织管理人员的经验，然后加以概括，找出成功经验中具有共性的东西，使其系统化、理论化。主张从管理的实践出发，以大公司的管理经验为主要研究对象，加以概括，向企业提供成功的经验和方法。

3. 社会系统学派。其代表人物是美国的巴纳德。他的主要观点集中表现在所著的《经理的职能》一书中，他被誉为是"现代管理理论之父"。其主要贡献是从系统理论出发，运用社会学的观点，对正式组织与非正式组织、团体及个人作出了全面分析，提出了以协作系统为核心论述企业内部平衡和对外部条件适应的企业管理理论。

4. 决策理论学派。决策理论学派是由社会系统学派发展而来的，其代表人物有美国的西蒙和马奇。决策理论学派的主要观点有：

（1）强调了决策的重要性。他们认为，决策贯穿于管理全过程，管理就是决策；

（2）分析了决策过程中的组织影响，即发挥组织在决策过程中的作用；

（3）提出了决策的准则，即用"令人满意的标准"来代替传统决策理论的"最优化标准"；

（4）分析了决策中的"组织"作用；

（5）归纳了决策的类型与过程；

（6）主张运用数学技术分析管理全过程，以改善企业决策的质量。

5.系统管理学派。系统管理学派侧重以系统观点考察组织结构及管理的基本职能，代表人物是美国的卡斯持和罗森茨韦克，主要贡献是：

（1）把管理组织视作一个开放系统；

（2）对组织的运行从系统的观点来考察和管理企业，强调系统的综合性、整体性，强调组成部分之间的联系。

6.权变理论学派。代表人物有英国的伍德沃德和美国的菲德勒。权变理论学派的基本观点是：在企业管理中要根据企业所处的内外条件权宜应变，没有什么普遍适用的、 最好的管理理论和方法。相反，管理者必须明确每一情境中的各种变数，应针对不同情况而灵活变通。

现代管理阶段的特点是：强调系统管理的思想；突出经营决策的战略地位；重视管理方法的定量化和管理手段的自动化。

20世纪80年代以来，竞争愈趋激烈，企业外部环境复杂多变，管理学界开始重点研究如何适应充满危机和动荡的国际经济环境的不断变化来谋求企业的发展，并获得竞争优势。其中较为突出的是战略管理理论。1975年安索夫的《战略规则到战略管理》出版，标志着现代战略管理理论体系的形成。迈克尔·波特的《竞争战略》（1980），把战略管理推向顶峰。进入20世纪90年代以来，经济全球化和信息化迅猛发展，企业外部环境变化很快，企业只有不断学习才能适应快速变化的市场环境。1990年彼得·圣吉出版其所著《第五项修炼——学习型组织的艺术与实务》，提出必须进行五项修炼，即"锻炼系统的思考能力，超越自我，改革心智模式，建立共同的远景与开展团队学习"，以建立学习型组织等管理理论。

五、现代企业制度

从企业构成要素之间的关系角度看，企业是指各种生产要素的所有者为了追求自身利益，通过一定的契约方式而组成的经济组织。其中企业各生产要素之间的关系，就是企业制度，企业制度是企业能够实现其特定目标的保证。

所谓现代企业制度是指以完善的法人产权为基础，以有限责任为基本特征，以专家为中心的法人治理结构为保证，以公司制企业为主要形态的企业制度。

1.现代企业制度的基本特征

（1）产权清晰

产权清晰主要是指产权关系与责任的清晰。完整意义上的产权关系是多层次的，它表明财产最终归谁所有、由谁实际占有、谁来使用、谁享受收益、归谁处置等产权中的一系列关系（出资者的最终所有权一般表现为：股权；企业的实际占有权表现为：法人财产权）。

（2）权责明确

即用法律来界定出资者与企业之间的关系，明确各自的责、权、利，从而形成各生产要素之间科学的行之有效的相互制衡的法人治理结构。

（3）政企分开

这主要是针对国有企业而言的，是指必须把政府行政管理职能和企业经营管理职能分开，取消企业与政府之间的行政隶属关系。

（4）管理科学

即现代企业必须形成一套严格、科学、系统的管理制度。一是科学的组织管理机构，使企业权力机构、经营机构和监督机构权责明确，相互制约，各司其职；二是科学的内部管理体制，包括合理的领导体制、科学的决策体制、民主的管理体制、严格的核算体制等管理制度；三是科学的企业规章制度等。

2.现代企业制度的主要内容

（1）现代企业产权制度

企业的产权制度就是企业的法人财产制度，它是以公司的法人财产为基础，以出资者原始所有权、公司法人财产权与公司经营权相互分离为特征，以股东会、董事会、执行机构为法人治理结构来确定各自权力、责任和利益的企业财产组织制度。内容包括：公司是一个法人治理结构来统治管理；公司治理结构是股东会、董事会和高级经理人员三者组成的一种组织，三者权责明确，相互制衡。

（2）现代企业组织制度

是根据企业自身的实际情况，建立符合本企业特点的组织机构，以更好地体现现代企业法人治理结构，更明确地落实股东大会、董事会、经理机构和监事会的权利和责任。

（3）现代企业管理制度

管理制度是有关约束和调整企业经营管理活动中，各种经营管理行为方式和关系的行为规则。现代管理制度要适应市场经济的发展，符合企业的实际，并且积极应用现代科学技术成果。一般包括以下几个方面的内容：具有正确的经营思想和能适应企业内外环境变化，以推动企业发展的经营战略；建立适应现代化大生产要求的领导制度；实行"以人为本"的经营理念，充分发掘企业人力资本的潜力；建立高效的组织机构和管理制度；运用现代的生产方式和先进的生产技术等等。

六、国有企业公司化改制概述

1.国有企业公司制改制的目的

国有企业的公司化（股份制）改制，是将国有企业的资产量化为股份并改变原有企业内部治理结构的过程。企业的公司制改造是目前我国国有企业改革的一个重要手段和方向，其目的就是要建立现代企业制度，将我国的国有企业改造成为自主经营、自负盈亏、自我发展、自我约束的现代型企业，这与中国共产党第十五次代表大会所提出的，将国有企业改造成为具备现代企业制度要求、"产权清晰，权责明确，政企分开，管理科学"的、适应市场经济要求的法人实体和市场竞争主体的目标也是一致的。要达到这个目标，就必须建立和完善上述四种机制。只有真正实现了有效的激励机制、信息机制、决策机制以及财产控制与受益机制的正常运转，国有企业的公司化改制才能成功。

同时，要将大中型国有企业改制成为符合上述条件的现代企业，还要具备其他必要的配套条件，如完善的社会保障体系、发达的金融体系（证券市场、银行制度等）、自由平等的劳动力市场（包括体力劳动力市场和智力劳动力市场，如经理人、经纪人、会计师、律师等高级劳务提供者的供给市场）和产权交易市场、完善健全的法律制度和权利救济体系、民主自由的经济权利表达权等。不具备这些条件的话，国有企业的公司化改制仍然很难成功。

2.国有企业公司化改制的步骤、类型与方法

（1）国有企业公司化改制的步骤。国有企业改制为公司，通常要经过以下步骤：

①产权界定

产权界定即界定财产的归属关系，判定归某个民事主体所有或控制，包括民法上所认定的自物权、他物权以及其他排他性权利，如知识产权、人格权等。产权界定的过程就是确定财产的所有权、占有权、收益权、处分权以及经营权等权利的归属，明确各方权利、义务与责任的过程。由于在计划经济体制下，国有企业的投资与资产的形成没有明确划分，在改制过程中会遇到很多困难，可能比较难于确定产权的归属。因此在企业改制过程中，应当尽可能地收集详细资料，确保国有财产不流失，同时也应维护企业自身的利益。

②资产评估

资产评估是由具有专门技术和法定资格的评估人员，根据有关法律、行政法规和要求评估的一方提供的数据资料，按照特定的投资目的，遵循评估原则、程序与计价标准，运用科学的评估方法，模拟市场对一定时间内企业资产的价格进行评估和判断，并以书面报告的形式表现出来。因此资产评估具有一定的时效性。为了保证资产评估过程与结果的客观公正性，确实保障各方的权益，应当选择一个优秀的资产评估机构，对其拟采用的评估程序与评估方法，由一个与评估机构无关的专家组（由财务专家、土木工程师和技术工程师组成）进行审议、调查、监督和评议。

③产权登记

产权登记主要适用于国有资产。为了保障国有资产不流失，有关法律规定，国

有资产入股的，应当予以登记。主要包括开办产权登记、变更产权登记、注销产权登记和产权登记年度检查等四项内容。国有资产产权登记由国有资产管理部门代表国家负责办理，并依法确认国家对国有资产的所有权和企业对国有资产的占有、使用、收益和经营等权利。产权登记由申请受理、填报审查、审核认定、核发证书等四个阶段组成。

④人员安置

计划经济体制下的企业，具有社会保险、医疗、福利、教育、就业等综合功能，承担了本应由政府承担的许多职能，而企业经营管理职能却并未显现出来，这也是国有企业作为政府附属机构的主要表现。国有企业的公司化改制，不能将原有企业的全部员工统统接受下来，因此就有了人员安置问题，其主要内容是裁减冗余人员。对于改制后的公司所接收的企业职工，则应考核其工作技能、工作效率、创新能力和团队精神等方面，重新分配工作，实现人员整合，提高公司的凝聚力和工作效率，使优良人力资本和优良资产实现最佳结合。

⑤财务处理

国有企业资产评估和清产核资后，即进入财务处理阶段。清产核资就是对企业的厂房、设备、运输工具等固定资产，原材料、在制品、半成品、产成品、存款、债权等流动资产以及专用资金的清查、盘点、登记、估价和建账。对于资产评估和清产核资这些基础性工作的结果，需要根据会计准则调整相应的资产负债表上的项目。如果原国有企业停止营业，则应结束该企业旧账，冻结一切资金，进行债权债务处理，而后办理财产划拨、过户手续；如果是部分优良资产投入股份有限公司或有限责任公司，还必须对其投入的无形资产（土地使用权、知识产权、商誉、经营特许权和非专利技术等）进行评估，并和其他财产一起办理财产过户手续，明确本企业所投入的资本金，以确定股权。

⑥组建新实体

完成上述步骤后，通过准备阶段，选举、决定公司的组织机构，投入资金，确定公司的章程和宗旨，开始新实体的运作。

（2）国有企业公司化改制的类型和方法

国有企业改制为公司的类型，从改制后的公司类型上看，大中型国有企业一般改制为有限责任公司和股份有限公司，中小国有企业一般改制为股份合作制企业；从入股对象和募集方式上，国有企业可以改制为社会集资的股份制公司、国有企业内部集资的股份制公司、外方与国家共同投资的股份制企业；从机制主体角度，可以分为以国有大中型企业为主体的股份制公司、以银行为主体的股份制公司以及以企业集团为主体的股份制公司等。国有企业公司制改造一般可以采取以下六种方法：

①符合《公司法》有关规定的，可以由国有企业单独组建国有独资的股份有限

公司。

②国有企业新建、扩建时，积极吸收国家以外的其他方面的股份投资，将各方投资形成的资产折算成股份，从而组建股份制公司。

③需要新增投资的企业，通过发行股票筹集资金，并将原国有资产和认股形成的资产分别折算为股份，建立股份制公司。

④完全依赖国家贷款投资建立的国有企业，资产负债率比较高，可以通过将国有企业债务转换成股份制公司股权的方法（即所谓"债转股"），从而建立股份制公司；或者通过发行股份募集社会资金入股，从而改变国家持有的股份比例过高的投资结构和资本结构，组建股份制公司。

⑤在企业兼并过程中，通过将被兼并企业的资产折合入股的方式，改变主动兼并的国有企业过于单一的资本结构；或者通过控股兼并的方式，投资被兼并企业，形成多方投资的资本结构，将被兼并的国有企业改造成股份制企业。

⑥在组建企业集团的过程中发展有限责任公司，凡核心企业都可以通过入股份额的方式，向其紧密型、半紧密型企业进行控股或参股；被核心企业参股或控股的成员企业，也可以适当扩大企业间相互持股，并向内部职工募集股份，形成多元化投资格局，从而可以组建股份制公司。

第二章 现代组织创新概述

第一节 组织创新的涵义

一、组织的含义

古典组织理论的奠基者泰勒和法约尔等，他们将组织视为一个围绕任务或职能而将若干职位或部门联结起来的整体。孔茨和韦里克则将泰勒和法约尔的这一思想具体化，在他们看来，组织就意味着一个正式的有意形成的职务结构或职位结构；现代组织理论又多接受伯纳德的观点，从人与人相互合作的角度理解组织，将组织的责权结构特性与人类行为特性结合起来。西蒙曾明确指出，"组织一词，指的是一个人类群体当中的信息沟通与相互关系的复杂模式。它向每个成员提供其决策所需的大量信息，许多决策前提、目标和态度；它还向每个成员提供一些稳定的、可以理解的预见，使他们能够料到其他成员将会做哪些事，其他人对自己的言行将会做出什么反应。"在经济学理论中，威廉姆森遵从科斯的研究路线，将企业组织视为一种契约的联结，具体地说，就是一种特定的治理结构，他认为，交易费用经济学关心的中心问题就是"什么样的交易应该用什么样的治理结构来进行组织和管理的问题"，这里的组织概念显然有着制度的含义，因为治理结构就是现代企业制度的重要内涵。但在具体分析历史上的组织创新时，威廉姆森又将企业组织等同于职能层级结构，并将其看作是保证企业的契约性质得以实现的基础。很明显威廉姆森在企业的组织与制度之间并未作出明确区分。我国很多学者在论述组织创新时也对组织和制度不加区分，有代表性的如李培林等、常修泽等、梁镇等。但同为新制度经济学著名代表人物的诺思却将组织与制度明确地区分开来。诺恩指出，制度是游戏规则，而组织则是游戏的参加者；组织是在现有制度所致的机会集合下有目的地创立的，是为达到目标而受某些共同目的约束的由个人组成的团体。

二、什么是创新

库易在研究了创新的76种定义后得出结论说：①许多研究者对创新的定义是不明确的；②所使用的定义可以分为多种范畴；③定义所使用的内容随时间的变化而变化。

研究表明创新一词通常居于下述三种范畴中的一种：

1. 开发一种新事物的过程。创新的第一个定义是指创造性的开发过程，这一过程从发现潜在的需要开始，经历新事物的技术可行性阶段的检验，到新事物的广泛应用为止。创新之所以被描述为是一个创造性过程，是因为它产生了某种新的事物。霍特所使用的定义就属于这一范畴，他将创新定义为：创新是运用知识或相关信息创造和引进某种有用的新的事物的过程。哈夫勒也接受这种观点，他将创新描述为：它是一个非理性的过程，首先是新思想的发明，经过一段长时间的迂回的发展路径，最后出现了完工的产品。创新的大多数定义都属于这种范围。

2.采用新事物的过程。创新的第二个定义将创新视为由一个新事物的接受者采纳并运用新事物的过程，如奈特曾将创新定义为："对一个组织或相关环境的新的变化的接受。"

3.新事物本身。第三种定义意指新事物本身，它被发明并且被认为是新的。与前两种将创新视作过程的定义相比，第三种定义则将创新视为过程的结果。扎特曼将创新定义为：被相关使用部门认定的任何一种新的思想、新的实践和新的制造物都叫创新；诺格也持同样的观点：被个人或其他使用部门所认为的一种新的思想、新的实践和新的物品。这两种观点都是从接受者的角度来定义创新的。

综上所述，创新可以定义为：在相关的环境中，早先被使用单位或部门所认定的一种新的思想、新的实践和新的制成品；创新是过程的结果而不是过程，其主要理由是：创新应该是首次的和唯一的。贝克尔和威斯莱尔曾论述到：组织创新仅仅当组织首次被采用并且涉及到高昂成本和巨大风险时才会发生，后来的使用者虽然也从事组织变化，但不能说是创新。换句话说，创新过程不包括创新扩散阶段；我们还可以举出另外一个例子来说明这种观点：假定其产业中的一个企业开发出了一种新产品，使用新产品的第一个企业所从事的活动即是创新活动。他们对这种新产品不熟悉，不清楚它如何运行，由于市场上没有该产品对组织创新的理解与对企业产生原因的认识直接相关。如果把企业理解为生产函数，组织创新的内涵实际上是技术创新。技术论中的组织创新尽管也讨论组织本身的变化，但这种变化的目的是为了技术创新或新产品的开发。

三、组织创新的含义

技术论中的组织创新的全面研究要追溯到伯恩斯和斯塔克。他们描述了两种概念形式上的组织：一是机械型组织，它具有科层、指令和遵从等特征；二是有机型组织，它没有明确的工作指派和交流渠道，该种组织谋求灵活性，否定缺乏创新性的指令，强调主动性并鼓励对组织总目标的服从。伯恩斯和斯塔克认为，如果创新的程度越高或组织的环境越复杂，则组织的适应能力就越重要，而有机型组织此时就是一种最好的选择。他们将那些从事技术型活动的组织定义为机械型组织，如流水线生产，在这类活动中协调所涉及到的人际交往活动不是太多，但对人员控制也很强，这种控制是通过在劳动纪律的名义下来实现的。机械型组织具有低协调、高控制的特征，这与韦伯式的官僚或科层组织形成了鲜明的对照，后者拥有职业官僚和正式规章制度，具有高协调、高控制的特征。高协调、低控制型的组织就是有机型组织，而低协调、低控制型的组织则称为无秩序的组织，极端地说，无秩序的组织无异于是一群自由人的集合。

技术论中的组织类型由于不能说明组织产生的原因，首先面临了实践中无法检验和操作这一问题，拉思莱就曾批评说：这一模型过于简单，无法描述实际中所面临的组织类型。其次，技术论中的组织特别是对有机型组织的梦想，最初是基于技术或产品创新的要求而产生的，技术创新需要有一种宽松的气氛和环境，因此有必要安排这样一种组织，它既能充分展示组织成员的各种奇思妙想，又能将这些奇妙构想付诸实践和行动；后来人们发现，这样的组织还能协助整个企业应付外形环境的急剧变化，增强企业的应变能力。因此，此后对称之为有机型组织的梦想已近乎演变成一种渴望了。这种渴望实质上是在期待有机型组织能够带来连续不断的技术创新。

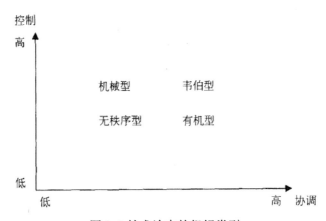

图 3.2 技术论中的组织类型

呼尔在研究了制造业中组织规模与技术复杂性之间的关系后指出：如果技术的复杂性程度低且企业的规模较小，则传统的技术创新通常能取得成功；如果技术复杂性不变，但企业的规模在扩大或技术的复杂性很高，或企业的规模较小，在这两种情况下，企业以韦伯式的科层方式来运行都能取得成功。

在 20 世纪 60 年代至 70 年代，工业企业通常拥有一种准无序化的研究团体，这些团体是学术驱动型的，且有着类似于校园的气氛。这类企业在组织研究与开发的过程中也使用科层方式，而分散在各工厂中的生产则是机械型组织。然而，正是在这一时期，组织开始从机械组织向有机型组织转变，麦格雷戈将此称之为"企业的人性方面"；矩阵式组织在技术复杂性领域如太空计划中也取得了成功。这一转变的关键特征是企业的研究与外发部门与生产、营销有时与财务部门有着密切的结合。在近 20 年中，西方企业组织向有机型方向转变仍在继续，它主要受到来自日本的影响，因为日本的成功主要归功于这种组织类型。

总而言之，技术论的组织创新要点有：①技术创新需要观点的流动，而这种流动则源自低控制型组织，它鼓励"底朝天"式的创造、观点的自由申述并对组织的成功有着高水平的责任感；②创新者需要拥有泛的知识，需要在不同的科学范畴和不同的职能部门中进行大量的交流，特别是技术的可能性要与市场机会和生产的经济性结合在一起；③具有低控制、高协调的组织将有利于技术创新。

最后，我们通过上述分析可以证明，技术论的组织创新实际是在说明技术创新对组织活动所作的要求，而不是组织创新本身。它的最大的悖论在于：既然技术是外生的，又何须组织创新呢？

契约论的交易费用经济学将企业组织视力规制交易的结构，由于交易方式的差异、交易性质的不同，完成一笔交易所花费的费用就有所不同。从市场的契约形式到企业组织，理论上说可以找到无数个规制交易的方法，只有当以企业形式来组织一笔交易所支付的费用低于所有其他规制结构所花费的费用时，该笔交易才有被企业内部组织来组织的必要。当交易环境特别是当技术发生变化时，都会引起交易的形式及至性质的改变；与此同时，技术的变化还会使规制结构本身发生变化。前者要求规制结构必须作出相应的调整，后者本身就意味着组织创新。从这个意义上说，技术变化已经内生于组织创新之中了。因此，威廉姆森曾强调说："一种组织形式在什么样的环境中且为什么在这样的环境中产生的，交易分析而不是技术分析将起决定性作用。"

综合创新的已有的定义，我们可以将组织创新简单地定义为：组织创新就是组织规制交易的方式、手段或程序的变化。这种变化可以分为两类：一是组织的增量式创新，增量式创新不改变原有规制结构的性质，是规制方式、手段或程序的较小的变化，如控制制度的精细化，人事上的变更或组织一项交易的程序发生了变化等等；二是组织的彻底性创新，彻底性创新是规制结构的根本性变化，它发生的次数通常较少，如 U 型组织的出现、U 型组织向 M 型组织的过渡。

第二节 组织创新的地位和作用

用阿罗的话来说：在人类所有创新中，人们使用组织来完成自己的目的既是重要的也是最早的。科尔也曾说过：如果商业程序和商业惯例的变化可以申请专利的话，则这些变化对于经济增长的贡献会像机器的发明和资本内流所产生的影响一样受到普遍的关注。对科尔来说，组织创新包括组织形式的变化、成本核算制度的细致化、计划、人事、合作式的交易程序的变化等等。

根据威廉姆森的分析，组织创新之所以没能像技术创新那样通过专利制度保护而引起人们广泛关注的原因，主要是由于组织创新自身的特点决定的。

首先，组织创新的产权难以以专利的方式来保护。因为要描述一种组织形式或程序是较为困难的，通过监督产出来说明使用了什么形式的监督程序几乎是不可能的，检验这种专利要求有现场观测。而且，这种专利的开发是较为容易的，一种新程序或结构一旦公开及其长处得到证实，其变种也极易设计。由于缺乏可保护性，组织创新的产权就变得有疑问了。

其次，要评估组织创新的经济地位及其重要性也特别困难。组织的变化部分的原因是企业经历逆境所作出的反应，也有可能是为了给股东或大众留下一点乐于进取的形象，组织创新引起的组织变化要与其他原因引起的组织变化区分开来是不容易的。

用交易费用经济学的语言来说，组织创新的产权无法得到有效保护的难题就在于，由于信息压缩和有限理性的存在，组织结构的机会主义变动无法与组织创新本身引起的变动区分开来。由于通过语言来说明组织创新的重要性过于简单，其重要性也只能通过组织运行的绩效来说明。然而，影响组织运行的绩效除组织结构本身外还有其他许多因素，而把组织结构这一因素所做贡献的大小区分开来也是十分困难的。

正是基于这样一种原因，组织创新与技术创新相比，在经济学的正式分析中获得的关注是很少的。

钱德勒从商业史的角度说明了历史上曾经发生的几次重大的组织创新，他的论点与其企业理论所作的结论基本上是一致的。他的第一个论点是，当管理上的协调比市场机制的协调能带来更大的生产力较低的成本和较高的利润时，现代各单位的工商企业（M 型组织）就会取代传统的小公司（U 型组织）；第二和第三个论点则说明了 M 型组织创新所必备的条件，这些条件就是：在一个企业内把许多营业单位活动内部化所带来的利益，要等到建立起管理层级制以后才能实现；以及当经济活动量达到这样一个水平，即管理上的协调比市场的协调更有效率和更有利可图时，现代工商企业才首次在历史上出现。

企业的知识存量特征的研究最终解释了组织创新乃至其他形式创新的动力。在契约论看来,组织创新的动力是为了节省交易费用;但在知识论的企业理论中,组织创新是一种新知识的运用,组织创新的研究可以归结为拥有新知识的个人是否运用和如何运用新知识的问题。而这一问题同样可以在交易费用经济学和代理理论的框架中来说明。

个人拥有的知识具有两个方面的特征:其一是知识的运用所产生的经济效益是不确定的;其二是知识本身的分布是不对称的。这些特征最终导致对创新所需知识的评价是有差异的。对于拥有新知识的个人来说,他可以通过雇用合同将知识出售给现有的企业,或者自己来开办企业成为企业家。

对新的经济知识不对称性特征的最早认识至少可以追溯到熊彼德和奈特。熊彼德就认为创新是个人拥有的新知识运用的结果,他认为:企业家的作用是通过利用发明来改革或对现有的生产模型进行革命,更一般地说,就是使用新技术来生产新产品,或使用新的方式来组织现有的生产……从事这种创新带来了一种不同于以往的新的经济函数,但同时也是困难的。这是因为,它超出了所有人能够理解的常规,而且外界以各种不同的方式与之对抗。

知识的不对称性特征导致现有企业中的决策者与拥有新知识的个人就新知识创造价值的评价是有差异的。可以推论,这种差异如果越大,创新在企业内部发生的可能性就越小,而新企业产生的可能性就越大。这里的创新不仅包括了组织创新而且还包括技术创新等。

根据组织创新的特征,尤其是组织创新不易通过产权形式来进行保护的特征分析,我们认为组织创新通常是在企业内部发生,而不是通过组建新企业在外部实现的。由此,上述推论对于组织创新而言可以表达为:知识的不对称性导致的创新评价上的差异如果很大,组织创新通常不会发生。

高特和克莱普尔分析并证实,一项创新在原有企业或通过新企业实现的相对优势取决于创新所依赖的知识的性质。他们分析认为,如果创新所依赖的知识主要是一些不能转让的市场经历和经验,则这种创新在现有企业发生比新企业有优势。这与温特的观点是一致的,因为市场上的各种经历和经验表现为一种不能转让的知识存量,这种存量对新企业来说不存在。相反,如果创新所依赖的知识不属现有企业惯于使用的范围,则新企业运用这种创新比已有的企业有优势。阿罗、缪勒和威廉姆森都强调指出,由于现有企业中代理问题和官僚成本的存在,如果创新所依赖的知识是不属于现有企业惯于使用的范围且转让是不可能的,则知识的拥有者将进入市场,开发这种知识的市场价值。

组织创新的特征表明,组织创新不仅通常发生在现有的企业中,而且通常表现为程序革命。因为在知识存量论的企业理论中,组织记忆就是程序,组织的知识存量的变化就表现为程序的变化。

第三节 企业组织创新的理论

一、企业理论

在 20 世纪 60 年代以前，对企业与市场的分析，经济学中新古典微观经济学的观点一直占主导地位。新古典微观经济学的理论框架是在 20 世纪 30 年代内马歇尔定型的。根据当时经济学中的这一主流观点，企业在技术和市场两项约束下面追求利润最大化，而利润最大化的条件是边际收益等于边际成本，决定收益函数和成本函数的是四个因素，即产出量、产出品价格、投入量和投入品价格；而市场则是在价格理论决定下的一个完全竞争模型，这个模型至少有三个基本的前提假设：①一个市场中有大量购买者和卖者，买者是纯粹的消费者，卖者是纯粹的生产者，生产决策和消费决策是彼此独立的；②在市场中进行交换的产品或服务是同质的；③市场交换活动中除了价格之外没有其他费用发生。根据新古典微观经济学的企业和市场模型，企业是市场价格的接受者，它只能调节投入量和产出量两个因素，这种调节又受到生产函数的约束；经济研究的重点不是专业化和经济组织问题，而是在给定组织结构的情况下市场对资源的有效配置问题。在新古典微观经济学中，消费者被理解为效用函数，企业则被理解为生产函数。

新古典微观经济学对企业的理解必然产生这样两个它自己无法回答的问题：一是企业为什么存在；二是存在的企业为什么是异质的。

新古典微观经济学关于企业的观点受到多方面的挑战，大多数挑战都是从上述两个问题开始的。在针对新古典微观经济学的企业理论进行的各种批评和重建中，开始最早、影响最大、成果最多的是企业的契约理论。企业的契约理论可以溯源到科斯的工作。科斯对古典微观经济学的挑战虽然开始于上世纪 30 年代，但由于主流经济学在整个经济学发展中的主导地位以及有关企业的大量历史的与现实的证据还没有进行充分的理论整理，因而直到上世纪 60 年代，来自契约理论等的挑战还没有对新古典微观经济学构成根本的威胁。但从 60 年代开始，随着钱德勒、阿尔钦、威廉姆森等人的工作，经济史和现实的大量证据被整理出来，有力地反驳了新古典经济学的观点，企业的契约理论逐渐为人们所接受。

1. 科斯的工作及其影响

科斯的工作就是从解答企业为什么存在这一问题开始的。科斯明确指出："建立企业有利可图的主要原因似乎是，利用价格机制是有成本的。通过价格机制'组织'生产的最明显的成本就是所有发现相对价格的总和；随着出卖这类信息的专门人员的出现，这种成本有可能减少，但不可能消除。市场上发生的每一笔交易的谈判和签约的费用也必须考虑在内。确实，当存在企业时，契约不会被取消，但却大大减少了。一系列的契约被一个契约替代了，契约的本质在于它限定了企业家的权力范围，只有在限定的范围内，他才能指挥其他生产要素。契约中的所有陈述是要求供给者供给物品或劳务的范围，而要求供给者所做的细节在契约中没有阐述，是以后由买者决定的。当资源的流向（在契约规定的范围内）变得以这种方式依赖于买方时，我称之为'企业'的那种关系就流行起来了，因此企业或许就是在期限很短的契约不令人满意的情形下出现的。"在这种前提下，企业和市场不过是执行相同职能并可以互相替代的两种机制，而且无论运用哪种机制都是有费用的，市场运行的费用即是交易费用，而企业运行的费用则是组织信用。企业规模的边界在于边际交易费用与边际组织费用相等的那一点上。

科斯的贡献主要在于：①明确地将交易费用概念引入经济分析之中；②确立了企业的契约性质；③强调了人力资本在形成企业过程中的独特作用，这又包括两个方面：一方面，他突出强调了企业家权威在大量减少分散定价的交易数目，节约交易费用，从而形成企业过程中的重要性；另一方向他还强调了人力资本契约形成中的特殊性，即人力资本契约比非人力资本契约具有更大的不确定性，且更倾向于长期契约，也正是人力资本契约的特殊性成为企业出现的一个重要原因。

2. 企业的交易费用分析

在从交易费用分析的角度发展企业的契约理论方面，威廉姆森的工作最引人瞩目，他坚持认为科斯对于企业理论的最大贡献在于将交易的概念纳入经济分析，并借助交易费用分析解释了企业的存在。但威廉姆森与科斯不同的是，他并不十分关心企业的存在问题，而是将企业的存在作为前提，进而研究企业组织结构的演进或创新以及企业"购买制"的决策问题。威廉姆森（1981）明确指出，用交易费用观点研究企业组织就是将交易看作基本的分析单位，并将节约交易费用视为组织研究的核心问题：交易费用是市场或企业组织运行过程中发生的费用，类似于机械系统运行过程中的摩擦现象；交易费用分析则是在通常的技术、生产和分配费用的基础上，加上对在可替代的治理结构（市场或企业组织）中计划、适应和监督任务完成所发生的费用的比较分析。

交易费用分析有两个基本的行为假定，即有限理性和机会主义。有限理性是一种认识上的假定，它来自西蒙的工作，假定人的动因是"意欲合理，但只能有限地做到"。它与传统的"经济人"假设所含有的超理性明确区分开来。有限理性是"组织人"或"管理人"的属性，它是指"组织人"只能有限地搜集、分析和处理信息，但"组织人"的这种能力限制却并不暗含着非理性。有限理性假定将所有的完备的缔约活动归入不可能实现的一类，换一句话说，有限理性的经济含义就是所有现实的市场或企业契约都是不完全的。

机会主义假定人的动机天然是机会主义的。这是人们为实现目标而寻求自我利益的深层次条件，它说明并非所有人都能理解长期的利益和真善美的力量，人们往往总是企图追求自己的眼前利益，并只有随机应变、投机取巧、为自己谋取重大利益的行为倾向，而且，人们在追求自身利益时也会采取非常隐蔽的手段和狡猾的伎俩。机会主义的行为假定的一个基本推论是：如果交易——契约关系仅仅建立在承诺的基础上，那么未来的风险是很大的，也就是说，签约双方虽然都作了承诺，签署了契约，但此后的实践或结果却是不可预测的。

在上述两个行为假定的基础上，威廉姆森的交易费用分析进一步给出了刻画交易的三个维度，即不确定性、交易重复出现的频率和资产专用性。

威廉姆森对企业组织及其创新所进行的交易费用分析被认为是企业的契约理论中最为突出的成就之一，威廉姆森也因此成为交易费用经济学的创始人之一；而且，威廉姆森对企业组织创新的研究也是目前微观经济学企业理论中最为系统的，对于我们关于企业组织创新的理论及实证研究起到了很大的启发和借鉴作用。

3.企业的契约分析

狭义的契约分析仅指企业的契约理论中比较偏重于对各类契约的性质进行探讨并以此为基础来分析企业与市场关系的流派。而从广义上说，无论是企业的交易费用分析还是代理分析也都在不同程度上将企业视为"一系列契约的联结"，但它们分析的重点却不在契约本身的性质上，或者说，它们是沿着科斯开创的另外两个方向——交易费用和人力资本前进的。

科斯在他1937年的论文里虽然明确地强调了企业的契约性质，但并没有就契约问题作进一步分析，而只是着重说明了企业由于节约交易费用而成为市场的一种替代机制。也就是说，在科斯（1937）那里企业虽然具有契约的性质，但最终还是作为市场的一种替代机制而存在的。针对科斯这种似乎已成定论的关于企业性质的理解，张五常开宗明义地指出："我们没有理解什么是企业，或者说没有理解它的生命力之所在。'企业'一词只是对在不同于普通产品市场的契约安排下组织活动的一种方式的速写式描述。"在1983年《企业的契约性质》这篇经典的文献中，张五常提出了一种对于企业性质的更为本质的解释，即企业是作为一种契约安排而不是作为市场的替代机制而存在的。就契约安排而言，企业与市场并没有本质的区别，它们的不同只不过是程度上的差别，是契约安排的两种不同形式罢了。企业的出现是由于，私有要素的所有者按契约将要素使用权转让给代理者以获取收入；在此契约中，企业所有者必须遵守某些外来的指挥，而且再靠频繁计算其他所参与的各种活动的市场价格来决定自己的行为。在这里，显然企业并非为代替市场而存在，而仅仅是以劳动力市场代替了中间产品市场。因此张五常认为："说企业代替市场是不确切的，应该说，是一种类型的契约代替了另一种类型的契约。"

张五常的工作使人们开始关注契约本身的内容和性质，也使人们更加注意人力资本契约的独特性问题并由此引向更深层次的劳动分工问题和企业内部的激励问题。在企业的契约分析方面进行深入研究的学者有格罗斯曼、哈特和莫尔以及杨小凯、黄有光等。

格罗斯曼和哈特（1986）的工作被认为是开创了不完备契约理论的先河。他们从另外一个角度来定义企业，认为企业是由其所拥有的资产（如机器、存货）所组成，而联结资产的纽带是一系列不完备的契约。基于此，他们提出了一种有成本的契约理论，这一理论将契约权利分为两类：特定权利和剩余权利。当对一方当事人而言，要逐一列出他所希望获得的另一方当事人资产的所有特定权利成本过高时，则购买除了在契约中特别指明之外的所有权利，即剩余权利是合算的，而所有权就是指纳入控制这些剩余的权利。

格罗斯曼和哈特除了强调企业的契约性权利以及管理人员的激励外，还有一个重要的贡献就在于从契约的角度重新在市场和企业之间划出了界限。张五常看到的更多的是市场与企业之间在契约意义上的一致性，而并没有专门分析企业和市场在契约意义上的区别，如果说有区别也仅限于是两种不同类型的契约，至于这两种不同类型的契约差别到底在哪里，张五常并没有给出明确的问答。这一答案是由格罗斯曼和哈特（1986）作出的。他们明确指出，企业与市场的区别主要在于契约的完备性程度不同，相对而言，市场可以说是一种完备的契约，而企业则是一种不完备的契约。

4. 企业的代理分析

阿尔钦和德姆塞茨（1972）从一个全新的视角来考察企业，将企业看作是一种"团队生产"方式。在这种生产方式下，一种产品是由若干个团队成员协同生产出来的，而且任何一个成员的行为都将影响其他成员的生产率；而由于最终产出物是一种共同努力的结果，每个成员的个人贡献不可能精确地进行分解和观测，因此不可能按照每个团队成员的真实贡献去支付报酬，这就容易导致偷懒行为；为了减少偷懒行为，就必须要让部分成员专门从事监督工作，监督人员的激励则来自索取剩余的权利；而且，为了使监督有效率，监督人员还必须拥有修改契约和指挥其他成员的权力；最后，监督人员还应是团队固定投入的所有者，否则监督投入品使用的成本过高。由此，古典意义上的企业就诞生了。这种对于企业存在的分析思路可以说是内在的，是着眼于企业的内部结构而不是外部形式。阿尔钦和德姆塞茨的工作为企业的代理分析打下了基础。

詹森和麦克林进一步扩展了阿尔钦和德姆塞茨的工作，分析了一般代理问题并视"代理成本"为企业所有权结构的决定因素。"代理成本"指的是，对同一个管理者来说，当他对企业拥有部分所有权和他对企业拥有全部所有权时相比企业所实现价值之间的差额。具体地说，当管理者不是企业的整体意义上的所有者时，努力工作可能使他承担全部成本而仅获得小部分利益；反之，不努力工作而又消费额外收益却能使他得到全部好处时只承担小部分成本；这样管理者势必积极性不高，却又热衷于追求额外消费；由此就产生了管理者部分拥有企业和完全拥有企业时企业所实现价值之间的差额，这便是"代理成本"。詹森和麦克林对于"代理成本"的分析是深刻的，它提醒人们关注保证企业生产效率的制度安排问题，但正如德姆塞茨所指出的那样，它却并没有指出这种不同与市场机制的特殊生产效率来自何方，也就是说，即使管理者完全拥有企业，他如何能保证企业的生产效率呢？提出这个问题实际上已经接近了我们将要论证的基于人力资本增值的组织创新模型，这里的关键还是企业中人力资本与物质资本相比的特殊性问题。在企业代理分析的后续发展中都不同程度地接触到这个问题，但遗憾的是目前尚未发现有专门论述该问题的文献。

霍姆斯特姆在前人工作的基础上进一步指出，团队生产中个人贡献的不可观测性并不是导致偷懒行为的充分条件，如果能够打破"预算平衡约束"，即总产出必须在所有成员之间分配完，就能实现团队生产的有效激励，而为了打破"预算平衡约束"就需要有一个外来的"委托人"作为企业的所有者，由此建立起企业的委托—代理模型。霍姆斯特姆 1982 的观点是委托—代理理论中的一篇经典文献，它使人们对于现代企业制度有了更深刻全面的理解，而对于组织创新研究来说，它的意义在于深化了对企业组织创新的动力机制的认识，这种认识又进步被斯蒂格勒和弗里德曼和罗森所强化。

斯蒂格勒和弗里德曼在理论上第一次把人力资本及其产权引进了对现代企业制度的理解，并深刻地指以现代股份公司并不是什么"所有权与经营权的分离"，而是财务资本与经理知识能力资本这两种资本及其所有权之间的复杂的契约。这一观点是极具启发性的，它开始把人们的注意力引向企业性质中更为本质的层面，即对人力资本特性的全面阐述。罗森则是沿着这个方向努力的典型代表。他研究了人力资本的产权特性，指出人力资本的所有权仅限于体现它的人，人的健康、体力、经验、生产知识、技能和其他精神存量的所有权，只能不可分割地属于其载体，这个载体不但必须是人，而且必须是活生生的个人，这就是人力资本的产权特性。罗森一再强调的是人力资本与物质资本产权特性的一个根本区别就在于它和其他载体的不可分性，但他似乎忽略了一个也许是人力资本更为本质的特性，即它对于组织的依赖性，可以说脱离了组织的人力资本其价值是要大打折扣的，而组成企业或进行组织创新也许正是从人力资本增值的角度去考虑的。这也正是我们将要做的工作。

二、组织理论

用巴尼和大内的话来说，"组织理论发展的历史也就是从其他学科吸收和借鉴研究范式的历史。"这种吸收和借鉴过程最早开始于 20 世纪 20 年代著名的"霍桑实验"研究。在霍桑研究的最初计划中,研究任务延续了泰勒科学管理的传统,着眼于人的生理方面,主要研究企业中人的劳动条件与疲劳的关系问题,并未关注组织问题。但在研究过程中,组织问题却作为个人工作行为的主导力量被后期加入霍桑研究的梅奥等人所发现,这使梅奥等在进一步的研究中把注意力主要集中在了考察生产小组的社会组织问题,以及领导者与被领导者之间的关系、小组内部的沟通关系和小组成员的动机等问题上,并吸收借鉴了心理学和社会心理学的理论和方法建立起著名的人际关系学派。

梅奥等人的研究工作不仅在于提出了有关小组行为规律的假设,而且还为解决组织方面的矛盾提出了有实际意义的论点和建议,因而人际关系学派可以说是组织理论研究的起点。但人际关系学派所关注的组织主要是非正式组织,关于正式组织的研究虽然在泰勒和法约尔的管理著作里已有论述,但还缺乏系统性。也就是说,人际关系学派的组织理论是不完整的。威廉姆森认为:"伯纳德在 1938 年出版的《行政部门的职能》是一部在组织研究方面有着重要的、持续的影响的学术著作,是伯纳德开创了一门新的学科——组织学。"

伯纳德组织理论的一个最大特点就是对于正式组织的强调,而这恰巧是被那个时代的人际关系学派忽略的问题;而且,从研究方法上来说,伯纳德也与当时的人际关系学派有很大的不同,他所运用的研究范式既不是来自心理学也不是来社会心理学,而是源于他的直觉和经验。用威廉姆森的话来说:"《行政部门的职能》主要是伯纳德以良好的经济学直觉对自己的工作经验进行反思的结果,也是他对 30 年代组织理论的状况不满的结果。那个年代的组织理论太机械,也太抽象。泰勒科学管理早期的精细作风已主要让位于一个机械模型。"与当时盛行的各种组织理论不同,伯纳德认为,正式组织是重要的,诱致性合作应纳入组织研究议程。因此企业不能简单地描述为追求利润最大化的技术单位,而应看作是组织单位;组织所关心的主要问题是适应环境的变化,而能够不断适应环境变化的组织自身也必定是个演化过程,因而仅仅将组织视为一个系统是不够的,还得考察它怎样演变,很多经济问题和一般组织问题都来源于这种演化过程,因为这种演化过程会使组织的实际发展脱离当初建构时的意图。另外,伯纳德还有一个重要的思想,即将组织看成是实现经济目的的一种手段,因而组织也是经济分析的一个重要的决策变量,而不是一个确定的前提条件。这一思想实际上已经接触到在 30 年代所做的工作的本质,而且伯纳德对诱致性合作以及组织演化过程的强调也使他成为组织理论发展中最早关注组织创新问题的人,尽管他并没有专门论述组织创新。

继伯纳德之后,西蒙在 1949 年出版的名著《管理行为》有力地推动了组织理论的发展。在伯纳德确立的组织研究框架下,西蒙具体研究了正式组织、交流、权威关系和接受域等方面的内容。西蒙明确指出:"在我们能够建立起任何不变的管理原则之前，我们必须能用语言精确地说明管理组织看起来像什么和它到底怎样运行……我所做的工作就是要努力建立的这样一套描述语言中，最著名的、并已成为经济学和管理学重要的立论基础的两个概念是有限理性和满意标准。当然，这两个概念也是互相联系的，更基本的概念是有限理性。""满意标准是西蒙为了研究决策问题从有限理性中推导出来的。"（威廉姆森，1690）西蒙对有限理性的阐述使人的理性或智力成为一种稀缺性资源，组织则是节约这种稀缺资源的有效手段，这种对于组织的重新认识为用经济学的分析方法来研究组织问题铺平了道路。也正是在这个意义上，威廉姆森说："交易费用观点的某些前提和行为假定来自于组织理论的文献。"但是，令人遗憾的是，无论是组织理论还是交易费用经济学都没能够沿着西蒙指出的有限理性与组织联系起来这条思路走下去，而仅限于将有限理性作为一个个人行为的基本假定，没有深入研究。这应该说是组织创新研究的一个明显缺憾，我们的工作正试图弥补这一缺憾。

虽然伯纳德和西蒙的工作已经从理论上架起了沟通组织理论与经济学理论的桥梁，但组织理论真正大规模向经济学，特别是微观经济学吸收借鉴研究范式迟至 80 年代才成为现实。在 60 年代和 70 年代，组织理论中主导的理论框架来自社会学和社会心理学，并主要依赖于权力概念。正如巴尼和大内所指出的："权力结构，无论是作为独立的、还是相关的参数，的确好像主导着这一领域。卡伯、克劳泽、汤普森等理论著作似乎开创了研究组织中正式和非正式权力结构和过程的新阶段；而组织中权力的心理学方面则被弗兰克和莱温、希克森等所探讨。关于权力和权力关系的研究在这一时期曾扩展到包括内部组织和组织间的权力现象。"除此而外，这一时期的组织理论还有一个突出特点，即多以静态研究为主，较少从动态的角度考虑组织演化或创新问题。尽管此时的组织理论也关心组织变革问题，但这种济学意义上的创新，总的来说，整个 60 和 70 年代在组织理论中创新问题是被忽略的。

不过也有例外的情况，70 年代末阿吉利斯和绍恩提出的组织学习理论虽然没有研究组织创新问题，但他们从动态的观点研究组织学习问题的思路和开发出的组织学习模型对于组织创新研究都有借鉴价值。阿吉利斯和绍恩是从研究人际交往行为及其模式转入考察组织的学习能力的。在他们看来，组织并不是所谓的由众多个人组成的集合体，也不像通常所理解的那样——或是一种权力和信息流结构、或是达到特定社会目标的工具、或是一种交流和控制系统、或是一种文化、或是表演利益冲突剧的戏院；组织实际上是一个不断行动着的有机体，它的主要行为就是学习，因而，人们必须采取一种动态的、介入的观点来研究组织的学习模式。阿吉利斯和绍恩认为，组织学习包括了一系列不同于个人的学习活动，它的最大特点是以一个共享的知识基础为中心，正是这个包含着不可言传部分的知识基础使组织行为的变化成为可能；组织学习也可以看作是一个带有控制反馈机制的不断改正错误的过程，它包括 3 种类型：单向式、双向式和反思式。在单向式学习中，组织成员共同进行探索，发现错误，提出新战略，并且还要评价和确定解决问题的方法；双向式学习不仅包括在已有的组织规范下的探索，而且还包括对组织规范本身的探索；反思式学习包括有意识地学习，怎样学习以及努力寻找提高单向式和双向式学习效率的途径。阿吉利斯和绍恩的工作也为我们的组织创新研究提供了一个重要理论基础。

另外，组织变革专家勒温提出的组织变革三部曲对于进入被经济学家所忽视的组织创新过程研究很有帮助。他认为，成功的变革必须先将现状加以解冻，接着才能推动一项新行为或实现改变，然后再将改革后的状况加以冻结，使其保持稳定状态。解冻是组织变革过程中最难也是最主要的阶段，它是改变目前均衡状态所必需的。第二阶段则侧重于引进并使用变革的技术或方法使变革成功。换言之，就是利用变革技术减少抗拒的阻力，有 6 种可以用来消除抗拒阻力的方法：①教育与沟通；②参与；③润滑与支持；④协商；⑤操纵与延揽；⑥高压。第二阶段，在经过改革之后，还需利用更多正式的机制，引导员工接受变革的结果，将新的状态稳定下来，这就是再冻结。对于变革三部曲，许多学者陆续加以修正。有代表性的如 Huse 将此三个阶段扩充为七阶段，包括侦测、进入、规划、行动、稳定与评估、终结等。而德国组织学家埃尔文·格罗赫拉则认为，企业组织的变革过程可以分为寻找意念、接受、解决问题和贯彻几个阶段。在这个过程中，各阶段的运行并不一定非得采取一个固定不变的顺序，它们有时是平行的，有时又是一个重复循环的过程。

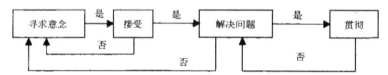

图 3.3 变革过程的各个阶段

基于社会学和社会心理学范式的组织理论研究在 70 年代末走向了低谷。原因是多方面的，其中一个也是最为重要的原因是这种研究遭遇到越来越多它所无法解释的反常。这些反常大部分来自企业史研究，还有一些来自文化研究。来自企业史研究最典型的仍是钱德勒的工作，它所揭示出的企业组织创新的大量历史证据是没有办法用传统的组织理论来解释的，像企业的纵向一体化现象，基于权力分析的组织模型就难以说明，以至于将其解释为企业通过纵向一体化形式来控制环境的不确定性。这种解释与当时已成长起来的微观经济学的企业理论的解释相比明显说服力不强。随着权力模型的衰落，组织理论开始转而寻求一种新的范式，一种研究组织和组织现象的更一般的框架。所以，钱德勒的工作在组织理论发展中起的作用正像在企业理论的发展过程中所起的作用一样重要，它使组织理论家的视线开始转向微观经济学尤其是源于科斯的企业的契约理论。

到 80 年代末，组织理论研究的微观经济学范式开始逐步确立起来。在组织理论的微观经济学范式的确立过程中，威廉姆森的两部著作《市场和等级制组织》和《资本主义的经济制度》被认为起了关键性作用，在这两部著作中，组织理论家们看到了许多被以往组织理论研究所忽略了的最基本的问题，诸如企业组织是什么？它为什么存在？它的边界在哪里？它如何创新？等等。这些问题使组织理论家更加关注企业组织的经济意义而不仅仅是一般的社会意义，关注同样的问题使经济学家和组织理论家走到了一起。正像奈克在他的《组织中的经济行为》序言里所说的："我认为当经济分析和组织理论处理同样的问题时，它们的结论一般不会矛盾，虽然经济分析侧重于资源配置中的员工选择，但它并不是作为组织理论的竞争观点出现的，应该说它们的结论是互补的。我预计组织研究要取得更大进步将要求经济学家利用组织理论家的洞见，而组织理论家也要利用经济学家的明智。"在新近的文献中，组织理论研究中的很多工作，尤其是关于企业组织的经济层面的大部分研究已与微观经济学的企业理论多有交叉，涉及到组织创新研究的一些观点在前述关于企业理论的评述中也已论及，这里不再重复。

那些来自文化研究的对以权力概念为核心的组织理论的质疑，最终形成了组织理论研究中基于文化人类学范式的组织文化分支。组织文化也称为企业文化，它的研究发端于美国。20世纪70年代末80年代初，美国的一些管理学者认识到美国的许多企业在国际竞争中败于日本的一个重要原因是两国企业的组织文化的差异，于是随着组织理论研究对文化的关注，在管理学领域掀起了组织文化研究的热潮。

当然，在今天的组织理论研究中并不是仅有一个范式和一种理论，而是同时存在着多个范式和基于多个范式的多种理论，除了微观经济学的范式和基于它的组织经济学外，还有基于社会学和政治学范式的资源依赖理论、基于生物学范式的人类生态模型、基于文化人类学范式的组织文化研究等等。由于我们研究的企业组织创新问题主要涉及到组织理论中有关组织经济学和组织文化研究的内容，所以组织理论发展中其他的理论观点在此就不作赘述。

三、创新理论

自熊彼德首次提出创新理论以来，组织创新的研究大致经历了三个发展阶段：早期的创新研究由于受新古典微观经济学的影响，多将企业简单地看作是生产函数，侧重于单个企业的技术创新研究。这被称为第一代创新理论，如熊彼德本人在1934～1944年的工作，他强调的是企业家的作用，因而这一模式又被称作熊彼德的企业家创新模型。由于与技术相关的创新是熊彼德创新的主要内容，因而，在第一代创新理论里，"创新"研究就等于技术创新研究，而组织创新研究则被忽略了。

随着研究的深入，许多研究者开始注意到创新在较大程度上须在企业与企业之间或企业与用户之间交互作用的过程中进行，包括供应者与装配者、生产者与消费者之间的相互影响以及竞争者之间的技术信息交流等，其中以冯希普的观点较为典型。在他看来，技术创新的过程，由于存在各种"粘着信息"，亦是一个充满试错的过程，并为对解决创新问题方向的洞察所左右。为了加快创新的过程，需要加强创新者与用户的交流和合作，才能及时地提取必要的"粘着信息"。一个创新者（企业或个人）可能首先从用户（企业或个人）那儿获取信息来产生对新产品或服务的想法，然后也会从制造者那儿获取信息，以便开发一个原型，这一原型又会在假设的使用中进行测试以适合最初的需求。如果这两方面都不能有效地匹配（常是不匹配的），这就有必要重新考虑需求的焦点和能力的信息，以便使之更为匹配。这中间可能有几次或许多次循环，直到达到匹配的要求。

在强调创新过程中企业与企业之间合作的同时，这一时期的创新理论也开始关注企业的纵向一体化与创新的关系问题，如弗兰克便认为，英国在纺织业、钢铁业创新的缓慢与纵向一体化的企业缺少有关，而坎德伯格甚至认为，原联邦德国、日本之所以能超过英国，关键在于英国的工业组织是分离的、缺乏联系的企业，这阻碍了创新，因为创新收益的许多部分对单个企业而言往往是外在的。迪斯则通过区分系统创新和独立创新对于企业纵向一体化与创新的关系作了实证考察，他指出，当创新流具有重要的系统网络意义时，纵向一体化似乎有助于一项创新的商品化，当然，并非所有的技术都具有很强的系统相互依赖性，并且许多技术并没有包括在相互依赖的组织中，这样就没有提供纵向一体化的机会。而且，要使一系列创新能够及时商业化，纵向一体化也是必要的；当然，如果创新损害了某些已有投资的价值，而纵向一体化的创新开发者又没有受到竞争技术的威胁时，纵向一体化的企业也会阻挠新技术的引入。迪斯（1988）的工作使人们对企业的组织形式，尤其是研究与开发组织的形式与创新的关系有了更为深刻的理解，这样就为进一步关于有利于技术创新的组织创新的研究打下了基础。

另外，这一时期弗里曼、迪斯等关于企业创新成败影响因素的分析，也开始使人们关注于企业的内部组织问题。但总的说来，强调创新中企业与企业的合作，乃是第二代创新理论的主要特征，但此时的创新还主要是指技术创新而言的。

80年代末期以来，加拿大国际增长研究中心的菲尼等人明确指出：在过去的50年里，工业创新的理论对企业家和企业作为创新部门的简单描述已难以说明创新的产生与发展对技术创新的认识，必须采用"包容企业的内外环境要素"在内的体系与框架。通过对技术创新过程的深入研究，人们认识到无论就导致技术创新来说，还是就使人们具有认识到这种创新所蕴含的潜在利益的能力来说，支撑体系或者制度对组织所起的作用都是至关重要的。经济史和发展研究，菲尼的成果证实了技术创新与组织创新、制度变化之间的明显的相互影响。一些研究者开始集中于分析制度与制度变化，涉及了比单纯研究技术创新时更广的范围，因而，与第一代、第二代创新理论相比，第三代创新理论已走出单纯的技术创新的研究范式，注重将技术创新放在一个更大的背景下考察，涉及到的内容比单纯技术创新研究要广泛得多。换言之，第三代创新理论就是对技术创新与组织或制度创新进行综合分析的理论。至此组织或制度创新研究才开始成为一项独立的研究分支进入创新理论的视野。

但是，目前第三代创新理论关于组织或制度创新及其与技术创新关系的研究大多还停留在宏观层次，且偏重于宏观制度创新的理论探讨；而涉及到企业层次，并与微观经济学的企业理论和管理学的组织理论相结合的研究则较少见到。至于专门针对我国企业实际情况进行的理论与实证相结合的研究则尚属空白。

我国学者从创新理论出发，虽然对组织创新问题也有所涉及，但尚处于引进借鉴理论和概念形成共识的阶段，有代表性的有傅家骥、连燕华、陈光和窦立夫等的工作，但他们多侧重于从理论上探讨组织创新的概念、特点、类型及诱因，而对于企业组织的理论定位基本上是借鉴了企业的契约理论的观点，这里不再重述。另外，除连燕华进行了一定的案例研究外，其他结合我国企业实际情况的实证研究还较少见到。

基于新一代创新理论的思路，我们将企业理论和组织理论融进组织创新研究中来，尝试给出一个创新理论、企业理论、组织理论相结合的组织创新研究框架，并用这个框架对我国企业组织创新问题进行初步探讨。

第三章 企业创新与创新管理

第一节 企业创新的含义及作用

一、企业创新的含义

有关创新的论述始于20世纪初，由著名的美籍奥地利经济学家约瑟夫·熊彼德最早应用于经济学分析中。在熊彼德看来，经济活动有两种类型，一种是经济循环，在这种状态下，企业的总收入等于总支出，整个生产过程循环往复，周而复始，企业业没有发展。另一种是经济发展，它的基本动力便是创新。熊彼德在其所著的《经济发展理论》一书中提出了"创新"的概念，并将其定义为"企业家对生产要素重新组合"，熊彼德指出："创新活动是在经济活动本身中存在着的某种破坏均衡而又恢复均衡的力量。"熊彼德在其创新理论的分析中，将企业的创新活动划分为以下五个方面：

1. 采用一种新的产品，也就是消费者还不熟悉的产品，或一种产品的一种新的特性。

2. 采用一种新的生产方法，也就是在有关的制造部门中尚未通过鉴定的方法，这种新的方法绝不仅仅建立在新的科学发现的基础之上，它可以存在于商业上处理一种产品的新的方式之中。

3. 开辟一个新的市场，也就是有关国家的某一制造部门以前不曾进入的市场，不管这个市场以前是否存在过。

4. 掠取或控制原材料或半制成品的一种新的供应来源，也不问这种来源是已经存在的，还是第一次被创造出来的。

5. 实现任何一种工业的新的组织，例如，造成垄断地位（如通过"托拉斯化"），或打破一种垄断地位。

在熊彼德的眼中，创新才是推动企业成长的根本途径。创新决不等同于过去传统意义上的技术革新。一种新的变革只有当它被应用于经济活动时才能成为真正意义上的企业创新活动。

德鲁克进一步指出，创新可以认为是"使人力和物质资源拥有新的更大的物质生产能力的活动"，"任何改变现存物质财富，创造潜力的方式都可以称为创新"，"创新是创造一种资源"。因此，按照德鲁克的观点，创新决不仅是一项原有产品和服务的改进，而是提供与以前不同的经济满足，并使经济更加有活力的、创造性的活动。

在社会经济发展过程中，现代市场经济使企业自身的地位和利益受到多种复杂因素的影响，包括外部环境和自身条件。企业处于经常的变动之中，没有创新它就不能保持原有的地位和相对稳定的市场份额。因此，对于现代化而言，创新的动力和愿望是以保持企业生产和发展为出发点的。

总之，创新是指创造新的生产经营手段和方法，创造新的资源配置方式或组织方式，使资源效率更高，创造出新的符合消费者需求的产品和劳务。

二、企业创新的作用

企业创新是企业可持续发展的必然要求，企业获得长期竞争优势所依赖的企业核心能力根源于企业的创新活动。企业的创新活动直接促进了企业核心能力的形成、发展、维护和再发展。创新活动使得企业的生存能力大大增强，这不仅体现在企业内部新的生产组织方式所带来的资源配置能力的提高，还体现在企业在外部竞争环境中能够领先于竞争对手，获得更大的生存空间。

具体地讲，企业的创新具有以下四大作用。

1.创新活动使企业能够形成自己的核心能力，成为行业中的领先者

不论是成本、技术或是其他方面的领先都能使企业拥有比竞争对手更大的回旋余地。位于其后的竞争对手需要花费一定的时间和精力来追赶，行业外的四种竞争作用力所造成的竞争压力至多持续到位于第二位的企业难以维持生计为止。相对于竞争对手，行业领先者能腾出更多的人力、财力和物力来谋划企业日后的生存与发展。

2.创新有利于企业增强竞争力

知识作为一种不可忽视的力量加入到生产中，计算机技术的迅猛发展又使信息在企业中的传播较以往有了很大的不同，人力资本作为一种不可或缺的生产要素，以往的机械式管理对其已不再适用。企业自身的种种变化要求企业的生产组织形式做出相应的改进。企业从集权到分权，U型组织结构、D型组织结构以及M型组织结构的出现，组织再造理论的流行都是企业创新的结果，其目的都是为了实现对资源的更有效的整合，提高企业的竞争能力，以实现企业的可持续发展。

3.创新活动有助于推动企业的发展

企业的创新活动能促进企业核心能力的形成与发展，能增强企业的竞争优势，能为企业的发展创造有利条件。需要指出的是，创新并不仅仅指企业根本的、全面的革新，企业进行适应性调整也是一种创新。因为这也是企业经营者对生产要素进行重新组合的一种形式。调整后的企业能更适应生存环境的要求，企业资源配置的效率自然也能有所提高。适应性调整不会减小企业现有的规模和业绩，却能为企业日后的发展铺平道路。调整后的企业能有一个更高的发展起点，因此，适应性调整本身就是一种创新性的发展。

4. 创新能给企业创造出奇制胜的机会

在日益激烈的市场竞争中唯有创新才能出奇制胜，才能使企业获得巨大成功。在企业的创新活动中第一个吃螃蟹者不仅是英雄，更会是成功者。创新能使企业或其产品与众不同。竞争对手对于有别于传统的竞争方式需要花费一定的时间来适应。这就使创新企业在竞争中获得了主动。另外，新奇的出发点往往也是竞争对手防卫的薄弱之处，使企业能较轻易地克敌制胜。简单地说，创新能使企业在竞争中拥有"易守难攻"的优势。

第二节 企业创新的内容

企业创新的内容非常广泛，主要涵盖着技术创新、制度创新、市场创新和管理创新这四个相互区别又相互联系的领域。

一、技术创新

1.技术创新的内涵

技术创新的概念和定义自 1911 年熊彼德提出"创新"概念以来，有多种主要观点和表述，缪尔塞在 20 世纪 80 年代中期作了较系统的整理分析。在其收集的 300 余篇相关论文中，约有 3/4 的论文在技术创新界定上接近于以下表述：当一种新思想和非连续性的技术活动经过一段时间后，发展到实际和成功应用的程序，就是技术创新。在此基础上，缪尔塞将技术创新重新定义为：技术创新是以其构思新颖性和成功实现为特征的有意义的非连续性事件。这一定义突出了技术创新在两方面的特殊含义：一是活动的非常规性，包括新颖性和非连续性；二是活动必须获得最终的成功实现。应当说，这一定义是比较简练地反映了技术创新的本质和特征，但至今国外仍未形成严格统一的技术创新的定义。

2.技术创新的基本类型

技术创新的分类方法基本上可以归结为两大范畴：一是宏观与微观分类法，主要划分依据是创新层次与范围。有代表性的宏观分类法是英国科学政策研究机构的技术创新产出/应用分类法；微观分类法主要有厄特巴克等人的过程创新与产品创新分类法等。二是创新客体与主体分类法，主要划分依据是创新活动的技术变动强度与对象，主要有弗里曼的客体分类法和帕维特的主体分类法。技术创新还可以按技术开发型和市场开发型进行分类，这里不一一讨论。下面仅简要介绍渐进性创新和根本性创新、产品创新和过程（工艺）创新这两种分类。

（1）渐进性创新和根本性创新

根据技术创新过程中技术变化强度的不同，技术创新可分为渐进性创新和根本性创新。

渐进性创新（或称改进型创新）是指对现有技术的改进引起的渐进的、连续的创新。

根本性创新（或称重大创新）是指技术有重大突破的技术创新。它常常伴随着一系列渐进性的产品创新和工艺创新，并在一段时间内引起产业结构的变化。

（2）产品创新和过程（工艺）创新

根据技术创新中创新对象的不同，技术创新可分为产品创新和过程创新。

产品创新是指技术上有变化的产品的商业化。按照技术变化量的大小，产品创新可分成重大（全新）的产品创新和渐进（改进）的产品创新。产品用途及其应用原理有显著变化者可称为重大产品创新。重大的产品创新往往与技术上的重大突破相联系。

渐进（改进）的产品创新是指在技术原理没有重大变化的情况下，基于市场需要对现有产品所作的功能上的扩展和技术上的改进。我们不能轻视渐进或改进式的创新，正是这类创新，不断地吸引大量的顾客，为企业产品开辟了广阔的市场前景。过程创新，也称工艺创新，是指产品的生产技术的变革，它包括新工艺、新设备和新的组织管理方式。过程（工艺）创新同样也有重大和渐进之分。

技术创新的经济意义往往取决于它的应用范围，而不完全取决于是产品创新还是过程（工艺）创新。

二、市场创新

市场是企业生存发展的生命线。从市场实现的角度来讲，企业一般的市场行为往往只能保持今天的市场，只有不断地创新才能开拓企业未来的市场。企业重视市场最重要的举措就是进行市场创新。市场创新是企业市场营销技巧发展的必然。

结合企业市场营销发展的历程，所谓市场创新，是指"管理人员把社会需要转化为有利于企业的各种机会"。市场创新过程的本身涉及企业的各项内部活动，其最终目的依然是如何从根本上使顾客和社会需求得到更高的满足。

结合当前的市场状况和管理理论的最新进程，现代企业的市场创新可通过以下四条基本途径来进行：

1.开拓一个全新的尚未被人们所认识的市场，满足人们潜意识的市场需求已为企业广泛实践。企业要在未来的竞争中胜人一筹，还需认识并满足人们未意识到的市场需求。这一实践的灵感往往来自于人们对现有产品的不满以及对生活的想象。

2.创造企业在市场上的持久竞争优势。企业间的竞争主要通过市场竞争展开，企业的竞争优势最终也是在市场上得以体现。企业的市场创新活动要有利于企业在市场上获得持久竞争优势。

3.谋求占有更大的市场份额的创新策略。企业市场份额的提高意味着企业销售的增加。销售的增加就一般而言能为企业带来更多的利润。这不仅是企业发展的最直接的表现，更为企业日后的发展积累了所必需的物质基础。

4.营销手段的创新。优秀的市场营销与普通市场营销的最大区别在于服务。营销手段的创新关键在于服务创新。服务创新是指一切能增加产品附加价值、便利消费者的新举措，如服务项目的增加、服务态度的改善、服务设施的改进及服务方式的推陈出新等。

三、制度创新

社会的经济制度结构可分为产权制度、企业制度、市场制度和宏观管理制度共四个子系统。企业制度是一个多层次制度体系，它包含企业产权结构、组织结构和管理结构。关于"制度"的含义，诺思将其表述为"是一系列被制定出来的规则、服从程度和道德规则"。具体地包括企业的组织方式、产权结构、管理体制、市场规则等。企业制度创新有狭义和广义之分：狭义的制度创新，亦称组织创新，是指随着生产的不断发展而产生的新的企业组织形式；广义的制度创新不仅包括组织创新，而且包括管理创新和市场创新。

熊彼德创新理论在着重阐述"技术创新"的同时，也提出了"实现任何一种工业的新的组织"这一创新内容，但他并未就这个问题进行专门论述。诺思和戴维斯率先在制度创新领域进行了实质性开拓。针对新古典学派的市场经济理论以价格制度为中心，产权学派的奠基人科斯提出了异议，他认为在市场经济中，除了价格制度外，政府的法律制度、企业的组织制度以及社会文化制度等属于生产的制度结构的东西，对市场经济的运作具有十分重要的意义，而生产的制度结构的核心则是界定和保障产权。所谓制度创新，是指引入一项新的制度安排。

制度是企业顺利运转的产权规范、管理规则之集合，是调节人与人关系、人与物关系以及现代企业在生产经营过程中的行为关系的重要规范与准则。

制度创新包括产权制度创新、管理体制创新和利益分配体制创新三方面的内容。

1. 产权制度创新

所谓企业产权制度，简单地说就是围绕企业财产权利的运营而发生的相关主体间权、责、利关系的制度安排。它规定着企业内所有者、经营者、生产者在一定条件下的地位、相互关系以及各自的作用。它的实质在于说明，企业是通过何种权利框架和组织方式来实现自己的目的的。

从历史角度来看，企业财产组织形式经历了由个人业主制到合伙制再到现代公司制的演进。企业产权制度的这一演进是一个自然的历史过程，即它反映着生产力进步的要求，并总是向着更有效率的方向进行调整。

2. 管理体制创新

企业的管理体制决定了企业资源的配置方式以及资源的利用效率。从整个社会的角度来看，在不同的经济体制下，企业的管理体制也各不相同。在计划经济体制中，政府直接干预企业的资源配置，国家的宏观经济政策决定了企业的资源利用率。企业管理体制在很大程度上表现为一种所有权与行政权的统一，企业的资产管理依靠庞大的行政管理系统直接进行。在市场经济体制中，市场通过价格机制来调配资源，理论上企业的资源可以得到充分的利用。与此对应的企业管理体制以市场的运作为导向，以企业自身效益的最大化为目标。混合经济体制中的企业管理体制，介于上述两者之间。企业管理体制的建立既受企业自身的效益影响，又受到社会的整体利益的约束。在实践中，其实既没有纯粹计划经济体制下的企业管理体制，也没有纯粹市场经济体制下的企业管理体制。

从历史的角度来看，企业的管理体制经历了以自由经济为指导到以政府宏观调控为主，再到重新审视宏观调控下的企业管理体制这样一个过程。管理体制的每一次创新都是以更合理地配置资源、实现资源的有效利用为目的的。

3.利益分配体制创新

企业的制度创新实质就是要改革人与人之间的利益关系，企业利益分配体制的创新就是要通过新的利益安排实现企业整体利益的最大化。在利益的调整中总会有人利益受损。这主要是由以下三方面的原因造成的：一是由于制度变革导致一部分人失去旧体制下的种种既得利益，又不可能在新体制下获得相应的替代物，因而，发生了实际收入水平的绝对下降；二是由于改革虽说最终能使社会上绝大多数人获利，但人们最终获益的相对多少是不同的，只要有人在社会收入结构中与他人相比，收入的相对水平下降，他们就会反对制度创新；三是即使把补偿因素也考虑进来，人们可以用改革所带来的高额收益对受损者进行一定的补偿，也不能解决问题。因为"完全补偿"不可能实现。人们的相对收入水平总要发生变化，否则旧的利益格局不会变，制度创新也就失去了意义。因此，企业利益分配体制的创新必然会遇到各种各样的阻力。克服阻力，实施企业利益分配体制的创新是保证企业制度创新顺利进行的关键。

四、管理创新

管理创新是指创造一种新的更有效的资源整合范式，这种范式既可以是新的有效整合资源以达到企业目标和责任的全过程式管理，也可以是新的具体资源整合，即目标制定等方面的细节性的、局部性的管理。管理创新在现代企业发展中所起的作用主要体现为：提高企业经济效益；降低交易成本；稳定企业、推动企业发展；拓展市场，帮助竞争；有助于企业家阶层的形成。

企业的管理创新有如下五个重点。

1.构建共同愿景

企业的共同愿景是指企业所有员工共同愿望和共享的景象。这种景象是企业中所有成员发自内心的共同意愿，这种意愿不是一种抽象的东西，而是具体的、能够激发所有成员为组织的这一愿景而奉献的任务、事业或使命，它能够创造出巨大的凝聚力。企业的共同愿景包含企业的发展蓝图、价值观、使命和组织目标。

构建企业共同愿景的基本途径主要有培养组织成员的共同语言、进行团队学习、深度会谈以及实现自我超越等步骤。

2.把握产业先机

迈克尔·波特在其所著的《竞争优势》、《竞争战略》等书中提出了产业领先的概念。即现代企业若想在市场上获胜，那么，首先，是选择那些能够为企业提供长期盈利可能的产业，然后，才是在市场上、在企业资源的整合上如何努力的问题。另外，波特在其所著的《竞争优势》一书中还谈到技术变革带给企业的各种率先行动者优势，这种优势"在其技术已不再领先后仍会存在"。波特研究的企业领先是以现有的产业为基础的。可以认为现代企业在把握人类基本需求欲望的条件下创造人类未来的需求，由自己来开创一个产业从而在产业演化更替中获得领先。

3. 开展资产运作

资产运作是指运作资产以达到一定目的的过程。这里所说的资产不同于资本的概念。资产是指企业由于过去的活动所形成的、现在拥有或掌握的、能够以货币计量的、并在未来能够产生效益的经济资源或财产。企业的资产在运作的过程中能更快地得到增值，从而使得资产的配置效率更高。在企业的经营实践中，战略目标的变动、企业所处环境的变动等都要求企业的资产作相应地运作。

4. 再造工作流程

美国管理学家迈克·哈默和詹姆斯·钱皮于 1993 年出版了《再造企业》一书，引起了企业界与实践界的再造热潮。在他们看来，20 世纪 80 年代以来，尤其到了 90 年代，企业生存与发展的空间环境发生了巨大的变动，这种变动可以用 3C 来描述，即顾客（customer）、竞争（competition）和变化（change）。这 3 个 C 对企业产生了很大的冲击。亚当·斯密创建并盛行了 200 多年的分工理论需要重新审视。

哈默认为流程再造是根本重新思考，彻底翻新作业流程，以便在现今衡量表现的关键点上，如成本、品质、服务和速度等方面获得戏剧化的改善。这一定义中包含了四个关键词：根本、彻底、戏剧性和流程。

5. 回归人本管理

人本管理作为管理创新的重点之一，一方面，是因为人力资本将在企业众多资本要素中扮演越来越重要的角色；另一方面，是因为人本身的发展将呈现很大的空间与需求，也就是说人们将对自己本身的发展更加重视。事实上，当经济发展至一定水平之后，当人们的发展已不再受到物质条件的更多限制时，工作、生活与发展对人们而言，也就发生了本质的变化。

人本管理概念是建立在对人的基本假设之上的，"管理人"的假设实际上就是把人看作一个追求自我实现、能够自我管理的社会人。人本管理是指以人的全面的、自在的发展为核心，创造相应的环境、条件和工作任务，以个人自我管理为基础，以企业共同理想为引导的一整套管理模式。

第三节 企业创新管理

一、技术创新管理

1. 企业技术创新过程模型

企业技术创新过程涉及创新构思产生、研究开发、技术管理与组织、工程设计与制造、用户参与及市场营销等一系列活动。在创新过程中，这些活动相互联系，有时要循环交叉或并行操作。技术创新过程不仅伴随着技术变化，而且伴随着组织与制度创新、管理创新和营销方式创新。因此，在广义上，企业技术创新还包括组织与制度创新、管理创新和市场创新。从 20 世纪 60 年代以来，国际上出现了五代具有代表性的企业技术创新过程模型。

（1）技术推动的创新过程模型

人们早期对创新过程的认识是研究与开发（R&D）或科学发现是创新的主要来源，技术创新是由技术成果引发的一种线性过程。这一过程起始于 R&D，经过生产和销售最终将某种应用新技术的产品引入市场，市场是研究开发成果的被动接受者。体现这种观点的是技术推动的创新过程模型。

事实上，许多根本性创新确实是来自于技术的推动，对技术机会的认识会激发人们的创新努力，特别是新的发现或新的技术常常易于引起人们的注意，并刺激人们为之寻找应用领域。如无线电和计算机这类根本性创新就是由技术发明推动的。

（2）需求拉动的创新过程模型

20 世纪 60 年代中期，通过对大量技术创新的实证研究和分析，人们发现大多数创新特别是渐进性创新，并不是由技术推动引发的。实证研究表明，用于 R&D 的资源投入大，创新成果并不一定多，如果只强调 R&D 投入而忽视创新过程其他阶段的管理和市场导向，技术成果就可能没有商业价值，技术创新就无法实现。研究表明，出现在各个领域的重要创新，有 60%～80% 是市场需求和生产需要所激发的。市场的扩展和原材料成本的上升都会刺激企业创新，前一种创新的目的是为了创造更多的细分市场，抢占更大的市场份额，后一种创新的目的是为了减少相对昂贵的原材料的用量，于是有人提出了需求拉动（或市场拉动）的创新过程模型。在需求拉动的创新过程模型中，强调市场需求是 R&D 构思的来源，市场需求为产品和工艺创新创造了机会，并激发为之寻找可行的技术方案的研究与开发活动，认为技术创新是市场需求引发的结果，市场需求在创新过程中起到了关键性的作用。

（3）技术与市场交互作用的创新过程模型

20 世纪 70 年代末和 80 年代初期，人们提出了第三代创新过程模型，即技术与市场交互作用的创新过程模型。技术与市场交互作用的创新过程模型强调创新全过程中技术与市场这两大创新要素的有机结合，认为技术创新是技术和市场交互作用共同引发的，技术推动和需求拉动在产品生命周期及创新过程的不同阶段有着不同的作用，单纯的技术推动和需求拉动创新过程模型只是技术和市场交互作用创新过程模型的特例。

（4）一体化创新过程模型

一体化创新过程模型是 20 世纪 80 年代后期出现的第四代创新过程模型，它不是将创新过程看作是从一个职能到另一个职能的序列性过程，而是将创新过程看作是同时涉及创新构思的产生、R&D、设计制造和市场营销的并行的过程，它强调 R&D 部门、生产设计部门、供应商和用户之间的联系、沟通和密切合作。波音公司在新型飞机的开发生产中采用一体化创新方式，大大缩短了新型飞机的研制生产周期。实际上，我国在两弹一星的研制中也采用了这种一体化创新的方式。

（5）系统集成网络模型

20 世纪 90 年代初，人们提出了第五代创新过程模型，即系统集成网络模型，它是一体化模型的进一步发展，其最显著的特征是强调合作企业之间更密切的战略联系，更多地借助于专家系统进行研究开发，利用仿真模型替代实物原型，并采用创新过程一体化的计算辅助设计与计算机集成制造系统。它认为创新过程不仅是一体化的职能交叉过程，而且是多机构系统集成网络联结的过程。

例如，美国政府组织的最新半导体芯片的开发过程就是多机构系统集成网络联结的过程。技术在飞速地变化，技术创新过程模型也在不断地更新。创新过程正变得更快，更灵活，更有效率，并越来越多地使用新的信息技术。同时，由于创新过程涉及的因素比以前更多，创新过程也变得越来越复杂。这就要求在创新过程中要有高素质的技术人员和管理人员，使组织管理更具柔性，建立具有高度适应性的有利于创新的组织结构。

2.技术创新过程管理

技术创新过程在逻辑上分为六个阶段：

（1）产生创新构思。创新构思可能来自科学家或从事某项技术活动的工程师的推测或发现，也可能来自市场营销人员或用户对环境或市场需要的感受。

（2）评价创新构思。根据技术、商业、组织等方面的可能条件对创新构思进行评价，综合已有的科学知识与技术经验扩充创新构思，提出实现创新构思的设计原型的可实现性。

（3）进行原型开发。按商业化规模要求进行工业原型开发，制定完整的技术规范、进行现场工艺试验和新产品试生产，并进行市场测试和营销研究。

（4）商业化试生产。创新技术的初步实际应用或创新产品的初次商业化生产。

（5）大规模生产。创新技术的广泛采用或创新产品的大规模生产，创新产生显著的商业效果或社会效果。

（6）创新技术扩散。创新技术被赋予新的用途，进入新的市场，如雷达设备用于机动车测速、微波技术用于烹调等。

在实际的创新过程中，阶段的划分不一定十分明确，各个阶段的创新活动也不一定按线性序列依次进行，有时存在着过程的多重循环与反馈以及多种活动的交叉和并行。

创新过程管理主要涉及创新计划的制定、创新构思的形成与评价、研究与开发活动的组织与控制以及创新过程的阶段整合。下面以产品创新为背景阐述创新过程的管理。

（1）第一步，创新计划的制定

创新计划的制定是 R&D 管理的起点。制定正确的创新计划可提高创新过程的效率和成功率。

创新计划要服从企业的总体目标。创新计划的制定要综合考虑企业的近期目标（如增加当前利润）、中期目标（如改善企业竞争地位）和长远目标（如提高创新能力），通过深入分析企业的外部环境和内部条件，弄清问题，发现机会，选择正确的创新方向和路径，明确具体的创新目标，确定切实可行的实施计划。

企业进行产品创新主要包括以下几个方面的工作：

1）确定产品竞争领域。确定产品竞争领域需要分析四个方面的因素：产品的类型、产品的最终用途、顾客群和技术资源。这四方面因素的各种可行组合就是产品竞争领域的备选方案，最终确定产品竞争领域，需要综合考虑各种备选方案对企业总体目标的贡献。

2）明晰产品创新目标。具体的产品创新目标包括三个方面的内容：①发展目标，发展包括四种选择，即率先进入市场，迅速发展；形成竞争优势，受控发展；逐步更新现有产品，保持竞争地位；转移阵地，受控收缩。②市场态势，市场态势反映创新产品在市场上体现竞争优势的方式，也包括四种选择：开拓型态势，即通过产品创新创造新的市场机会；发展型（或进攻型）态势，即通过产品创新扩大市场占有率；维持型（或防守型）态势，即用创新产品替代即将退出市场的产品，保持市场份额；收缩型态势，即放弃部分市场份额，通过产品创新巩固其余市场。③特殊目标，包括产品多样化，产品结构合理化，避免被收购，取得满意的投资回报率，维持或改善企业形象等。

3）实现创新目标的具体规划。实现创新目标的具体规划包括四个方面的内容：①确定关键性创新要素的来源，关键性创新要素是指企业进行创新活动所能利用的资源，主要有三类：第一类是市场和营销方面的要素；第二类是生产制造方面的要素；第三类是技术要素。②确定创新方式和创新的技术变化程度，企业要根据自身的经济实力、技术能力、在市场竞争中的地位和创新目标等决定创新方式和创新技术变化的程度，决定是进行根本性创新还是进行渐进性创新，是核心技术创新还是应用技术创新，是自主创新还是合作创新，是率先创新还是模仿创新，是开拓性创新还是技术引进再创新。③选择进入市场的次序和时机，企业要根据对自身资源条件和能力的估计、对市场风险的判断和对创新产品投资报酬率水平的预测，决定创新产品进入市场的次序和时机。一般来说，有三种选择：第一种选择是率先进入市场；第二种选择是敏捷反应；第三种选择是谨慎反应。④其他策略，实现创新目标的具体规划中还应包括对一些特殊方面的安排，如不同创新环节的资源配置，创新产品与企业原有技术体系的关系，产品质量和价格的定位，如何克服企业内部的阻力，如何规避某些法规的限制，如何避开竞争对手的优势，是否要获得技术专利等。

4）应急计划。应急计划是指应付创新过程中出现的不利情况和突发事件的安排。这些不利情况和突发事件包括市场突然衰退，创新产品不被市场接受，竞争对手的产品受到严格的专利保护，市场被竞争对手所控制，企业经营遇到困难，没有足够的资金支持创新，营销渠道难以打通，与合作伙伴的合作不顺利，所需要的外部技术无法得到，关键技术人员离开企业等。

产品创新计划完成后，还应组织企业的有关人员对创新计划进行评估。评估的方面包括机会的现实性、资源条件的可支持性、与企业总体目标的一致性、风险的可承受性、与政府政策的协调性、计划的可操作性等。如果认为创新计划不能令人满意，就要针对评估中提出的问题和建议，对创新计划进行修正和完善。

（2）第二步，开发过程控制

创新构思要通过后续的开发活动来实现。开发是一个有众多部门和人员参加，包括许多步骤和子项目，需要多个部门密切配合，实施计划要不断调整、修正的动态过程。对开发过程进行有效的控制是创新成功的重要条件。

1）开发过程控制的任务和重点。开发过程控制的主要任务是：制定合理的资源配置计划、开发活动计划和各阶段的开发产出目标；根据项目实施过程中的反馈信息纠正偏差，调整计划和目标；协调各职能部门的活动；消除开发过程中企业内部技术转移的障碍；解决因意外情况出现或影响开发的企业内外部因素变化导致的有关问题。

2）开发过程控制的方法。采用何种方法进行开发过程控制取决于开发项目的复杂性和控制不周密可能带来的损失。简单的开发项目的过程控制可以采用简单的方法，复杂项目的控制则需要采用相对复杂的方法。开发过程控制包括成本控制、质量控制和进度控制。开发过程中的成本控制和质量控制的方法与企业日常经营活动中的成本控制和质量控制的方法大体相同。

3）开发过程中的技术转移。在新产品或新工艺开发过程中，新技术在企业内部从上游开发部门向下游部门的完整转移是个非常复杂和困难的问题。解决这个问题涉及四项相互关联的决策，这四项决策是：技术转移的时机、技术转移的去向、参与转移的人员以及上下游部门间的沟通方式。

技术转移的时机，决定上游开发部门何时将新技术向下游部门转移的因素有三个：一是产品设计是否符合潜在用户的要求；二是设计规范文件是否完备，技术参数是否足够明晰，测试结果是否稳定；三是市场竞争的需要。

技术转移的去向，当新技术在实验室开发成功后，有一个向哪个部门转移的问题。一种选择是直接向制造部门转移，但在许多情况下，现有制造部门担心未经检验过的技术可能会导致短期利润下降，不愿意接受由实验室转移出来的技术。另一种选择是建立一个新技术中转站，如新事业开发部、生产性实验室等。在这类"中转站"内实现创新技术的商业化。大的技术创新项目也可以进入政府设立的创新孵化器。

参与转移的人员，由上游部门的技术开发者和下游部门的技术接收者共同组成项目小组是确保技术平稳转移的最有效方式。如果技术转移的目标是实现商业化，企业高层领导必须主动地对转移过程进行监督和指导。

沟通方式，技术转移上下游部门之间的沟通方式一般来说有三种：一是设立一个由各个有关部门的人员组成的委员会负责整个开发项目的领导工作，在创新过程中进行信息沟通；二是伴随技术转移直接将上游部门的人向下游部门转移，如将R&D人员连同项目一起转移到制造部；二是通过正式的文件和资料进行信息沟通。

（3）第三步，创新阶段整合

创新过程分多个阶段，创新的各个阶段常常由不同职能部门来完成。工作组或职能部门之间存在着明显的界限。创新过程中的阶段整合往往成为企业创新过程管理的新问题。创新阶段整合的方式主要有三种：串行整合、交叉整合、并行整合。

1）串行整合。串行整合是一种传统的创新阶段整合方式。在串行整合方式下，创新构思形成、实验原型开发、工程原型开发、小批量试制、商业规模生产、市场营销和售后服务等这些阶段依次完成。上游阶段的任务完成以后，创新阶段成果被移交到下游工作部门，下游阶段的工作才能开始。

串行整合方式的优点在于，在各个创新阶段中，职能部门的内部效率较高，也易于管理。由于部门之间缺乏信息交流，在移交创新阶段成果时缺乏责任的态度，创新思想在传递过程中会发生失真，造成工作反复，这样一方面增加了创新成本，另一方面延长了创新周期，最后可能导致生产出来的产品不被市场接受，从而给企业带来巨大损失。

2）交叉整合。如果对创新过程的各个阶段仔细地剖析，就会发现下游阶段的工作往往可以不必等到上游阶段的工作完全结束以后再开始，上下游阶段的工作可以有一定的交叉。交叉整合方式就是基于这种认识提出的。交叉整合有两重含义：一是在上游阶段的工作还未完成时就开始下游阶段的工作；二是在每一个上游工作阶段都吸收一定的下游工作部门的人员参加，从而在不同创新职能部门的人员之间形成一定的交叉。

在交叉整合方式下，由于有下游阶段的人员参与上游阶段的工作，在上游阶段的开发过程中就会充分考虑下游阶段的要求，人员交叉也有助于下游阶段的创新职能部门加深对上游阶段创新成果的理解，这使得前一阶段成果向后一阶段传递的效率大为提高，从而减少了信息失真和工作反复，节约了费用和时间。交叉整合的方式非常适合于汽车工业等产品结构复杂、工序繁多的行业中的创新管理。

交叉整合并不能解决所有的问题。创新活动面向的市场环境是不断变化的，需求的变化、竞争产品的推出、政策环境的变化、原料供应条件的变化等都可能影响创新早期阶段工作的有效性，仅相邻的创新阶段之间的交叉仍难以完全避免因信息沟通不充分而导致的早期创新工作的失误。

3）并行整合。并行整合是一种全新的创新协调与管理方式。并行整合方式也称为同步工程或并行工程，这是一种在创新过程中支持集成化并行作业的系统方法。它要求把创新看成是多职能部门并行推进的过程，各部门一开始就一起运行，一开始要考虑到创新过程中的全部因素，及早沟通消息，发现问题并及时消除。尽量缩短创新周期，降低创新成本。与交叉整合相比，并行整合方式的先进性在于强调尽可能早地开始下游阶段的工作，不仅相邻的阶段之间有交叉，不相邻的阶段之间也尽可能有交叉。

二、市场创新管理

1. 市场创新域及其管理

市场是供求关系的总和。所谓新市场，即包含着新的市场供给、新的市场需求和新的市场关系等方面的新的市场要素。只要改变其中任何一种市场要素，就会改变市场状况，从而形成一个新的市场。所谓市场创新域，是指市场创新者可以选择的、能够引起现有市场发生变化并导致新市场出现的各种市场要素的总和。由于影响和制约市场变化的相关因素很多，所以，市场创新者可以选择的市场创新域也很多。由于各种相关的市场要素之间也是相互影响和相互制约的，所以，各种市场创新域之间的界限并不是绝对的，有些市场创新活动必须同时在若干个市场创新域里展开。

（1）产品创新域

产品是最重要的市场要素之一，产品变化是市场变化的一种主要表现形式。任何一个企业都要向市场提供一定种类和数量的产品，以满足顾客的需要，实现其企业的社会使命。从市场关系的角度来说，可以把任何一种产品看作是满足不同市场需求的一种手段。因此，产品的市场意义不在于其本身的某一种特性，而在于其能够满足市场需求的某一种特性。改变一种产品的作用、结构、生产技术、市场形象、价格、服务或其他各种产品要素和产品属性，就会引起相应的市场变化，从而导致一种新市场的出现。我们把这些能够影响和制约市场变化并导致新市场产生的各种产品要素群称作产品创新域。由于产品的品种和规格的变化范围几乎是没有止境的，每一种产品又具有多方面的技术特性和市场特性，所以，产品的变化也是没有止境的，产品创新域是一个极其广阔的市场创新域。在选择产品变化域作为市场创新域时，还必须进一步分析产品的各种要素构成及其基本特征，充分考虑一种产品及其各种要素的变化方式、变化程度和变化后果的各种可能性。

第一层是产品的核心要素，也就是产品的使用价值。每一种产品都必须具有一定的使用价值，这实质上是为解决顾客的某种问题而提供的服务。在开发新产品时，市场创新者应该分析有关产品的核心要素，即其所具有的使用价值，为顾客提供新的使用价值，满足顾客新的需要。只要改变产品的核心要素，就可以开辟相应的新市场。第二层是产品的实体要素，也就是上述核心要素的载体。一种产品的实体要素主要包括该产品的质量水平、产品特性、式样设计、品牌名称、产品包装等不同方面的特征。改变其中任何一种实体要素，都可以引起相应的市场变化，创造出一种新的市场，这是一个更为广阔的市场创新域。第三层是产品的引申要素，也就是企业为产品用户所提供的各种附加服务和附加利益，主要包括产品的质量保证、购买信贷、运送、安装、技术指导、维修等。

总之，产品创新域是一个由多层次、多维度、多要素、多属性所构成的市场创新域，是一个十分广阔的市场创新域。面对如此广阔的创新天地，只要敢于创新，所有的企业都有能力不断地开发新产品，开辟新市场。

（2）需求创新域

需求是一种最重要的市场要素，需求变化是一种最根本的市场变化。就发展社会生产的目的而言，任何一种产品都只不过是满足某种市场需求的一种手段或工具而已。因此，立足于市场需求来进行市场创新和市场发展，也就具有更为深刻的战略意义。

市场需求是人的基本需要的具体表现，也是人的生存条件的客观反映。市场需求的发展要受到一系列相关因素的影响和制约，市场需求的变化必然会引起市场规模和市场层次的变化。市场需求变化的程度和范围几乎没有绝对的界限，各种市场需求的不断发展变化为市场创新者提供了大量的市场创新机会，开辟了前景十分广阔的市场创新域。虽然产品创新也要着眼于市场需求，不过，产品创新域主要是面向生产者。在选择产品创新点时，企业考虑更多的是本企业的技术能力和资源条件等因素。而需求创新域则是直接面向用户，企业在选择需求创新点时考虑更多的是市场需求的实际状况及其变化趋势。一般来说，一个需求创新点可以容纳多个产品创新点。当然有些产品具有多种功能与用途，同一种产品也可能满足多种市场需求。

总之，需求创新域是一个更为广阔的市场创新域。市场需求的多样性、广泛性、相关性和无限发展性，为各种企业进行市场创新开辟了广阔的道路。当然，市场需求的抽象性、复杂性、变动性又给我们识别和掌握市场需求的具体形态带来了一定的困难。因此，不同的企业应该认真进行市场调查研究，掌握市场需求的实际状况及其发展趋势，充分发挥本企业的市场竞争优势。选择适当的需求创新域和创新点，开展市场创新。

（3）顾客创新域

顾客是企业最重要的一种市场资源。从一定意义上讲，市场需求就是顾客的需求，从市场出发也就是从顾客的需要出发。因此，根据不同类型顾客的不同需求来进行市场创新，以满足各种顾客的实际需要，是所有企业在进行市场创新时应该充分考虑的一个基本原则。顾客是很多的，顾客之间又是千差万别的，不同的顾客有不同的需要。企业只要面向顾客的实际需要进行市场创新，就一定会有所发展。因此，抽象地说，顾客创新域也是一个非常广泛的市场创新域。不过，对于任何一个企业来说，其真正的顾客都是极其有限的，任何一个企业都无法满足所有顾客的全部需要。

因此，每一个企业都必须认识到自己的特殊使命。在制定市场创新战略时，应该进行必要的市场细分，确定本企业的服务对象，选择适当的目标顾客群作为本企业的目标市场创新域。

作为一个基本的市场创新域，对顾客群做出分类要比对产品做出分类更为困难，也更加复杂。在对顾客进行细分的时候，必须根据企业和市场的实际情况，确定适当的细分标准，从而选择适当的顾客创新域。

总之，顾客是企业的服务对象，选择适当的服务对象是关系到企业市场创新成功与失败的一个关键因素。任何企业都不可能满足所有顾客的全部需要，都必须根据自己的实际情况来进行市场细分和市场定位，以确定适当的顾客创新域，选择有利的市场创新点。

2. 市场创新源及其开发利用

市场创新活动成功的一个重要前提是把握有利的市场创新机会。但是，有利的市场创新机会并不会自动地产生创新成果，人们要将市场创新机会转化为现实的创新成果，就必须利用这些机会，在企业的生产经营活动中引入某些能够改变现有市场状况、导致新市场产生的市场创新要素。因此，拥有相应的市场创新要素是进行市场创新的必要条件。所谓市场创新源，是指产生各种市场创新要素的源泉与获取这些市场创新要素的渠道。了解产生各种市场创新要素的源泉以及企业获取这些市场创新要素的主要渠道，有助于我们认识和掌握市场创新活动的基本规律，积极主动地开发和利用各种创新资源，开展市场创新活动。

市场创新是一个内涵十分丰富、外延也相当宽泛的概念，所有的市场活动都蕴含着创新机会，所有的市场要素都连接着潜在的市场创新领域，在讨论市场创新源这个问题时，我们必须充分认识到市场创新要素的多样性和来源的广泛性与复杂性。

通过采用一种新的产品设计、新的原材料、新的生产工艺、新的广告创意、新的产品包装、新的品牌商标、新的营销渠道、新的促销方式、新的组织形式、新的管理制度或其他新的市场要素，人们便可以改变现有产品的市场特性及其销售状况，或者开发出新的产品，开辟出新的市场，这就是市场创新。而那些能够改变现有市场状况、导致新市场产生的新技术、新方法、新思想、新制度、新的组织形式等都是市场创新要素。各种市场创新要素可以用不同的方式从不同的来源与渠道获得。

市场创新要素可以来自市场创新的主体。市场创新的主体是在市场中从事各种活动的人，包括企业内部的研究开发部门和市场营销部门的工作人员、企业外部的各类用户和供应商以及企业的市场竞争者与市场合作者等。各种人员都有可能从不同的角度提出市场创新的构想，提供市场创新所需的各种资源。因此，我们可以把所有与市场活动有关的人员都看作是潜在的市场创新源。

市场创新要素也可以来自市场创新的客体。市场创新的客体是市场，而市场状况是由市场供给和市场需求这两个方面决定的。所有能够影响市场供给和市场需求的生产要素和市场资源，所有能够影响市场供给和市场需求之间结合机制与结合方式的制度、组织、手段与方法，都是可以开发利用的市场创新源。

市场创新要素可以来自市场创新活动的各个领域。市场创新活动涉及技术开发、产品生产、商品交易、消费和售后服务等市场活动的各个领域，在所有与市场创新活动有关的领域都存在可能产生各种创新要素的市场创新源。

市场创新要素可以从不同的途径获得。有些市场创新要素来源于企业内部，有些市场创新要素来源于企业外部。自主开发、联合开发、委托开发、引进吸收、企业兼并联营等都是获取创新要素的途径。

在市场经济条件下，作为商品的生产者和经营者，企业的一个主要任务就是要选择和优化各种生产要素与市场资源的配置方式，从而不断地提高生产效率和资源利用的效益。市场创新既体现在对现有各种生产要素与市场资源的重新配置上，也体现在对各种新的生产要素与市场资源的引入与应用上。随着科技进步与社会发展，各种新的生产要素与新的市场资源会不断被开发，生产要素与市场资源的结合方式也会不断变革。所以，企业可以利用的各种市场创新源是不会枯竭的。只要企业建立起有效的市场创新机制，重视市场创新信息的管理，强化企业的研究开发与市场营销职能，不断开辟和充分利用各种市场创新源，善于从各种相关的新事物中发现有用的市场创新要素，就能不断地推进市场创新活动并取得成功，使企业在激烈的市场竞争中立于不败之地。

三、制度创新与管理

1.企业制度创新与制度安排

企业制度创新已成为当今中国国有企业特别是大中型国有企业深化改革、建立现代企业制度的主流。在计划经济体制下的传统国有企业制度已走到了尽头，时代呼唤新企业制度产生。中国正面临着一场历史性的企业制度创新浪潮。在企业制度创新过程中要注意以下两个问题。

（1）企业制度创新的层次性

企业制度创新是一个多层次的体系，需要各不同主体（包括政府、企业和个人）形成"合力"才能完成。但是现实微观层次企业制度创新存在着多方面的障碍，主要表现在以下三方面：

①宏观层次上企业制度创新的时滞性。虽然一个时期以来建立现代企业制度已成为经济体制改革的中心，但与建立现代企业制度相配套的宏观企业制度创新滞后，例如，干部任用制度、税收制度、社会保障制度等，这是制约企业制度创新的根本原因。

②各级政府因其对各自利益的不同考虑，限制企业制度创新，仍然沿用计划经济时期的行政手段干预企业，致使企业制度创新无法进行。这是阻碍企业制度创新的主要原因。

③由于长期的计划经济的影响，企业内部一直实行平均的分配制度，各个层次企业制度创新必须协调不同层次上的企业制度创新关系，消除各层次上的时滞，给企业创造良好的制度创新外部环境，形成良性创新机制。

（2）企业制度创新的变形

企业制度创新成果是用一系列制度固定下来的，但在现实生活中经常出现制度创新的变形，即一种按照企业制度创新主体原来的设计形成的制度，在它产生的过程中，或者在它形成后不久，就发生了变化，同原来的设计有较大的差异，起不到它本来应当起的作用。例如，原来设计的股份公司既考虑股东的利益，又考虑公司法人的利益，并力求在经济发展中使企业有较大的活力，但在实际生活中发现同原来的设计有较大的出入。再比如企业管理创新中的人事制度的创新，目的是挖掘人力资源潜能，充分发挥人力资源优势，但在实际执行中发生了变异。这些情况不一而足。这就涉及制度变形问题。如前所述，各个不同层次创新主体根据其在企业制度创新中所获得的预期纯收入来决定其参加程度，并有意或无意在执行中进行调整，向着有利于自己的方向拉动，从而产生企业制度创新的变形。

2.我国企业制度创新

（1）有关公司法人制度现状

合理的公司法人治理制度可以综合地解决国有企业的一系列体制性矛盾，实现出资者所有权与企业法人财产权的分离，有利于政企分开、转换机制，形成科学的决策机制、执行机制和监督机制，有效防范经营风险，促进公司规范运作。

规范的公司治理结构通常是：资产所有者拥有公司的所有权；股东通过股东大会选举董事会，董事会成为由股东大会授权的公司财产托管人，拥有重大决策权及对以总经理为首的经理人员的任免权和报酬决定权；以总经理为首的经理人员受聘于董事会，作为董事会的代理人，具体负责公司的日常经营管理事务；监事会对公司财务和董事、监事进行监督，向股东大会负责。公司法人治理结构的功能是在所有者与经营者之间合理配置权力、公平分配利益以及明确各自职责，建立有效的激励、监督和制衡机制，从而提高公司效率，实现公司的经济效益目标。

目前，许多国有大中型企业已改制为有限责任公司或股份有限公司，建立了法人治理结构。由于体制和企业运行机制等方面的原因，很多公司的运行机制和运转方式并没有发生根本性转变，公司治理结构只是一个空架子，"形备而实不至"。原有的许多结构性问题、矛盾和弊病，在新的机制下依旧存在，突出表现在以下五方面：

①治理结构不完善。股东大会、董事会、监事会、经理层的职责不明确、运作不规范，缺乏有效的约束和制衡机制。

②董事会的作用未能真正发挥。董事会的重要职能是进行重大决策、推动决策的实施和选聘经营者，但是公司治理的这一重要制度安排往往无法有效落实。在许多公司董事会内部缺乏制约机制，代表大股东的董事利用优势地位，左右公司决策，影响了公司决策的民主化和科学化。

③经理层缺乏独立性，董事会成员与经理人员高度重合。总经理没有得到充分、明确的授权。董事长、总经理之间"越位"和"缺位"的问题十分突出。

④监事会不能实施有效监督。监事会的职责主要是对公司的财务状况和经营管理者的违规、违纪、违法行为进行监督，但监事往往被视为领导职务和形式上的安排，监事会懂财务管理的人才极少，致使监事会常形同虚设。

⑤"新三会"与"老三会"难以协调运作。职工参与经营管理的渠道不畅，积极性不能得到有效发挥，新机制运行不顺。

在分析问题的症结时，应该看到，制度创新不仅仅是一项新制度的引进或制定，其实际效果还要取决于这一制度的运行规则和运行程序以及与内外部环境的协调。实践证明，仅有公司组织和实体方面的法律规定是不够的，必须有程序方面的法律法规作为制度的支撑。

（2）程序与程序创新

什么是程序，从法律学角度看，程序主要体现为主体按照一定的顺序、方式和手续来做出决定的相互关系，包括决定成立的前提和决定过程。实际上，程序是一种角色分派体系，程序参加者在角色就位之后，各司其职，互相间既配合又牵制，这即是公司法人治理结构的精髓所在。程序的作用在于引导和支持主体权力的行使，协调各个权力之间的关系，防止滥用权力和出现错误，克服决定过程的任意性，通过决定前提和决定过程的合理性来保障决定的合理性。

在现代经济组织的复杂关系中，制度的推行是通过程序体系的严密化实现的，程序的本质是使复杂变为有序，遵循程序行使权力。不仅如此，从程序入手还可以化解变动带来的冲突。新的制度为社会所接受和承认需要一个过程，在旧的机制废除之后，需要新的程序来消化矛盾。在变革过程中，更需要大力强调程序的意义。

目前，国有大中型企业公司法人治理结构并非没有程序，问题是这些程序还较薄弱，不足以支撑整个制度结构。我国《公司法》对公司运作的程序只作了很少的原则性规定。具体到各个公司，能在公司章程或规章制度中对公司运作程序进行具体明确规定的更为少见。由于国有企业传统管理重行政程式而轻法定程序的习惯影响，使得对于仅有的程序，许多人也设法规避或不予以重视，因此，现代企业制度公司法人治理结构的程序设置，必须加强并进行创新，使程序符合并承载新制度的功能要求，具有合理性、确定性和易用性。根据我国公司制改制和法人治理结构运作的现状，我国应加快公司制度的程序创新和立法步伐，完善公司法人治理结构，以适应资本市场、证券市场规范化、市场化和国际化的要求。

（3）职工持股制与企业制度创新

职工持股制度是一种由企业职工拥有企业产权的股份制形式，在我国广泛存在的股份合作制就是这种制度的一种组织形式。职工持股制度起源于西方，一般被称为"职工持股计划"，是由美国律师路易斯·凯尔萨在20世纪60年代最先提出的。可以说，职工持股制度在西方的发展历程并不长，但它带来的制度创新意义和显著的实际效果则显示出强大的生命力。对于现代企业制度改革正不断深化的中国而言，职工持股制度在理顺产权关系、提高企业经济效益等方面所具有的独特作用也日益受到各方面的重视。虽然中国的不少企业已经实行了职工持股制度，但职工持股无论在理论上还是在实践上都存在很多问题。由于中国企业，尤其是国有企业在股份制改组中实行职工持股制度，与西方对私人所有股份制企业进行的职工持股改制相比，其改组对象和所有制基础都有本质性的区别，因此，如何借鉴西方国家职工持股制度的长处，结合中国实际情况，建立健全符合中国国情、具有中国特色的职工持股制度，已成为我国企业改革的一个重要课题。

第四章 企业环境与组织创新

第一节 企业环境的界定及其特征

环境是独立于组织之外的外生权变因素，是对企业经营绩效产生持续显现或潜在影响的各种外部力量总和。企业与其相处的外部环境不相匹配，会对其生存和发展产生极大的反作用，所以环境是影响企业经营的重要因素。目前，对企业环境的界定存在着各种各样的方式。有的以时间为基准，从过去、现在和未来三个角度描述。有的以空间为基准，从宏观、中观和微观三个层面分析。

多数管理学文献将其分析为一般性环境和具体性环境（斯蒂芬·罗宾斯等），一般性环境是指具有普遍意义的因素，例如，社会的政治、经济、法律、文化、道德、技术进步与创新，全球化、一体化、信息化的发展以及由其创新经济范例等，它们对组织产生影响和作用，但这种影响和作用的机制处于潜在和间接状态，具有宏观性。具体性环境是指具有特定含义和特殊意义的因素，主要包括竞争对手、客户、供应商、员工、公众压力等，它们给予组织的是显现、直接、持续的影响和作用，具有微观性。另一些文献则把市场从环境中突现出来，阐述市场环境给予企业或组织发展的决定性作用。在众多关于环境的分析中，格罗夫等人的二维界定得到了广泛的认可，他认为任何环境都可从"三个核心维度"进行分析。这"三维"就是：（1）环境的动态性是指环境变化的速度和幅度，如果环境要素发生剧烈的大幅度变化则称之为动态性环境；如果变化很微小，渐进或缓慢地进行，则称之为静态性环境。（2）环境的复杂性是指参与人的数量、规模、差别产品、技术差异及其应用的规模和速度、新产品的出现、新竞争者的进入频率、供应链、客户关系、政府干预经济的程度等。（3）环境的容量是指环境能够为企业发展提供的资源支持和成长空间。对企业来说，市场是它所面对的环境系统中最集中最直接的部分，因此环境容量可以通过市场容量的转换而得到说明。一般情况下，顾客的数量与规模、市场链、潜在消费者、市场份额与占有率、利润区、价值链与价值增长都能够直接或间接地表明市场容量。较大的市场容量能够创造较多的机会，有利于促进企业的发展，而较小的市场容量所创造的发展机遇也相对较小。但是，必须说明，任何机遇都是和风险并存的，而风险根本上源于环境的不确定性，因此，对于那些具有大容量市场前景的企业来说，其所向临的组织风险性也是巨大的。

格罗夫的"三维"概念，把环境作为独立于企业经营发展的外生权变因素，较为确切地说明了环境对企业经营发展的作用机制。但是，环境因素并不完全是绝对的外生权变因素，实际上环境和组织之间存在着一种互动性，对于环境的描述必须更深入地揭示这种互动性。考特里特、斯蒂芬·罗宾斯、迈克尔·波特、查尔斯·惠兹曼、卡隆等人在进一步的研究中，分别引入了"可预测性""程序化""自知之明""竞争性""信息分布""S—C—P 范式"等概念，更深入地说明环境的动态性和互动性。综合他们的研究论点，可以描绘出如下的环境矩阵模型（见图1.4）。

复杂性	单元 I 稳定的和不可预测的环境，环境要素多，但是彼此间异质，信息分布均匀，强数量型竞争，线性 S-C-P,对环境变动及其特征的自知之明要求高	单元 II 动态的和不可预测的环境，环境要素少，异质且处于连续的变化过程中，信息非均匀分布，高强度竞争，非线性 S-C-P,对环境变动及其特征的自知之明要求高
复杂性	单元III 稳定的可预测的环境，环境要素少，同质但相对不变，信息均匀分布，程序化结构强，强度竞争，线性 S-C-P,对环境变动及其自知之明要求低	单元IV 动态但可预测的环境，环境要素多，同质性较强但处于不连续的变化过程中，信息分布不均匀，非程序化，非线性 S-C-P,对环境变动及其自知之明要求低

稳定性 ———————————— 稳定性

图 1.4 动态复杂性环境矩阵模型

第二节 企业环境与组织创新的关系

在关于组织战略的研究中，始终面临着的一个重要问题，就是环境、组织结构和组织战略之间的相互关系。战略研究中，环境是外生权变因素，而组织结构是内生权变因素，组织战略是适应环境还是适应组织结构，对于战略的制定实施及其导向具有不同的意义。正因为如此，在战略管理的思想中，有所谓"结构追随战略"和"战略追随结构"的说法。"结构追随战略"的思想是由美国管理学家和工业经济史学家钱德勒提出，他在《战略与结构：美国工业经济史考证》一书中，分析了环境、组织结构和组织战略之间的关系，认为组织战略应当适应环境，而组织结构又必须适应组织战略，因战略变化而变化。"结构追随战略"是由另一美国著名战略管理学家安索夫提出，他认为组织战略行为是一个"有控制有意识的正式计划过程"，其《战略管理》一书中提出，组织战略行为是"一个组织对其环境的交感过程以及由此而引起的组织内部结构变化的过程"，并认为大环境服务于组织，战略必须适应组织结构，因组织结构变化而变化。从他们的论述中我们可以看到，虽然他们的导向不同，但他们都将组织战略、组织结构置于组织环境之中，论述了环境对"组织战略—组织结构"关系的制约，认为组织战略必须基于环境的分析并与环境的特征保持高度的适应性和一致性。上述矩阵模型提供了四种不向特质的环境类型，与之对应的是组织战略必须择宜而取。但从现代经济的实践来看，动态复杂性环境是企业所面临的最具有战略意义的环境。从稳态环境向动态环境、从简单环境向复杂性环境变化是环境发展的必然趋势。新技术的发明和使用，导致市场周期和产品生命周期的缩短，新产品层出不穷，新竞争者进出频繁。随着我国经济的加速发展，信息产业的迅速兴起以及全球经济一体化进程的加速，尤其是中国入世，我国企业组织将面对日益动态化和复杂性环境，这就要求我们必须把对环境的分析和把握放在企业经营的战略高度上，从管理到战略的制定必须与之匹配，通过对环境的科学分析，增强对环境不确定性的认识。否则，将会给企业的发展带来巨大的障碍。

在现代管理学所有关于环境问题的研究文献中，都一致认为组织管理必须适应环境，这是因为所有的环境并非处于静态稳定性之中，而是动态的、不确定的、复杂性的。企业面临日益变动的环境变化，必须进行组织的变革与创新才能适应。这就是环境变动引起持续的组织变革与创新的过程。环境对组织创新的影响主要包括以下三层方面：（1）环境变动频率影响组织创新的速度。一般来说，环境变动超前于组织创新，且变动速度快于组织的创新，尤其是组织的管理变革，这就要求组织必须具有快速应变的知觉和能力。（2）环境变动的方向引导组织创新的方向。环境变动尤其是对于动态复杂性环境的变化而言，既可能创造发展的机遇，也可能使组织蹈入更加艰难的境界，这需要组织辨明环境变动的方向，在有利于发展的时候善于引导，在不利于发展的时候适时给予矫正。（3）环境变动的范围制约组织创新的实现空间。环境变动使组织遭受越来越大的压力，同时随着变化的动态性和复杂性的增强，变革的阻力也越来越大。例如，新竞争者的不断涌入造成市场的重新分割，必然使得原有客户部分地流失，市场份额和占有率降低，这意味着企业可赢利的空间越来越小。这种情况制约了企业的变革特别是营销创新的可行性。如何在越来越紧缩的有限空间保持高赢利率，取决于其战略性适应性调整。通过重构"价值链"和"业务流程再造"，发现新利润区，对任何企业来说都应该是头等重要的大事。

积极有效的组织创新促进组织的自适应性，提高组织的效率，这就是组织创新的能动性。所谓"组织创新更好地适应环境变动"，主要是指组织基于对环境的科学分析，准确把握环境的特征和环境变化发展的趋势，寻求组织最佳创新方式和路径，使组织和环境在更高水平上建立均衡，获得协同效应。这里的关键是：（1）组织对其所处环境的科学分析，这要求组织尽可能拥有关于组织环境的完备知识和信息；组织在进行这种分析的时候，必须具有辩证观和系统观。在这方面，早期的管理学文献给出了 SWOT、ETOP、SAPBST 矩阵、GE 矩阵等分析法，但这种方法假定组织预先拥有组织的知识和信息以及既定结构化的产业，因此，它相对适应于并非高度竞争性环境，许多管理学者已经认识到这些分析的局限性。基于 20 世纪 80 年代中后期以来世界经济的发展和新知识经济的出现，战略管理学对组织环境的分析出现了"长寿公司关键要素""竞争性环境""顾客矩阵""生产者矩阵""核心能力要素""战略资源""IS／IT 分析"等分析法，这些分析法突破了旧的分析法的局限性，有助于我们增强关于环境分析的战略性意识。（2）寻求组织最佳创新方式和路径，组织必须推进系统创新，才能立于经营不败之地。"路径依赖"理论强调"路径选择"与"组织创新绩效"的内在联系。阿里·德赫斯认为，现代许多大公司的致命弱点是缺乏学习能力，因此，面对高强度竞争性环境，表现出"适应性综合缺陷症"。他确定了长寿公司的四大关键要素是：第一，对周围环境保持高强度敏感性。第二，建立社区关系的能力。第三，建立外部人际关系的能力。第四，有效控制自我增长的能力。波特则强调"竞争战略"与"竞争性环境"的匹配。哈默尔和普拉哈拉德认为，传统的"基于产业结构定位、以其十分明确的市场细分产品来获得和防卫其市场份额、从而获得竞争优势的竞争战略"已经过时，在急剧变化和充满竞争的环境下，企业"战略的核心不在于公司的产品、市场的结构，而在于其行为反应能力；战略的目标在于识别和开发别人难以模仿的能力"。（3）组织与环境的协同效应，应建立在环境变动与组织战略制高均衡上，因为这种均衡越高，协同效应越高。

第五章 动态复杂环境中的组织创新

第一节 企业组织创新的内容和方向

由于各个企业的具体条件不同，例如企业的环境、战略、技术、人员、规模、文化、成长阶段等主要制约因素不同，其组织变革与创新的内容自然各不相同。我们在这里所要阐述的，是根据组织理论与设计的一般原理，针对新世纪经济全球化、信息化、知识化等新特点，结合我国国情以及企业比较普遍存在的问题，探讨当前组织创新应予以重视的主要内容，并明确它的变革方向。

组织创新的主要内容概括地说，就是要全面系统地解决企业组织结构与运行以及企业间组织体系方面存在的问题，使之适应企业发展的需要，具体内容包括企业组织的职能结构、管理体制、机构设置、横向协调、以流程为中心的管理规范、运行机制和跨企业联系等 7 个方面的变革与创新。

1. 职能结构的变革与创新。如前所述，组织设计的一个基本原理就是战略决定结构。但是，人们无法从战略直接推导出具体的组织结构，只有经过分析企业及其管理组织实现战略目标所必须具备的基本职能，并从这些基本职能中寻求确定对实现战略目标起着决定作用的关键职能，然后再进一步设计执行这些职能的机构，战略才能切实找到组织上的落脚点。

2. 管理体制（组织体制）的变革与创新。所谓管理体制，就是指以集权和分权为中心的、全面处理企业纵向各层次特别是企业与二级单位之间的责权利关系的体系，亦称为企业组织体制。管理体制关系到企业能否既保持必要的统一性，又具有高度的灵活性，因而是企业纵向结构设计的重大问题。我国企业过去的主要倾向是不问企业具体条件如何，一律实行高度集权，这同高度集中的计划经济体制是一致的。现在，随着经济转型，不少企业又出现了过度分权、联合企业变成了企业的联合的问题。这两种倾向其实都违背了现代组织设计的权变理论，没有从企业实际出发，根据企业的不同条件去正确处理集权与分权的关系。

3. 组织机构的变革与创新。组织变革不仅要正确解决上述管理体制等企业纵向组织结构问题，还要同时考虑横向上每个层次应设置哪些部门，部门内部应设置哪些职务和岗位，怎样处理好它们之间的关系，以保证彼此间的协调配合，这些都属于企业横向组织结构范畴。长期以来，我国企业横向结构普遍存在分工过细、过死，机构过多，人浮于事，矛盾多、扯皮多、效率低、效益差的现象，问题十分突出。

对于机构设置，改革的方向之一是贯彻"一贯管理"原则，推行机构综合化。

即针对分工过细、分段管理的问题，适当简化专业分工，力求在管理方式上实现每个部门对其管理的物流或业务流，能够做到从头到尾连续一贯的管理，达到物流畅通、管理过程连续。具体做法就是把相关性强的职能科室归并到一起，做到"一个基本职能设一个部门、一个完整流程设一个部门"。我国一些企业学习国外经验，采取以上原则和办法设置机构，并形象地将其称为"大部制"，实践证明，这种做法是科学的，效果很好。

其次是推行领导单职制，即企业高层领导尽量少设副职，中层和基层领导基本不设副职。这是国外企业的通常做法，我国也有越来越多的企业在朝着这个方向努力。副职人员过多，必然引起机构臃肿、人浮于事；容易出现多头领导、多头指挥，下级无所适从，发生问题互相推诿，难以建立社会化大生产所要求的严格的责任制；协调工作量很大，决策拖延，企业常常因此在瞬息万变、竞争激烈的市场上贻误良机。

4.横向协调的变革与创新。组织变革除了要解决包括纵向结构和横向结构在内的组织结构问题以外，还要解决如何保证这一结构顺畅、高效运行的问题。这里首先要谈的横向协调，以及下面将要讨论的管理流程、运行机制，都属于组织运行方面的基本问题。我国许多企业搞组织调整与改革，往往仅局限于机构设置，而对机构变化以后如何有效运行，则缺乏系统设置与优化，这是造成机构调整与改革效果不佳、常有反复的重要原因之一，是我们应吸取的经验教训。

5.管理流程的变革与创新。管理流程是企业管理制度的核心部分，它是把各个管理业务环节，按照管理工作的程序联结起来，而形成的管理工作网络。对管理流程进行设计与优化，实际上就是要建立健全以业务流程为中心的一整套管理制度（广义地说，就是管理规范）。

应该说，业务流程的概念早已有之，但是，通过业务流程再造而实现组织变革，大幅度提高效率、缩短周期、降低成本，这种理论与方法却是上世纪90年代初才兴起的。近些年来，国外许多大企业进行了业务流程再造，尽管成功率不高，但确有明显效果，并且也符合21世纪经济向着信息化、网络化方向发展而对管理提出的要求。因此，从市场需要出发，以用户为中心，充分运用现代化信息、通信技术，积极探索业务流程再造的成功之路，并且使这一西方传来的先进理论与方法中国化，这是当代我国企业组织创新的重要内容之一，应给予高度重视。

6.运行机制的变革与创新。无论是组织结构，还是横向协调或业务流程，都离不开人在其中起决定性作用，因此，组织变革与创新还必须建立同市场经济相适应的、有利于充分发挥各个环节和全体员工积极性的、具有企业特色的动力机制与约束机制。

第一，同前述加强部门间横向协调以及市场信息传递的各项措施相结合，建立企业内部的"价值链"，不仅传递市场和用户的信息与要求，而且使上下工序之间、服务与被服务的环节之间，用一定的价值形式联结起来，从而相互制约，力求降低成本、节约费用，最终提高企业整体效益，克服那种对部门与岗位只有实物量或工作量标准，而没有同经济效益挂钩的缺陷。第二，改革旧的劳动、人事、分配制度，引入竞争机制，实行按劳分配和按生产要素分配相结合，真正做到经营者能上能下、员工能进能出、收入能升能降，激发每一个人的积极性、主动性和创造性，留住人才、用好人才、促进人才成长，彻底解决干多干少、干好干坏一个样的问题。第三，改革只有自上而下进行考核的旧制度，按照"市场链"和"价值链"的联系，实行上道工序干得好坏由下道工序评价、辅助部门干得好坏由主体部门评价、厂部科室干得好坏由基层单位评价的新体系，使之同企业经济效益取决于为用户服务好坏的市场经济规律相一致，从制度化的组织运行机制上增强企业市场竞争力。

7. 跨企业组织联系的变革与创新。上述组织创新的几项内容，均属于企业内部组织结构及其运行方面的内容，除此之外，还要进一步考虑企业外部企业相互之间的组织联系问题。在我国，这方面的企业组织创新任务还很重。过去那种具备功能完备、有形实体、集中布局、规模庞大、人员臃肿、高度集权等特征的"大而全""小而全"的传统企业组织结构，面对今天的信息社会、知识经济时代，越来越不适应科学技术突飞猛进、市场需求复杂多变的动荡环境，各种弊端日益明显，最突出的就是适应能力差，组织缺乏活力。

第二节 电子商务与企业组织创新

随着 Internet 广泛使用，企业经营的内部流程和外部环境都发生厂巨大的变化，传统的企业组织结构很难适应这种快速多变的环境。激烈的竞争呼唤一种松散灵活而又具有高度适应性的企业组织结构，能够根据企业目标、环境及市场的需要迅速地做出调整。电子商务与现代化的信息技术，将为这一转变提供新的、更为强大的动力。

由于信息能够在许多地方的许多人之间快速而低费用地共享，所以决策和管理的集权化价值下降了。个人能够管理好自己，通过计算机网络联系的方式来与其他方面共同协调工作已日益普通，企业既不需要控制众多的业务和功能也不需要聘用大批的生产和管理人员。从某种意义上说，新的协调技术使我们能够回到前工业时代独立的小企业组织模式，但是一个本质的差异是：Internet 使这些小企业能够利用过去只有大公司才能获得的信息、专门知识和资金。小公司享受大公司的许多益处，而又不牺牲小公司的精悍、灵活和创造性。一个极端的例子是美国拓普赛·泰尔时装饰品公司。它的年销售收入达 8000 万美元，却只有 3 名雇员，而且在其供应链的自始至终，都不与其产品直接接触。它与注塑公司签订合同，以制造其产品。它聘用设计公司进行包装设计，并通过一个独立承包商、分销商和销售代表组成的网络来分销其产品。电子商务将会给企业带来几乎每一个经营功能的变化，供应链将成为专门的结构，为了适应一个特定项目的需要而集中起来，项目完成后解散。制造能力将在公开市场上买卖，独立的专业化制造公司将从事小批量的生产，订货者将是形形色色的中间设计所，甚至是消费者。

随着社会的发展和时代变迁，传统组织结构已经不能适应当今时代尤其是日后变化迅捷的经营环境，电子商务导致企业组织变革已成为大势所趋。其变革主要趋势可概括为：扁平化、小型化、虚拟化、弹性化、网络化。

1.扁平化。传统企业的组织结构基本上是以等级为基础，以命令控制为特征的"金字塔"型。这种组织结构对待环境变化的办法往往是制定新的或修改旧的规章，一方面阻止外界环境因素对组织成员的影响，另一方对外界环境的影响进行控制，使其固定化、常规化，即以确定性应付不确定性。这种体制最明显的特征是中层管理机构十分臃肿，如美国前 500 家大公司所设的经理阶层多达 1114 个，经理与工人之比为 1：3.4，经理与秘书之比为 2：1。由于它强调的是统一指挥与集权领导，存在着层次多、信息流动不畅、部门间难以协调、应变能力差等固有缺陷，越来越不适应日趋复杂的环境变化要求。在电子商务时代，多媒体、电子邮件、计算机会议系统、电子广告牌能将企业团队间以及合作成员间的工作进行协调，使他们的工作更加有效。计算机网络打破了传统的企业管理等级制度结构，将过去以功能分工的组织方式转变为以流程、网络为导向的组织，构成一个地域和工作单元更大范围的联合体网络。过去大型企业通常采用多层次的管理结构，极容易产生"公司内部的官僚主义"，导致管理低效率；现在，计算机网络给企业管理机构带来的明显变化是组织层次减少，部门间有机结合，传统的部门界限不再严格地按原来的部门地域和层次划分，管理者可管理更多下属。组织层次的减少，对辅助人员的需求也会大大降低，过去从事统计工作、编制表格报告和分析数据的人员成为多余。努大控制范围和养活辅助人员的双重作用使得管理组织机构扁平化，养活了中间层次，使决策层更加贴近执行层。另外，管理者可以放松集权控制，更多地授权给下属，而又不失任何控制。因为网络中的在线实时系统使管理者几乎可以在问题发生的同时就知晓，数据库存管理系统可以使管理者很快掌握事实真相，从而可以确保最高管理者能够迅速地进行决策。

2. 小型化。近年来在美国发生了两种截然相反的经济现象，一方面是席卷全球的企业兼并的浪潮。如世界通信收购 MCT 通信公司，戴姆勒—奔驰公司买下克莱斯勒公司，以及美国在线与华纳公司的合并；另一方面以中小企业为主体的纳斯达克证券市场空前活跃，中小企业的竞争力大幅度上升。在对美国不同规模的企业吸收劳动力的情况进行分析后发现，25 年前，每 10 名美国工人当中就有一个受雇于《财富》杂志评出的 500 家大公司之一。今天这种比例已经下降到每 10 个人中不到 1 人。大公司的纵向生产一体化模式已远不如以前那样盛行，而是越来越多地依靠外部供应商生产零部件和提供服务。虽然大公司所控制的现金流量不断增大，但它们对实际生产活动的直接控制却越来越少。即使同一公司内部决策权也日益下放到较低的层次。许多大公司开始把自己分解为若干独立单位，这些单位间相互交易的方式就像是独立的法人公司一样。改革开放以来，中国企业组织结构已经发生了积极的变化，但目前仍然不尽合理，重复设置，大而全、小而全的问题至今仍未得到根本解决，企业专业生产、社会化协作体系和规模经济水平都还比较低，市场竞争力不强。之所以如此，其中一个重要的原因就是传统的"官本位"思想根深蒂固。长期以来，我们的很多企业也在一直追求组织规模，因为规模决定级别，级别决定待遇。随着电子商务的发展，这种一味追求企业组织规模的做法已经不合时宜了。

3. 虚拟化。未来处于主导地位的企业组织形式将不一定是稳定和永久性的公司，而有可能是一种灵活性很强的"虚拟公司"。企业的虚拟性主要体现在：通过计算机网络，人们可以与工作设备、设计工具、软件连接起来，即使它们处于不同地点，属于不同的所有者。一个企业不需要正式雇用许多人才，也不需要所有的工厂和设备，就可以选择和利用企业外部资源来完成生产经营过程中的任何一部分活动。企业可能只是一个空壳，它完全利用外部资源完成产品设计、生产，进行产品市场营销和策划，订单发行和会计核算。虚拟公司并非固定的组织，而是为了某种经济目的，由一些独立的经济实体组织起来的临时性公司。这种临时性公司没有固定的组织结构和组织层次，不具有实体形态，也无须进行法律登记和工商注册。虚拟公司不是法律意义上的经济实体，不具有法人资格，组织结构是一种虚拟公司，或加盟多个公司。加盟或退出没有严格限制，都可通过协商解决。这种生产需要通过企业间计算机网络实现各种协调，这种协调贯穿于企业合作过程的各个方面，其主要任务是对来自不同企业界的核心能力进行动态组合，来应付异常复杂的任务，生产产品或提供服务。

4.弹性化。所谓弹性化，就是说企业为了实现某一目标而把不同领域工作的具有不同知识背景的人集中于一个特定的动态团体之中，共同完成某个项目，等项目完成后团体成员解散。这种动态团队组织结构灵活便捷，能伸能缩，富有弹性；这种动态团队组织结构机动，博采众长，集合优势，不仅可以大大降低成本，而且能够促进企业人力资源的开发，还推动着企业组织结构的扁平化。近年来香港一些企业已经不再按专业设置科室，而是改为按任务设置科室，除办公室、人力资源部等必须的常设机构外，其他非常设机构一律随任务的变化而变化。

5.网络化。企业组织结构的网络化主要体现在四个方面：一是企业形式集团化。随着经济全球化和经营国际化进程的加快，企业集团大量涌现。企业集团这种新的利益共同体的形成和发展，使得众多企业之间的联系日益紧密起来，构成了企业组织的网络化。二是经营方式的连锁化。很多企业通过发展连锁经营和商务代理等业务，形成了一个庞大的销售网络体系，使得企业营销组织网络化。日本花王公司80%的产品是靠世界各地设立的近30万个零售点销售的。德国西门子公司已在190个国家和地区建立了商务代表处。三是企业内部组织网络化。过去的"金字塔"型组织结构特点是直线框架，垂直领导，单线联系，很多机构之间老死不相往来。由于企业组织机构日趋扁平，一个管理层次的管理幅度在加大，执行机构增多，每个执行机构都与决策层建立起直接联系，横向的联络也在不断增多，企业内部组织机构网络正在形成。四是信息传递网络化。它表现为企业信息传递和人际沟通已经逐渐数字化、网络化。

第三节 企业环境变动与组织创新

在日益动态化的复杂环境中，企业必须实现从"被动适应"到"主动适应"的转变，才能保持组织的活力和培育核心竞争力，赢得可持续的竞争优势。唯有如此，方可经营不败。坐等有利环境出现是"守株待兔"的理念。在动态复杂性环境中促进组织的创新，主要包括以下四个方面。

一、促进企业战略创新

战略是企业经营的根本指导原则和长远发展计划，战略之于企业就是未来行动的纲领。而战略的制定和实施既要立足于自己的内部资源优势，又要充分地利用外部环境的变化。在一个高度变化的环境中，企业战略要保持其可持续性，就必须适时适度地进行创新，以此培养组织的现代理念。企业战略创新，应主要围绕两个方面来进行。首先，抛弃传统的经营理念，重视培养现代经营理念。其次，要培育并保持企业可持续的核心竞争力。核心竞争力不是与生俱来的，它是企业在自己的经营实践中长期学习而得来的。因此，是一个积累性的形成过程。企业核心竞争力的基础是企业所拥有的独特的资源，而这种独特的资源不仅仅只存在于企业组织的内部（如它的专有技术、人力资源、独创产品等），同时也存在于企业组织的外部（如它的客户关系资源、独创性营销资源、组织所拥有的政治资源等）。但是，任何组织都不可能长期垄断"独特资源"，尤其是在高流动性的经济中，因而保持核心竞争力的可持续性就特别重要。从战略上来说，最优化组织的外部资源也许比积累其内部资源更有意义。企业核心竞争力的培育与企业的制度、组织结构和技术创新有关，同时企业的核心竞争力也与企业的多样化经营有着密切的联系，这尤其在当今的开放性全球化经济中更是如此。

二、促进企业组织创新

组织的效率由两方面的因素决定：一是组织的结构设计。二是组织内部的领导与权力机制。威廉提出"组织迟滞"的概念，认为组织内部由于存在着各种阻力的作用，使得组织的革新落后于外在环境的变化，从而组织变得行动迟缓，适应性减弱，造成巨大的管理效率损失。吉普森提出"组织内部危机"概念，认为组织在其自身的发展过程中，依次要经过"领导人危机—自主权危机—控制危机—烦琐危机"，当环境变得越来越复杂时，组织的结构和权力机制也变得越来越复杂，这种危机便会周而复始地出现。组织如果不能控制和解决这种危机，组织将停止发展并趋于衰亡，解决上述问题的最好的办法就是促进组织持续地变革与创新，而这种变革与创新是由外部因素的促进并由外部因素传递至组织内部的。这里促进组织创新的外部因素主要包括：知识经济和信息经济的出现，日益迅速的技术进步与创新，经济全球化和一体化，日益增强的经济关联性，价值链转型，利润区转移，多元化和核心业务的对立等；外部变化传递至组织内部引起显现或潜在的"冲突"：集权与分权的均衡解构，职能无序分化；组织内信息流动阻滞，人际冲突士气衰落等。劳伦斯和洛希提出促进组织变革与创新的两种方式：整合和分化。应按照组织所面对的环境的复杂性程度和不确定性程度，来决定"整合"与"分化"的选择。他们认为一个有效的组织会不断地进行"整合"与"分化"，以保持与动态复杂环境的有机适应。简单稳定的环境为，企业需要通过"分化"来刺激组织的"变迁"，而当"变迁"使得组织的环境变得相对地不确定时，需要"整合"。随着环境的动态性和复杂性不断提高，组织的规模越来越大，结构越来越复杂，组织运行的效率减弱，进入更复杂的"分化"。"组织的冲突"越来越多，需要解决的问题也更复杂，要求组织应对复杂性环境进行战略性"整合"，目的是为企业和组织的生存和发展创造"稳态的复杂性环境"。路子是"分化—整合—再分化—再整合"。变革与创新的根本目的是要"再设计"一种新型的组织形态和组织结构，这就是所谓的"企业再造"。

三、促进企业流程变革

业务流程是企业组织运行的基本体系，是形成竞争优势的重要来源。这里的"业务流程（Business process）是指企业组织以价值链形成过程为逻辑，围绕价值创造的既分离又相互关联的行为过程。"价值链"是"将企业分解为战略性相关的许多活动。企业正是通过比其竞争对手更廉价或更出色地开展这些重要活动来赢得竞争优势"，因此"价值链"是企业业务流程的主线。企业业务流程的设计以"价值链"创造为依托，遵循三条基本原则：（1）最大化价值创造。（2）最小化关联成本。（3）最优化时序连接。通过对整个"价值链"中各环节之间的物流、信息流、人力流和资金流的计划、协调、控制和整合，实现"零缺陷流动"和"零缺陷连接"，从而最大实现整个组织和生产体系的运作效益和效率。

四、促进企业文化创新

组织文化和组织价值观，是现代市场经济中两只"看不见的手"，其最集中充分地反映了企业的战略愿景和经营理念，因而成为现代企业发展的精神向导。组织文化和组织价值观的意义在于建构企业精神，增强企业的凝聚力，优化企业的经营理念，实现组织的和谐，而这种和谐是企业绩效之重要所在。企业文化和组织价值观的形成是一个"自然历史过程"，与组织的结构存在着内在的一致性。在传统等级制的科层体制组织中，组织文化和组织价值观是以"权力、权威、责任感、忠诚度、市场份额、职能化、群体意识"等为中心理念来建构的，它并不完全适应现代企业和组织发展的新情况。奥本格用"文化迟滞"的概念，说明了组织文化在应对组织结构变迁和环境变迁时的"滞后效应"。这就是说，在一定的意义上，面对迅速变化的日益复杂性的结构和环境，文化显示了某种程度的"惰性"，对促进企业的战略性创新产生了一定的阻碍作用。同时现代经济面对多元文化的冲击、碰撞和融合，在这一过程中，文化的"非理性"也会产生一定的作用。

第六章 企业运营

运营管理是企业三大基本管理系统之一，在企业管理中具有重要的地位。企业通过对生产要素的投入，经过一个或多个转换过程（如储存、运输、切割）可获得产品或服务，实现价值的增值。

随着科学技术和社会分工的发展以及人们对客观事物认识的深化，运营管理无论在理论、范围、实践等方面得以不断地延伸、拓宽和发展。

运营活动是在一定的生产（或服务）系统中进行的，生产（或服务）系统的设计对企业运营管理起着至关重要的作用，企业运营的许多参数都是由生产（或服务）系统设计决定的，如生产能力、单位产品成本、生产布置的空间和产品（或服务）质量等。

第一节 企业运营管理概述

一、企业运营管理的定义

运营管理是指对企业提供产品（或服务）的系统进行设计、运作与维护过程的管理。它包括对企业的生产（或服务）活动进行组织、计划与控制。

对运营管理概念的理解，必须注意两个问题：

第一，防止将运营管理与运筹学、工业工程概念的混淆。

当人们从系统分析的角度研究运营管理时，往往容易将运营管理与运筹学、工业工程相混淆。运营管理与运筹学、工业工程是有着本质区别的。运营管理隶属于企业管理，是企业管理的一个分支；而运筹学和工业工程是各领域在实施管理过程中采用的定量分析方法（如关键路线法）。

第二，避免将运营管理等同于生产管理。

在传统的企业管理中，人们通常将运营管理等同于生产管理，认为"运营管理"领域几乎完全集中在制造业，强调的是工厂使用的生产技术和方法（参见表 1.2）。

表 1.2 生产企业运营管理举例

类别	基本运营管理问题	
	运作前	运作中
汽车制造企业	厂址选择、厂房设计、设备布置、流水线的设计等。	物料需求计划、库存储备、人员安排、质量保证体系的建立。

化妆品生产企业	生产设备的设计、生产线的设计等。	原材料采购、制定生产作业计划、确定生产批量和质量控制体系等。
多地点食品生产企业	选址，确定生产力、生产方式的选择，确定库存容量和运输方式。	原材料采购、生产产品品种的确定、安全库存、运输方式的选择等。
钢铁企业	选址、生产能力的设计、物流等。	材料的库存、设备的计划预防维修、人员的安排等。
计算机生产企业	设计设备使其提高产品质量和产品应变能力。	计划各种产品生产线、安排顾客的定制要求、质量控制等。
建筑工程企业	设备的采购、招聘熟练工人。	安排活动次序、采购原料、安排工人工作日程等。

近年来，人们对运营管理范围的认识大大拓宽了。生产的概念广泛地应用到制造业以外的许多活动中去。例如，医疗、饮食、娱乐、银行、酒店管理、零售、教育、运输以及政府等服务领域。一切以提高效率为目标的要素组合活动，都涉及运营管理（参见表1.3）。

表1.3 服务企业运营管理举例

企业类别	基本运营管理问题	
	运作前	运作中
航空公司	运营能力的确定、航线的选择、设备投资的决策等。	对空运需求的预测，空勤、地勤、服务人员的计划和安排，食品、救生物资、报刊读物、毛毯等库存的确定，人员的激励和培训等。
医院	设施规划、人员配备。	患者就诊时间的安排，手术日程的安排，急诊室人员的配备，医疗质量的监控，维持血液和消耗品库存等。
酒店	选址、服务能力的确定、人员配备等。	营业时间的安排，各类食品、饮料的采购，服务人员的安排，食品卫生和服务质量的控制，员工的培训等。
银行	信息流系统的设计、网点的选择和规划。	维护和审计信息的质量，计划工作日程，人员的招聘和培训等。

二、企业运营的地位和作用

企业组织有三个基本管理系统：财务、营销和运营（参见图 1.5）。这三个管理系统和其他辅助管理系统分别完成不同的任务，但又存在相互联系的活动。这些活动对企业组织运营来说都是必不可少的。这三个系统承担着各自独立的职能，但是它们之间又是互相依赖的，正是这种相互依赖和配合才能实现企业的目标（参见图 1.6）。

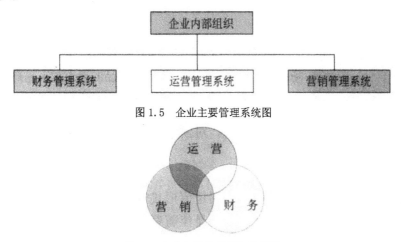

图 1.5　企业主要管理系统图

图 1.6　企业主要管理系统关系图

（一）运营管理

运营管理的实质是在生产要素投入到产品或劳务产出的转换过程中发生价值增值（参见图 1.7）。对非盈利组织而言，产出的价值即是它对社会的价值，其对社会的贡献度越大，说明其运营效率越高。对盈利性组织来说，产出的价值是由顾客愿意为该组织提供的产品或服务所支付的价格来衡量，常言说优质优价。

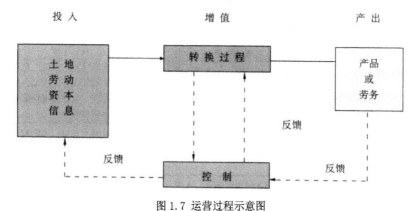

图 1.7　运营过程示意图

（二）营销管理

在市场经济条件下，生产要按照社会的需要来进行。市场需求是经常变化的，用户对产品的要求越来越高。

企业要在需求的不断变化中满足用户的需要，就必须及时掌握市场的动态。因此，营销系统必须及时向生产运营系统提供可靠的信息，并积极地为产品寻找市场。

生产运营系统要适应营销管理的要求，为其提供适销对路的产品，对营销管理起保证作用。

（三）财务管理

财务管理是以资金运动为对象，利用价值形式对企业进行综合管理。企业的生产运营活动是伴随着资金运动进行的。

财务系统要为生产运营所需的物资、技术、设施提供足够的资金，并从费用支出和资金利用的角度来控制生产运营。

运营管理水平的提高，在各方面减少消耗、节约资金，又为财务管理系统更好地利用资金，降低产品成本，增加企业利润，实现价值增值提供了重要条件。

对大多数企业来讲，运营管理是企业管理的核心。一个企业产品（或服务）的创造是通过运营职能来完成的。利用投入，经过一个或多个转换过程（如储存、运输、加工）可获得制成品（或服务）。

三、生产（或服务）系统与运营管理

任何运营活动都是在一定的生产（或服务）系统中进行的，生产（或服务）系统决定着企业的生产能力、单位产品的成本、生产布置的空间、产品（或服务）的质量。

（一）生产（或服务）系统的分类

不同类型的生产（或服务）系统具有不同的特征，了解这些特征有助于更好地理解运营管理的本质和范围。

1.按提供产品（或服务）的标准化程度划分。根据提供产品（或服务）的标准化程度，可以把生产（或服务）系统分为两类：标准化生产（或服务）系统和定制生产（或服务）系统。

（1）标准化生产（或服务）系统。标准化生产（或服务）系统是提供标准化产出的系统。所谓标准化产出，即产出的产品（或服务）具有高度的一致性。

如药品、计算机、盒装牛奶、汽车轮胎、牙膏的生产系统都是标准化的生产系统。电视广播、商业性航空运输、公交运输、专科常见病的治疗系统等则是标准化的服务系统。

（2）定制型生产系统。定制型生产系统提供的产品（或服务）是为某具体情况或按某个顾客的要求而设计生产的，具有个性化特征。如，个性化的时装、火箭、万吨轮都是定制生产系统的产品，出租车运输、外科手术是定制服务系统的产品。

2.按组织生产（或提供服务）的重复程度划分。

（1）单一生产（或提供服务）的系统。例如，人造卫星的发射或建造一栋商住楼、一辆待修的汽车、商务包机的飞行服务、为特定客户提供的资金运作。

（2）成批生产（或提供服务）的系统。例如，食品的生产、汽车制造、公交车运输、影城放映电影、大学提供专业教育、医院常规病例治疗。

（3）连续生产（或提供服务）的系统。例如，石油的提炼、钢铁冶炼、火力发电、24 小时银行服务、星级酒店服务。

（二）产品生产系统与服务生产系统的比较

1.相似方面。产品生产系统与服务生产系统具有共性，如两者都涉及系统的设计和运营决策。无论是产品制造商还是服务供应商，都必须在确定的生产系统条件下，对其生产规模、区位选址、进度安排和控制以及资源分配等运营问题作出决策。

2.区别方面。产品生产系统和服务生产系统又存在不同之处，由于产品生产系统是产品导向型的，服务生产系统是服务导向型的，于是它们在与顾客的联系程度、生产与消费的关系、投入要素的标准化程度、业绩的测评标准等方面都有着显著的区别。

（1）企业与顾客联系程度的区别。具有产品生产系统的企业，其生产活动过程与顾客对产品的消费过程存在时间和空间的分离。企业有专门的地点进行产品生产，然后顾客在其他地点实施产品消费。企业与顾客时间与空间的分离，使企业的产品生产过程具有相对独立性，生产过程的控制一般直接受顾客的牵制比较少。

提供服务产品的生产系统与顾客是紧密联系的，企业提供服务的过程也是顾客消费服务的过程。例如，对大楼外墙的清洗必须由提供清洗服务的人员在大楼外墙处进行；外科手术需要提供治疗服务的外科医生和接受诊治的病人同时在场；实施某项飞行服务时，空勤人员与乘客都在同一架飞机上。

服务企业与顾客的联系紧密，使其提供服务的主动权受到较大限制。顾客往往是服务生产系统的一部分。企业提供服务与顾客的消费需求直接接触，从而加大了企业对服务过程控制的难度。

（2）生产和消费关系的区别。具有产品生产系统的企业，制造产品可以在消费者不在场的情况下进行，这样就给制造企业在选择工艺流程、操作方法、资源分配、进度安排和作业控制等方面提供了相当大的主动权。同时，产品导向型企业通过建立库存，以缓冲即时需求变化，在一定程度上使供需矛盾隐性化。

具有服务生产系统的企业，提供服务的过程也是顾客消费服务的过程。顾客在体验服务的过程中，对企业提供的服务数量、质量，则可具有高度的敏感性，容易使供需矛盾显性化。

（3）投入要素标准化程度的区别。具有产品生产系统的企业，由于采用标准化的工艺过程，这就需要投入的原材料、劳动量、资金消耗量等生产要素具有高度的标准化。

服务企业运营过程的投入，却具有很大的不确定性。如每个候诊的病人、每辆待修的汽车、每项需要提供咨询的业务都代表着某一特定问题，需经过仔细的调查、确诊后，方可考虑应该投入的要素。

（4）运营业绩评判的区别。由于产品导向型企业与服务导向型企业存在以上的区别，因此对它们业绩的评判应采取不同的标准和方法。

①产出效率。具有产品生产系统的企业，由于投入要素与产出产品的标准化程度高，因此可以采用机械化、自动化程度高的生产手段组织生产，取得较高的生产效率。

具有服务生产系统的企业，投入要素与产出的服务多变，转换过程难以控制，生产效率一般都比较低。

因此，在衡量不同性质生产体系的产出效率时，不能采用相同的评判方法与标准。产品生产企业与服务生产企业之间不存在类比性。

例如，产品生产企业可以用日产量、班产量来衡量生产单位的产出效率，但是医院不能以每天就诊病人的数量作为其产出效率的评判指标。

②产出质量。对具有产品生产系统的企业来说，产品的生产与消费存在时间和空间分离，因此企业可以采用检测系统和控制系统即时消除影响产品质量的隐患，以确保产品的质量。

具有服务生产系统的企业，服务的提供和消费是同时进行的，这就为质量保证带来了困难。服务企业不能像制造企业那样，出现的差错可以在顾客收到产品前消除。加上投入的多变性，将会使产出的质量更具不确定性，这给企业有效地控制质量带来一定的难度。

因此服务企业更应该强调建立以人为本的质量保证体系，通过服务人员的顾客至上的理念、良好的职业道德和敬业精神，并通过提供精湛的服务技术，来体现服务质量。

第二节 企业运营的基本模式

企业运营系统的架构包括运营系统的决策、运营系统的设计、运营系统的规划、运营系统的控制。

一、企业运营系统的决策

企业运营系统决策是企业总体决策的重要构成部分。在进行企业的运营决策时，应该从整个企业系统出发，为实现企业的战略目标服务。具体地说，企业的运营决策就是指企业如何充分有效地利用其生产能力以实现企业的战略目标。

企业运营系统决策分为战略决策、战术决策、作业决策三个层次。

图 1.8 为企业的运营系统。应市场需求变化而且与之相配套的企业战略包括财务策略、运营策略和营销策略，其中运营策略又可进一步上升到运营管理的高度，由此而构成整个企业的运营系统。

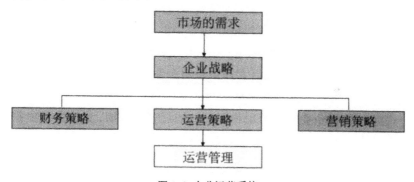

图 1.8 企业运营系统

（一）企业运营战略决策

企业运营战略涉及的内容是极其广泛的，它关系到企业运营的长期发展。如企业如何根据市场的需求和自身的条件来确定目标市场？企业采用怎样的生产技术、加工方法和组织形式来生产产品或提供服务？企业怎样进行生产设施的布置以缩短生产周期和提高柔性？企业需要多大的生产能力既能满足市场需求，又能实现规模经济效益？企业如何选择合适的生产能力扩大时机？企业如何建立一个能稳定、持久的质量保证体系等。

企业制定运营战略通常需要 3～5 年，甚至更长的时间，但具体的时间要根据不同的行业而定。一般来说，高新技术产业，由于技术更新换代的时间较短，市场需求具有高度的不确定性，因此运营战略调整的时间都比较短；而投资较大、产品生产具有相对稳定性的行业，运营战略制定的间隔时间可以相对长一些。

（二）企业运营战术决策

企业的运营战术决策是根据运营战略决策的要求对如何合理地利用企业的生产要素作出决策。如根据企业的生产任务的需要，如何确定对各个岗位以及各个时段对人员的需求？如何进行工作轮班的组织以满足生产任务的需要？如何对企业的物资流动进行合理安排以提高对物资的有效利用？如何合理确定各个环节的库存量，既有利于企业适应市场的多变，又有利于减少资源的闲置？

企业运营的战术决策在整个运营系统决策中起到了一个承上启下的作用，它一方面是保证运营战略实现的基础，另一方面又成为制定企业作业决策的前提和约束条件。

（三）企业运营作业决策

运营作业决策是对企业的作业计划和控制所作出的决策。相对于企业运营的战略决策和战术决策而言，作业决策所解决问题的时间段比较短，涉及问题的范围比较窄，是对某项具体任务的决策。如企业每月、每旬、每周、每日或每个轮班具体需要做哪些工作？由哪个部门、岗位或哪个人来做？在完成的程序上，先做哪些工作后做哪些工作？

二、企业运营系统的设计

企业运营系统是指从生产要素的投入，实施转换，至产品或服务的产出系统。企业运营系统设计是企业运营管理的重要组成部分。包括产品运营系统规划或服务设计、生产过程设计、生产组织设计。

（一）产品设计或服务的设计

产品或服务设计直接影响到顾客的满意度、产品或服务的质量以及生产成本，它对企业的生存和发展具有战略性的影响。

企业产品或服务设计包括，对产品理念的设计、开发策略的设计、开发过程的设计、开发组织的设计、开发原则的设计、绩效评价的设计。

现代管理理论认为，产品是代表顾客和潜在顾客能理解的并能满足他们需求的一种供给。它可以是一种物质实体、一种服务、一种意识（如价值观念），或者是三者的某种有机的结合。

现代企业都在极力寻求并沿着风险最小、并最有可能成功的途径去开发新产品，即采取科学的产品开发策略。美国著名的管理学家帕西米尔教授认为："新产品开发策略是一种发现确凿的新产品市场机会并能最有效地利用企业资源的指南。"正确地制定产品开发策略是产品设计的重要组成部分。

产品的开发是在一定的流程下进行的，开发流程代表的是一种管理理念和模式，我们需要研究的是，如何跳出传统的设计的流程框架，按照市场发展的需求去勾画崭新的设计流程。

产品开发的组织是成功开发新产品的重要保证。在产品开发过程中，确保纵向、横向信息的畅通，各个职能机制的相互渗透和协调，以缩短产品开发时间，提高产品开发功效，这是产品开发组织的基本目的。

在科学技术高速度发展、信息传播日新月异、经济日趋全球化的背景下，市场对企业产品设计的标准也会发生一系列的变化，迫切需要企业采取以变应变的开发和评价原则。以上这些问题都是需要我们在产品设计中进行认真思考和探索的问题。

（二）生产过程设计

企业的生产过程是实施生产要素的转换过程，转换过程的有效程度对企业核心竞争力的形成具有重要的影响。

制造企业与服务企业由于提供的产品不同，其转换过程各具有特殊性。在进行企业生产过程设计前，首先需要确定企业的性质。

制造企业的生产过程设计主要包括制造工艺的选择、自制与外购的确定、生产过程的制动理念。科学技术高速度的发展，为企业生产工艺的改革提供了前提和条件。生产工艺由硬件系统和软件系统组成。硬件系统包括数控、程控机械装置，自动化的加工中心，工业机器人，物料传送装置，制造单元和软性制造系统等；软件系统包括计算机辅助系统、自动制造和控制系统等。生产过程设计的一项重要任务就是进行生产工艺的选择。在传统的制造企业生产过程中，物流的制动来自于从上而下的指令，在现代制造企业的物流制动来自于市场。企业运营的制动源不同，即会影响企业生产过程的组织。

服务企业的生产过程提供的产品是服务，服务产品和实物产品不同，它不能储存，提供服务的过程也是企业与顾客接触的过程。因此，服务企业生产过程既具有一般企业生产过程的共性，也具有它的特殊性。服务企业生产过程设计最重要的是研究服务理念、服务流程、服务方式等设计。

（三）生产组织设计

由于组织的绩效是战略、组织内容、个人行为相互作用的结果，企业生产组织的设计必须考虑上述三个动能因素。企业的生产活动又是在一定的技术体系中进行的，因此，在进行企业生产组织的设计时，还需分析企业的生产类型，企业属于连续生产还是间断生产。生产过程中自动化程度的高低都会在不同程度上影响着企业生产组织的设计。随着信息、互联网技术的发展，一些全新的理念正在企业生产组织中运用，如精益化管理、准时生产（JIT）、虚拟组织等，这将会产生企业生产组织形式全新的革命。

制造企业与服务企业的组织既有共性，又有个性。一般来说，制造企业生产组织的设计，更侧重于生产对象的特点、数量，以确定生产组织形式，如基本类型组织、单元组织、生产线组织、协同网络组织等。而服务企业的生产组织的设计则更重视顾客对服务的需求，以确定对不同的提供服务形式的设计，如个性服务组织、自动服务组织、线上服务组织等。

生产组织的设计还必须与现代企业总体组织特点相融合，如多个中心、技能至上、相互依存的单元、多种形式的联盟、多种结构、全球的经营思想、适合柔性变化等。

三、企业运营系统的规划

计划是实施企业运营系统管理的首要职能，也是运营管理的核心内容。和一个乐队需要指挥一样，任何协作生产也需要有一个指挥协同活动有序进行的纲要，以把为数众多的生产要素在数量、质量、品种、时间上组织起来，实现在企业内部的合理配置。企业运营规划在协同企业与外部环境的联系上也起到了重要的链接作用。运营系统的规划按时间序列可分为长期计划、中期计划和短期计划；按计划性质特征划分又可分为各项要素计划。在研究企业运营规划时，通常以时间序列为主旋律，同时结合要素计划。

（一）长期计划

长期计划也是企业生产运营的战略计划，从时间界限划分一般在一年以上，长期计划的内容主要是包括企业生产产品或服务的选择、企业规模的大小、企业的生产布局、企业设备投资决策等，它为中期计划定义了能力的限制。它更多的层面上考虑的是企业生产活动中的获取、接收、存储或容纳的能力。古人云，"人无远虑，必有近忧"，这句话充分说明了长远谋划与近期工作的关系。生产能力的大小与企业战略、效率、竞争力有着密切的联系。企业生产能力的确定既要符合规模经济原则，又要适合柔性的变化要求，从这些因素分析，服务企业与制造企业具有同质因素的影响，但是服务企业的生产能力比制造企业的生产能力对"时间"和"场所"具有更大的依赖性，故服务企业长期计划的确定和实施比制造企业具有更多的不确定性和风险性。

（二）中期计划

中期计划又称为企业运营的战术计划。中期计划在企业中通常称为年度计划或规定年度内的季度计划。中期计划与企业员工的数量、计划产出量、企业存货等计量标准有关，其为短期生产能力的决策定义了边界。中期计划的内容具有综合性的特点，企业由于中期预测，将所有的产品需求折合为对各类能力需求的计划。编制中期计划时，对企业能力的需求不是被动的、消极的，而是通过比较延长工作时间、增减员工数量、增加存货、转包合同等多种方案，从中选择效益最佳的方案。服务企业与制造企业相比，其具有需求变动性大、能力不能储存等特点，服务企业在编制中期计划时，必须从这些特点出发。

（三）短期计划

短期计划属于企业运营计划体系中的实施计划，其计划期一般为一个月或跨月计划。短期计划反映企业在短期内要完成的目标和任务，直接关系到企业每旬、每周、每日的生产或工作进度，因此，短期计划一般都具有比较具体的程序与方法。当短期计划与实际生产出现矛盾时，需要对短期计划进行相应的调整，包括工作时间的调整、人员的调配、生产程序的替代等。

四、企业运营系统的控制

系统是指有若干相互联系、相互作用的部分组成，在一定环境中具有特定功能的有机整体。系统的性质决定了一个系统的存在以及正常地运营，必须使其始终处于一种控制状态。运营系统也同样如此。运营系统的控制服从于整个企业控制，是企业控制的有机组成部分。

使企业的运营过程处于控制状态，必须通过建立控制系统才能实现。控制系统包括三类：战略规划、管理控制、任务控制（参见图1.9）。

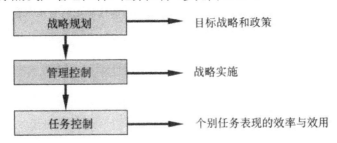

图1.9 规划与控制功能间关系

（一）战略规划

战略规划是实现运营控制的首要环节。战略规划具有非系统控制化的特点，它主要通过编制战略规划，明确企业运营的目标、策略、政策和实施程序。企业战略规划的要求来源于对预计威胁的反映和对未来机会的利用。

（二）管理控制

管理控制是管理者落实战略目标的工具，企业的战略是通过管理控制人力资源、企业文化来实现的（参见图2.1）。

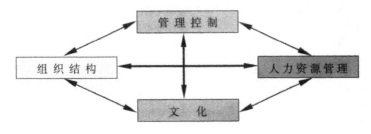

图2.1 战略实施框架

管理控制的主要宗旨是保持企业目标的一致性，即企业整体目标与员工个人目标的统一。要实现目标的一致性必须重视正规因素和非正规因素的影响。

正规因素包括工作伦理、管理模式、企业文化等，其中既有外部因素也有内部因素。外部因素如，社会对企业的期望行为，通常是指企业的工作伦理。它们是通过员工的忠诚、智慧、精神和对工作的自豪感来体现的。内部因素指企业内部的文化或氛围，企业的管理模式、企业的文化是企业内部被广泛接受的共同信念、态度、标准、关系和理念。良好的企业氛围是一种人与人之间相互帮助、相互肯定、相互汇报、相互制约和相互发现的和谐环境。管理模式对内部控制也具有重大影响，特别是管理者对控制的态度。

非正规因素是除了正规因素以外的、对企业目标的一致性也具有影响的因素。

管理控制必须注重正规因素和非正规因素的影响，以在有效地建立起正规组织系统的同时，必须承认非正式组织存在的客观性，以发挥非正式组织在管理控制中的作用。

（三）任务控制

任务控制是保证某项特定任务有效完成的过程。任务控制和管理控制既有联系也有本质的区别。

任务控制通常是指对单项任务完成的控制，完成单项任务必须遵循企业的规则，从这一点来讲，它也是企业管理控制的组成部分。但是任务控制与管理控制也存在着区别：

第一，任务控制是一项具体的作业控制，可以通过建立一系列科学的控制系统来实现，如作业进度系统、物料进货系统、后勤保障系统、质量控制系统、现金管理系统等。

第二，任务控制可以通过人，人、机或单纯机（自动生产程序）进行控制。因此在任务控制中并不一定强调人与人的关系。

第三，任务控制的重点在于组织单元，以完成单元的特定任务。

第四，任务控制具有明确的标准，很少需要作出判断。

表 1.4 反映了不同控制类别在控制功能上的区别

控制功能	控制类别		
	战略规划	管理控制	任务控制
获得不相关的业务	对是否需要这项业务的决策	在原生产线上开发新产品或新品牌	订单登记
进入一个全新的领域	对是否应该进入该领域的决策	扩建一个工厂	制定进度计划

增加业务	对是否需要增加该项业务的决策	决定广告预算	预定电视广告时间
改变负债/权益比例	怎样改变决策	发行债券	管理现金流
人事变动	对是否增加新员工的决策	实施增加新员工的计划	保存个人人事档案
存货处理	制定存货政策	决定存货水平	对某一项目下订单
问题的研究	决定研究范围和方向	控制研究组织	运行独立的研究项目

第三节 企业运营管理的主要内容

一、企业运营管理的基本范畴

（一）企业运营管理的基本范畴

企业的运营管理（Operation Management，OP），原本是指企业内部的生产和服务过程管理，通过科学、合理地选择厂房位置、设施和设备、制定生产作业计划、选择工艺流程、确定生产和服务技术、实行有效流程和质量控制、组织生产和技术人员等达到及时生产产品（或提供服务）、降低成本的目的。最初的企业运营管理也称为企业生产管理。随着社会供应链系统的逐步形成，企业运营管理的概念已被大大地扩展了。

运营管理在企业的管理中处于核心地位，但是企业经营效果的影响因素是多方面的。企业的运营过程，必须依靠来自营销系统的有效工作，将高效运行的运营管理成果转变为经济收益；依靠有效的人力资源管理，发挥人的作用；依靠对企业的整体战略筹划，使企业的运营管理变得更有目的性；通过资本管理，使运营过程获得足够的资金支持，并通过资本运营来扩大和调整运营的条件；通过信息管理，使运营管理建立在丰富的数据基础之上。企业管理的内容，包括对企业人、财、物的管理。

（二）生产和服务的不同类型

企业运营管理是对生产系统的设计、运行和维护与改进过程的管理，可以分为制造性运营与服务性运营。制造性运营以提供有形的产品为主，服务性运营则以提供劳务为主。

制造性运营，分为连续性生产和离散性生产。连续性生产也称为流水式生产，特点是生产设施的地理位置集中，生产过程自动化程度高，只要设备体系正常，生产过程的协调工作不大。因此对设备的可靠性和生产系统的安全性要求比较高，适应于生产大批量、相同设计、满足相同需求的产品。员工的劳动强度比较大。

离散性生产，设施的地理位置分散，零件加工和产品装配可以在不同的区域进行；产品和服务的灵活性和适应性比较强，由于零配件种类太多，涉及多样化的加工单位、人员、设备，生产协调工作的任务非常重，要求有高效率的管理体系。

企业的生产类型还分为备货型生产、订货型生产和按订单装配。

备货型生产是在没有接到客户的订单时，按已有的标准产品或产品系列进行生产，生产的直接目的是补充库存，通过维持一定量的成品库存来满足用户的需要（如零配件的生产和加工）。

订货型生产是按照用户的订单进行生产，用户可能提出各种要求，经过协商，以合同的形式确认产品性能、质量、数量、交货期等要求，并组织设计和生产制造（如锅炉和船舶的生产和制造）。这种生产方式生产出来的产品比较符合顾客的需要。

按订单装配的零部件是事先制造好的，在接到订单后，将有关的零部件按照客户的要求进行装配。这种方式的前提条件是，零部件要高度的标准化和通用化（如电子产品的生产多属于此类）。

服务性运营，包括几个大类专业业务服务，主要有各种专业性质咨询：技术服务、管理服务、银行服务、房地产管理等；贸易服务：主要包括批发、零售、经纪人等；基础设施服务：主要包括建筑、场地、交通运输、通讯、存储、物资保管、物流等；餐饮和休闲服务：主要包括餐饮、旅店、保健、旅游等；公共服务：包括教育、公用事业、政府、社区等。服务业的兴起是社会经济和科学技术发展的结果。社会就业人员在服务业中的比率也在不断增加。

二、运营规划与设计

（一）运营规划与设计的基本要求

不论生产和服务有多少不同的类型，其运营应努力满足以下基本要求：

首先，生产和服务过程各个环节的流动性作业。各个不同环节的生产和运营能力应当是匹配和比较均衡的。

其次，运营过程中涉及的相同环节、业务、设施、设备、人员应尽可能地成线、成组，构成功能线、功能组或功能团，在互相连接的线、组（团）之间尽可能就近搭配，以减少中间不必要的连接环节。

第三，各个环节之间的零配件和产品及半产品储存量必须均衡。过多的储存会提高生产成本，造成不必要的浪费；储存量不足，则会影响生产和服务过程的正常进行。

第四，努力实现运营业务的机械化和自动化。考虑到企业运营的流动性、专业化、标准化、程序化的要求和快捷、高效、准时与精准特征，企业内部运营在资金、成本和人员素质允许的情况下，应努力实现机械化和自动化作业，以减少由于人力操作隐含的不确定因素对企业运营流程的影响。

（二）运营规划与设计的基本内容

企业的运营规划涉及以下主要内容：

首先是产品或服务的初步设计。依据企业战略管理的要求，企业在特定的经营领域内，必须提供与市场和企业经营条件相适应的产品或服务，才能开展具体的运营活动。企业的产品和服务项目市场，主要有两个来源：其一是来自市场的需求；其二是来自社会供应链系统的需要。

其次是产品与服务的实现。企业产品或服务的实现，开始于初步工艺设计。在初步工艺设计的基础上对设计的结果进行评估，以便进一步明确初步设计开发的可行性。

第三是生产和服务设施的选址。合理的产品或服务设施地址选择，一般应靠近交通线,通讯、能源、水源、后勤供应比较便利,这样做能够大大降低企业的生产和经营成本。良好的企业选址不仅有利于企业生产过程的运营,还对吸引人才,方便企业员工生活、工作产生良好的作用。

第四是生产运作系统的设计。企业运作系统的设计直接关系到企业运营的成本。

第五是具体的工作设计和工作测量。企业的生产和服务是需要人来完成的,要想让人能够以充沛的体力和精力从事企业的生产经营活动,从业人员工作的内容具有一定的丰富性、新颖性、趣味性和新鲜感是十分重要的。企业从业人员的知识水平、经验和素质不同,对于具体工作的认识和参与程度也是有很大差别的。因此,在工作设计的过程中,应充分考虑企业成长和员正成长的双重过程,达到双重受益。

三、运营组织

企业运营组织的目标是保持运营过程的相对稳定性。除非必要的改变,经过精心设计的运营过程应当保持相对的稳定性。

运营管理的组织,就是用科学管理的思想、方法和手段,对生产要素进行合理配置、周密计划、自制与控制,使其处于良好结合和有效运行的状态,以实现优质、高效、低耗、均衡、安全、文明生产目标所进行的管理。

企业运营组织的基础是编制作业计划、工艺管理、现场设备管理、材料工具管理、劳动定额管理。

运营组织的任务,是依据运营系统设计和规划以及企业的实际对实现生产或服务作业的各种资源(生产现场的人、机、料、方法、能源、信息等生产要素)进行组织和调配,实现整体作业的流程化和高效率。

运营组织应有必要的技术支持,并组织各种现场指导和进行必要的培训。因为,在现代生产过程中,许多生产作业流程都是与技术引进同时进行的,这样现场指导和培训是必不可少的。

四、运营控制

企业的运营控制,主要是指生产能力控制、生产进度控制、生产质量控制、安全控制、成本控制等。运营控制的目的是保证企业的运营过程能够按照预先制定的计划实现运营目标。

(一)运营控制的基本程序

企业的运营控制是依据运营作业计划进行的,作业计划对于运营控制起着指导性作用。为了使运营控制能够按照计划进行,要求作业计划能够依据生产或服务的实际进行操作,并用具体的时间表和数据表示出来。依据上述时间表和数据设定各作业点、线、组的业务操作数量和质量的标准,将实际操作的数据与计划和标准进行比较,评价具体操作的绩效。

运营控制的基本程序如下:

1. 设置运营控制单元的范围

运营控制的范围是由运营组织决定的,在进行运营组织的过程中,应当充分考虑运营控制的可行性和可操作性,并将工艺、能力和运营控制可识别标准作为设置运营组织的重要依据。因此,运营控制可能是各作业点、线、组的业务工作表现的评定和控制,可以表现为具体的人、部门或业务。每一个控制对象就是一个控制单元。

2. 识别控制单元的基本特征

每一个控制单元都应有明确的特征能够反映该单元的工作绩效。在不同的企业、部门、作业单元中,能够反映工作绩效的特征是不同的。有时可能要用多种特征才能反映这个单元的工作绩效,但这些特征的选择必须是关键的和可测量的。在实际运营控制中能反映被控制单元的关键特征越少越好,以便于控制。

3. 制定控制标准

运营控制标准的基本特征是数量化、可计量的,能够确定唯一标准的应确定唯一标准(如成本标准),不能确定唯一标准的则需要设定标准区间(如零件加工质量允许区间)。在实现机械化和自动化作业的条件下,许多标准都表现为唯一标准。

4. 收集运营数据

收集运营数据,是为了获得每个控制单元的实际运营状况的数字信息,所收集的实际数据,就是与控制标准相适应的反映控制单元工作绩效的关键特征数据。收集数据的工作可以由人来做,也可以由机器来做,企业需要有专门的人员和机制来完成收集数据的工作,在现代化生产和“E”化管理的时代,许多收集数据的工作都可以由计算机来完成,并直接传送到控制部门用于运营绩效的评定。

5. 衡量运营绩效

所谓衡量绩效就是找出实际工作情况与标准之间的偏差信息,根据这种信息来评估实际工作的优劣。

6. 诊断与更正

诊断包括估价偏差的类型和数量并寻找产生偏差的原因。诊断之后,就应采取措施来更正实际工作结果与标准之间的差异。不是任何偏差都需要采取更正行动的,也不是任何人都能采取更正行动,仅在偏差较大又影响到目标时才需要采取更正行动。

(二)运营控制的基本内容

企业运营控制的基本内容从建立控制点开始,在控制点的基础上开展生产能力、进度、质量、安全、成本等项目的控制工作。

第七章　企业运营战略管理

　　为适应不断变化的市场环境，并在激烈的市场竞争中求得长期的生存和发展，任何企业都必须有一个明确可行的经营战略，这是企业经营的关键。企业能否高瞻远瞩，正确制定企业的战略规划，决定着企业的经营成败，所以，对现代企业而言，经营战略在企业经营中处于首要的地位。本章主要介绍企业战略的内容和具体的一些方法。

第一节　企业运营战略管理概述

　　一、企业战略的概念

　　1.企业战略的提出与发展

　　随着生产社会化和市场经济的发展以及信息技术的推广应用，战略思想逐步进入企业经济领域。作为社会系统学派代表人物的美国经济学家巴纳德最早将战略思想引入企业经济，他在 1938 年出版的名著《经理的职能》中，认为企业是由相互进行协作的各个人组成的综合系统，经理在这个综合系统中扮演着相互联系中心的角色，并运用了战略因素构想分析了企业组织的决策机制以及有关目标的诸因素和它们之间的相互影响。1965 年，美国管理学者安索夫出版了《企业战略论》一书，系统地论述了企业经营战略的思想。按照安索夫的话来说，企业经营战略就是"企业为了适应外部环境，对目前从事的和将来从事的经营活动所进行的战略决策"。进入 20 世纪 70 年代，随着战略理论的研究和管理实践的发展，由美国的霍福尔与舒恩德尔两人率先提出了战略管理的概念，并建立了战略管理模式，这一战略管理模式，将战略管理看成由六大要素构成，这六大要素是战略制定、预选战略、战略评估、战略选择、战略实施和战略控制。因此，它是一个战略管理的过程模式。这一模式奠定了战略管理理论的基础。

　　2.企业战略的概念

　　（1）广义的企业战略。广义的企业战略包括企业的宗旨、企业的目标、企业的战略和企业的政策。广义的企业战略强调企业战略一方面的属性——计划性、全局性和整体性。所以也被称为战略的传统概念。

　　（2）狭义的企业战略。从狭义的角度看，企业战略仅仅是指企业实现其宗旨和一系列长期目标的基本方法和具体计划。企业战略的这一概念更强调企业对环境的适应性，突出了企业战略另一方面的属性——应变性、竞争性和风险性。所以，狭义的企业战略又被称为战略的现代概念。

我们认为：企业战略是指企业在确保实现企业使命的前提下，在充分地分析各种环境机会和威胁的基础上，进一步规定企业拟从事的经营范围、成长方向和竞争对策，并据此合理地配置企业资源，从而使企业获得某种竞争优势的一种长远性发展谋划。企业战略策划在程序上有五个步骤：战略机会、战略手段、战略阶段、战略目标、战略目的。

二、企业战略的特性与构成要素

（一）企业战略的特性

1. 全局性。企业战略是在研究与把握企业生存与发展的全局性指导规律的基础上，对企业的总体发展及其相应的目标与对策进行的谋划，这属于企业总体战略；或者在照顾各个方面的全局观点的指导下，对企业的某个方面的发展及其相应的目标与对策进行谋划，这相应于企业的分战略。

2. 长远性。企业战略是企业谋取长远发展要求的反映，是关系企业今后一个较长时期的奋斗目标和前进方向的通盘筹划，注重的是企业的长远的根本利益，而不是暂时的眼前利益。鼠目寸光，急功近利，短期行为，都是与企业战略的要求相违背的。

3. 抗争性。企业战略是企业为适应在市场经济环境下日益激烈的竞争中求得生存与发展而制订的。进入 90 年代以来，市场竞争国际化，优胜劣汰，"战略制胜"，企业战略的正确与否，是企业胜败兴衰的关键。战略正确，就能取得优势地位，战胜对手，使企业不断兴旺发达；战略错误，会使企业受损，严重的甚至破产。

4. 稳定性。企业战略一经制订，必须保持相对的稳定性，不能朝令夕改。这就要求企业在制订战略时，必须准确把握外部环境和内部条件，正确决策。

（二）企业战略的构成要素

1. 产品与市场领域。这是指企业战略首先应使企业明确目前的产品与市场范围和未来有可能发展的产品和市场范围。

2. 成长方向。指企业战略应包括对企业发展方向的选择。

3. 竞争优势。即企业提供的产品和服务以及市场领域具有超过竞争对手的优势。

4. 协同效应。指企业现有产品与市场，同未来的产品与市场能相互补充、互相作用的结果，以获得更大的经济效益。包括投资协同、生产协同、销售协同和管理协同等方面。

三、企业战略的层次

企业战略的层次，一般意义上讲可以划分为三个层次：

1. 企业总体战略。总体战略主要是决定企业应该选择哪类经营业务，进入哪些领域，主要包括经营范围和资源配置两个构成要素。

2.企业基本战略。基本战略主要涉及如何在所选定的领域内与对手展开有效的竞争。因此，它所研究的主要内容是应开发哪些产品或服务，这些产品应提供给哪些市场等。它所涉及的是构成企业战略的另一个要素：竞争优势。

3.职能部门战略。职能战略主要研究企业的营销、财务、人力资源、生产等不同的职能部门，如何更好地为各级战略服务以提高组织效率的问题。它的构成主要源于企业战略构成要素中的协同作用。

四、企业战略管理

（一）企业战略管理的概念

企业战略管理，是指对企业战略的设计、选择、控制和实施，直至达到企业战略总目标的全过程。战略管理涉及企业发展的全局性、长远性的重大问题，诸如企业的经营方向、市场开拓、产品开发、科技发展、机制改革、组织机构改组、重大技术改造、筹资融资等等。战略管理的决定权通常由总经理、厂长直接掌握。企业经营管理是在战略管理的指导下，有效利用企业资源，组织企业全体成员努力实现战略目标的全过程。经营管理的决定权一般由副总经理、副厂长掌握。企业战略管理体系的构成，见图 2.2 所示。企业战略管理与经营管理的比较，见表 1.5 所示。

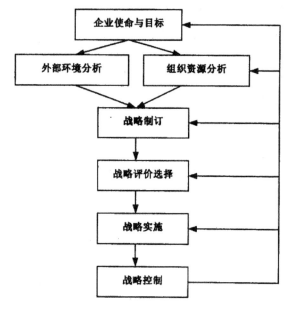

图 2.2 企业战略管理体系

（二）企业战略管理的任务

企业战略管理过程，主要是指战略制定和战略实施的过程，它包括五项相互联系的管理任务：

1.提出公司的战略展望，指明公司的未来业务和公司前进的目的地，从而为公司提出一个长期的发展方向，清晰地描绘公司将竭尽全力所要进入的事业，使整个组织对一切行动有一种目标感。

2.建立目标体系，将公司的战略展望转换成公司要达到的具体业绩标准。

3.制定战略所期望达到的效果。

4.有效地实施和执行公司战略。

5.评价公司的经营业绩，采取完整性措施，参照实际的经营事实、变化的经营环境、新的思维和新的机会，调整公司的战略展望、公司助长期发展方向、公司的目标体系、公司的战略以及公司战略的执行。

表 1.5 经营管理与战略管理的区别

经营管理	战略管理
关心已建立的企业管理目标。	关心新目标和战略的识别与评价。
所经营的目标，通常为大量过去的经验所证明是有效的。	新的目标值得争论，其实施企业几乎没有什么经验。
经营的目标，可以分解为企业各执行部门的具体子目标。	战略的目标，通常着重考虑的是企业的生存和发展。
最高领导人较多关注的是企业经营手段的应用。	最高领导人较多考虑的是，影响企业生存和发展的外部环境的变化。
最高领导人能较迅速地了解经营目标的执行情况。	几年以后，最高领导人才能知道战略目标的执行情况。
为了完成经营目标，企业将规定一系列奖励的办法，刺激员工的积极性。	企业战略计划中，一般没用物质手段刺激员工积极性以完成战略目标的内容。
企业与竞争对手之间所存在的"比赛规则"，对于有经验的领导来说是熟悉的，能把握局势的变化，也能胜任自己的工作。	企业家要探索和思考许多新的领域，过去的经验已经不可能适用，也不可能把握新的比赛。
经营中存在的问题很快就能反映出来，这些问题比较具体，对于有经验的管理者来说也比较熟悉。	在一定意义上说，战略中的问题是抽象的，要延续一段时间后才能知道，并且可能是不熟悉的。

第二节 企业运营战略目标

一、企业战略目标的特点

战略目标是对企业战略经营活动中预期取得的主要成果的期望值。战略目标的设定,同时也是企业宗旨的展开和具体化,是企业宗旨中确认的企业经营目的、社会使命的进一步阐明和界定,也是企业在既定的战略经营领域展开战略经营活动所要达到水平的具体规定。企业战略目标与其他目标相比,具有以下一些特点:

1.宏观性。战略目标是一种宏观目标。它是对企业全局的一种总体设想,它是从宏观角度对企业未来的一种较为理想的设定。它所提出的是企业整体发展的总任务和总要求;它所规定的是企业整体发展的根本方向。因此,人们所提出的企业战略目标总是高度概括的。

2.长期性。战略目标是一种长期目标,它的着眼点是未来和长远。战略目标是关于未来的设想,它所设定的,是企业职工通过自己的长期努力奋斗而达到的对现实的一种根本性的改造。

3.相对稳定性。战略目标既然是一种长期目标,那么它在其所规定的时间内就应该是相对稳定的。战略目标既然是总方向、总任务,那么它就应该是相对不变的。这样,企业职工的行动才会有一个明确的方向,大家对目标的实现才会树立起坚定的信念。当然,强调战略目标的稳定性并不排斥根据客观需要和情况的发展,对战略目标作必要的修正。

4.全面性。战略目标是一种整体性要求,它虽着眼于未来,但却没有抛弃现在;它虽着眼于全局,但又不排斥局部。科学的战略目标,总是对现实利益与长远利益、局部利益与整体利益的综合反映。科学的战略目标虽然总是概括的,但它对人们行动的要求,却又总是全面的,甚至是相当具体的。

5.可分性。战略目标具有宏观性、全面性的特点本身就说明它是不可分的。战略目标作为一种总目标、总任务和总要求,总是可以分解成某些具体目标、具体任务和具体要求。这种分解既可以在空间上把总目标分解成一个方面又一个方面的具体目标和具体任务,又可以在时间上把长期目标分解成一个阶段又一个阶段的具体目标和具体任务。人们只有把战略目标分解,才能使其成为可操作的东西。可以这样说,因为战略目标是可分的,因此才是可实现的。

6.可接受性。企业战略的实施和评价主要是通过企业内部人员和外部公众来实现的。因此,战略目标必须被他们理解并符合他们的利益。但是,不同的利益集团有着不同的,甚至是相互冲突的目标。因此,企业制定战略时一定要注意协调。一般地，能反映企业使命和功能的战略易于为企业成员所接受。另外，企业的战略表述必须明确，有实际的含义，不至于产生误解。

7. 可检验性。为了对企业管理活动的结果给予准确衡量，战略目标应该是具体的和可以检验的。目标的定量化，是使目标具有可检验性的最有效的方法。但是，由于许多目标难以数量化，时间跨度越长、战略层次越高的目标越具有模糊性。此时，应当用定性化的术语来表达其达到的程度，要求一方面明确战略目标实现的时间，另一方面须详细说明工作的特点。

8. 可挑战性。目标本身是一种激励力量，特别是当企业目标充分地体现了企业成员的共同利益，使战略大目标和个人小目标很好地结合在一起的时候，就会极大地激发组织成员的工作热情和献身精神。

二、企业战略目标的内容

在企业使命和企业功能定位的基础上，企业战略目标可以按四大内容展开：市场目标、创新目标、盈利目标和社会目标。

1. 市场目标。一个企业在制定战略目标时，最重要的决策是企业在市场上的相对地位，它常反映了企业的竞争地位，包括产品目标、渠道目标、沟通目标。

2. 创新目标。在环境变化加剧、市场竞争激烈的社会里，创新概念受到重视是必然的。创新作为企业的战略目标之一，是使企业获得生存和发展的生机和活力。在每一个企业中，基本上存在着三种创新：技术创新、制度创新和管理创新。

3. 盈利目标。这是企业的一个基本目标。作为企业生存和发展的必要条件和限制因素的利润，既是对企业经营成果的检验，又是企业的风险报酬，也是整个企业乃至整个社会发展的资金来源。盈利目标的达成取决于企业的资源配置效率及利用效率，包括人力资源、生产资源、资本资源的投入——产出目标。

4. 社会目标。现代企业越来越多地认识到自己对用户及社会的责任。一方面，企业必须对本组织造成的社会影响负责；另一方面，企业还必须承担解决社会问题的部分责任。企业日益关心并注意塑造良好的社会形象，既为自己的产品或服务争得信誉，又促进组织本身获得认同。企业的社会目标反映企业对社会的贡献程度，如环境保护、节约能源、参加社会活动、支持社会福利事业和地区建设活动等。

在实际中，由于企业性质的不同，企业发展阶段的不同，战略目标体系中的重点目标也大相径庭。同一层次战略目标之间必然也有优先导向目标。以上分析仅为企业制定战略目标提供参考。

第三节 经营单位战略和职能部门战略

一、经营单位基本竞争战略

基本竞争战略，是指无论在什么行业或什么企业都可以采用的战略。著名战略管理学家波特在《竞争战略》一书中曾经提出过三种基本战略，即成本领先战略、差异化战略、集中专业化战略。他认为，企业要获得竞争优势，一般只有两种途径：一是在行业中成为成本最低的生产者；二是在企业的产品和服务上形成与众不同的特色，企业可以在或宽或窄的经营目标内形成这种战略。

这些战略是根据产品、市场以及特殊竞争力的不同组合而形成的，企业可以根据生产经营的情况采用自己所需要的战略。

（一）成本领先战略

成本领先战略，是指企业通过在内部加强成本控制，在研究开发、生产、销售、服务和广告等领域内把成本降低到最低限度，成为行业中成本领先者的战略。企业凭借其成本优势，可以在激烈的市场竞争中获得有利的竞争优势。

1.企业采用成本领先战略的主要动因

（1）形成进入障碍。企业的生产经营成本低，使为行业的潜在进入者设置了较高的进入障碍。那些在生产技术上尚不成熟、经营上缺乏规模经济的企业一般很难进入此行业。

（2）增强企业讨价还价的能力。企业的成本低，可以使自己应付投入费用的增长，提高企业与供应者讨价还价的能力，降低投入因素变化所产生的影响。同时，企业成本低，可以提高自己对购买者讨价还价的能力，以对抗强有力的购买者。

（3）降低替代品的威胁。企业的成本低，在有竞争者竞争时，仍可以凭借其低成本的产品和服务吸引大量的顾客，降低或缓解替代品的威胁，使自己处于有利的竞争地位。

（4）保持领先的竞争地位。当企业与行业内的竞争对手进行价格战时，由于企业的成本低，可以在竞争对手毫无利润的水平上保持盈利，从而扩大市场份额，保持绝对竞争优势的地位。

总之，企业采用成本领先战略可以使企业有效地面对行业中的各种竞争力量，以其低成本的优势，获得高于行业平均水平的利润。

2.实施成本领先战略需注意的问题

（1）企业在考虑实施条件时，一般要考虑两个方面：一是考虑实施战略所需要的资源和技能；二是组织落实的必要条件。在成本战略领先的方面，企业所需要的资源是持续投资和增加资本，以提高科研与开发能力，改善市场营销的手段，提高内部管理水平。在组织落实方面，企业要考虑严格的成本控制，详尽的控制报告，合理的组织结构和责任制，以及完善的激励管理机制。

（2）在实践中，成本领先战略要想取得好的效果，还要考虑企业所在市场是否是完全竞争的市场；该行业的产品是否是标准化的产品；大多数购买者是否以同样的方式使用产品；产品是否具有较高的价格弹性；价格竞争是否是市场竞争的主要手段等。如果企业的外部环境和内部条件不具备这些因素，企业便难以实施成本领先战略。

（3）企业在选择成本领先战略时还要看到这一战略的弱点。如果竞争对手的竞争能力过强，采用成本领先的战略就有可能处于不利的地位。例如：竞争对手开发出更低成本的生产方法；竞争对手采用模仿的办法；顾客需求的改变等。企业在采用成本领先战略时，应及早注意这些问题，采取防范措施。

（二）差异化战略

差异化战略，是提供与众不同的产品或服务，满足顾客特殊的需求，形成竞争优势的战略。企业形成这种战略主要是依靠产品或服务的特色，而不是产品或服务的成本。但是应该注意，差异化战略不是说企业可以忽略成本，只是强调这时的战略目标不是成本问题。

（三）重点集中战略

重点集中战略，是指把经营战略的重点放在一个特定的目标市场上，为特定的地区或特定的购买者集团提供特殊的产品或服务。重点集中战略与其他两个基本的竞争战略不同。成本领先战略与差异化战略面向全行业，在整个行业的范围内进行活动；而重点集中战略则是围绕一个特定的目标进行密集型的生产经营活动，要求能够比竞争对手提供更为有效的服务。企业一旦选择了目标市场，便可以通过产品差异化或成本领先的方法，形成重点集中战略。就是说，采用重点集中型战略的企业，基本上就是特殊的差异化或特殊的成本领先企业。由于这类企业的规模较小，采用重点集中战略往往不能同时进行差异化或成本领先的方法。如果采用重点集中战略的企业要想实现成本领先，则可以在专用品或复杂产品上建立自己的成本优势，这类产品难以进行标准化生产，也难以形成生产上的规模经济效益，因此也难以具有经验曲线的优势。如果采用重点集中战略的企业要实现差异化，则可以运用所有差异化的方法去达到预期的目的。与差异化战略不同的是，采用重点集中战略的企业是在特定的目标市场中与实行差异化战略的企业进行竞争，而不在其他细分市场上与其竞争对手竞争。在这方面，重点集中的企业由于其市场面狭小，可以更好地了解市场和顾客，提供更好的产品与服务。

二、企业进入战略

企业的进入战略，是指企业以一定方式进入新经营领域进行经营的战略。主要包括购并战略、内部创业战略、合资战略和战略联盟等类型。

（一）购并战略

企业的购并，是指一个企业购买另一个企业的全部或部分资产或产权，从而影响、控制被收购的企业，以增强企业的竞争优势，实现企业经营目标的行为；企业的购并有多种类型，从不同的角度有不同的购并方法。

1. 从购并双方所处的行业状况看，企业的购并可以分为横向购并、纵向购并和混合购并。

2. 从是否通过中介机构划分，企业购并可以分为直接收购和间接收购。

3. 按支付方式不同，可以分为现金收购、股票收购和综合证券收购。

（二）内部创业战略

内部创业战略，是指企业通过内部创新，以开发新产品进入新市场或者重新塑造新的市场，从而进入一个新的行业。内部创新并不一定是最先进的创新，往往模仿者也采用这种战略。企业选择内部创业战略进入新的经营领域，需要考虑以下几个适用条件：

1. 行业处于不平衡的状态，竞争结构还没有完全建立起来，这时候进入容易取得成功。

2. 行业中原有企业所采取的报复性措施的成本超过了由此所获得的收益，这时企业不应急于采取相应的报复性措施，或采取后效果不佳。

3. 企业的现有技术、生产设备和新经营项目有一定的联系，导致进入该行业的成本较低。

4. 企业进入该经营领域以后，有独特的能力影响其行业结构，使之为自己服务。

5. 企业进入该领域，有利于发展企业现有的经营内容，如提高企业形象、改进分销渠道等。

（三）合资战略

合资经营，是指两个以上的公司共同出资创建一个新公司以利于出资各方的发展需求。合资经营战略的优点是：有利于改进企业与外部的交流并扩大经营网络，有利于实现全球化经营，有利于降低经营风险。

（四）战略联盟

战略联盟，是指两个或两个以上的企业为了一定的目的，通过一定的方式组成网络式的联合体。战略联盟是现代企业组织制度的一种创新，随着经济的发展，企业作为组织社会资源的最基本的单位，其边界越来越模糊。目前，网络式组织已经成为企业组织发展的一种趋势，战略联盟也具备边界模糊、关系松散、机动灵活、运作高效等网络组织的这些特点。

第四节 企业战略的选择、实施和控制

一、企业战略的选择

影响企业战略选择的因素主要有：企业过去的战略；管理者对风险的态度；企业对外部环境的依赖性；企业文化和内部权势关系；时期性；竞争者的反应。

战略选择矩阵是一种指导企业进行战略管理的模型。企业应结合自身的优劣势和内外部资源的运用状况，选择合适的战略。该战略矩阵，如图2.3所示。

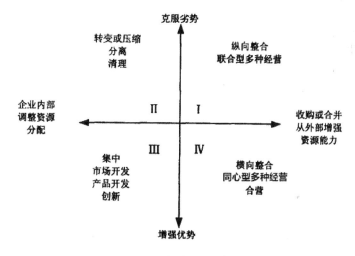

图 2.3 战略选择矩阵

在象限Ⅰ中，企业会认为自己当前生产经营业务的增长机会有限或风险太大，可以采用纵向整合战略来减少原材料或顾客渠道方面的不确定性所带来的风险。企业也可以采用联合型多种经营战略，既能投资获利，又不用转移对原有经营业务的注意力。

在象限Ⅱ中，企业常采用较为保守的克服劣势的办法。在保持基本使命不变的情况下，企业在内部将一种经营业务转向另一种经营业务，加强有竞争优势的经营业务的发展。企业可以采用压缩战略，精简现有业务。实际上，压缩也是起着一种转变战略的作用，即从提高工作效率、消除浪费中获得新的优势。如果某种业务已经是成功的重大障碍，或者克服劣势所费巨大，或者成本效益太低，就必须考虑采取分离战略，把这种业务分离出去，同时获得补偿。当经营业务有导致破产的危险时，就可以考虑清算战略。

在象限Ⅲ中，企业如果认为能利用这四种战略，建立获利能力并希望从内部增强竞争优势，就可以进行选择。集中即市场渗透，全力倾注于现有的产品和市场，力求通过再投入资源，增强优势以巩固自己的地位。市场开发和产品开发都是要扩展业务，前者适用于现有产品拥有新顾客群的情况，后者适用于现有顾客对企业现有产品的相关产品感兴趣的情况。产品开发也适用于拥有专门技术或其他竞争优势的条件。

在象限Ⅳ中，企业通过积极扩大业务范围来增强竞争优势，需要选用一种注重外部的战略。横向整合可以使企业迅速增加产出能力。同心型多种经营业务与新业务密切相关，可以使企业平稳而协调地发展。合资经营也是从外部增加资源能力的战略，可以使企业将优势拓展到原来不敢独自进入的竞争领域。合作者的生产、技术、资金或营销能力可以大大减少金融投资，并增加企业获利的可能性。

二、战略实施

企业战略的实施是战略管理过程的行动阶段。在企业的战略经营实践中，战略实施有五种不同的模式。具体为：

1. 指挥型。这种模式的特点是企业总经理考虑的是如何制订一个最佳战略的问题。在实践中，计划人员要向总经理提交企业战略的报告，总经理阅后做出结论，确定了战略后，向企业高层管理人员宣布企业战略，然后强制下层管理人员执行。

2. 变革型。与指挥型模式相反，在变革型模式中企业总经理考虑的主要是如何实施企业战略。他的角色是为有效地实施战略而设计适当的行政管理系统。为此，总经理本人或在其他方面的帮助下要对企业进行一系列变革，如建立新的组织机构、新的信息系统、合并经营范围，增加战略成功的机会。

3. 合作型。在这种模式中，企业总经理考虑的是如何让其他高层管理人员同他一起共同实施战略。企业总经理和其他企业高层管理人员一起对企业战略问题进行充分讨论，形成较为一致的意见，制订出战略，再进一步落实和贯彻，使每个高层管理者都能在战略的制订及实施过程中做出各自的贡献。

4. 文化型。这种模式的特点是，企业总经理考虑的是如何动员全体员工都参与战略实施活动，即企业总经理运用企业文化的手段，不断向企业全体成员灌输这一战略思想，建立共同的价值观和行为准则，使所有成员在共同的文化基础上参与战略的实施活动。

5. 增长型。在这种模式中，为了使企业获得更快的增长，企业总经理鼓励中下层管理者制定与实施自己的战略。这种模式与其他模式的区别之处在于它不是自上而下地灌输企业战略，而是自下而上地提出战略。这种战略集中了来自实践第一线的管理人员的经验与智慧，而高层管理人员只是在这些战略中做出自己的判断，并不将自己的意见强加在下级的身上。在大型的多元化企业里，这种模式比较适用。

上述几种模式出现于战略管理的不同发展时期，反映着战略实施从以高层领导为主导到全员参与的发展过程。

三、战略控制

1.战略控制的概念

企业战略实施的结果，并不一定与预定的战略目标相一致。产生这种偏差的原因主要有三个方面：一是制定企业战略的内外环境发生了新的变化；二是企业战略本身有重大的缺陷或者比较笼统，在实施过程中难以贯彻，企业需要修正、补充和完善；三是在战略实施的过程中，受企业内部某些主客观因素变化的影响，偏离了战略计划的预期目标。如某些企业领导采取了错误的措施，致使战略实施结果与战略计划目标产生偏差等。

对上述企业活动与预定的战略目标偏离的情况，如果不及时采取措施加以纠正，企业的战略目标就无法顺利实现。要使企业战略能够不断顺应变化着的内外环境，除了使战略决策具有应变性外，还必须加强对战略实施的控制。

战略控制，主要是指在企业经营战略的实施过程中，检查企业为达到目标所进行的各项活动的进展情况，评价实施企业战略后的企业绩效，把它与既定的战略目标与绩效标准相比较，发现战略差距，分析产生偏差的原因并加以纠正，使企业战略的实施更好地与企业当前所处的内外环境、企业目标协调一致，使企业战略得以实现。

战略实施的控制与战略实施的评价，既有区别又有联系。要进行战略实施的控制就必须进行战略实施的评价，只有通过评价才能实现控制，评价本身是手段而不是目的，发现问题实现控制才是目的。战略控制着重于战略实施的过程，战略评价着重于对战略实施过程结果的评价。

2.战略控制的主要类型

从控制时间来看，企业的战略控制可以分为：事前控制、事后控制、随时控制即过程控制。以上三种控制方式所起的作用不同，因此在企业经营当中它们是被随时采用的。

从控制的切入点来看，企业的战略控制可以分为：财务控制、生产控制、销售规模控制、质量控制、成本控制五种。

3.战略实施控制的主要程序和内容

（1）设定绩效标准。根据企业战略目标，结合企业内部人力、物力、财力及信息等具体条件，确定企业绩效标准，作为战略控制的参照系。

（2）绩效监控与偏差评估。通过一定的测量方式、手段、方法，监测企业的实际绩效，并将企业的实际绩效与标准绩效对比，进行偏差分析与评估。

（3）设计并采取纠正偏差的措施，以顺应变化着的条件，保证企业战略的圆满实施。

（4）监控外部环境的关键因素。外部环境的关键因素是企业战略赖以存在的基础，这些外部环境关键因素的变化意味着战略前提条件的变动，必须给予充分的注意。

（5）激励战略控制的执行主体，以调动其自控制与自评价的积极性，以保证企业战略实施的切实有效。

第八章 创新中的企业生产运营管理

企业的竞争优势，虽然是企业综合实力和整体素质的集中体现，但是这些优势一旦失去高效的生产运营系统和先进的生产运营管理作支持，也只能是一种瞬间或者非常脆弱的"优势"，其结果必然使企业很快跌入竞争的劣势。因此，生产运营管理是现代企业发展的一个重要基石。本章主要介绍企业生产运营管理概述、企业生产系统设计、企业生产系统运行管理、准时制生产和敏捷制造等内容。

第一节 企业生产系统概述

生产系统是企业大系统中的一个子系统。企业生产系统的主要功能是制造产品，制造什么样的产品，决定了需要什么样的生产系统。研究企业生产系统应该具有什么样的功能和结构，可从分析市场与用户对产品的要求等方面入手。

一、用户对产品的要求

用户对产品的要求，归纳起来主要可分为七个方面，即品种款式、质量、数量、价格、服务、交货期、环保与安全。但实际上用户对产品的要求是多种多样的，虽然上述七个方面较全面地概括了用户对产品的基本要求，但是不同的用户对同一种产品的要求往往有很大的差异。如，有的用户追求款式新颖；有的希望产品经久耐用，并有良好的售后服务；有的用户注重价格是否便宜；有的则不惜高价要求迅速交货等。

二、企业经营战略对构造生产系统的影响

在现实的经济生活中，企业为了生存与发展，常常采用市场细分的经营战略。此时，企业要求自己的产品不仅能满足用户对上述七个方面的基本要求，而是还要求它具有一定的特色，能满足目标市场中用户提出的特殊需求。如：高速开发某种款式的新产品，按用户提出的期限快速供货；与其他企业的同类产品相比，要求达到更低的成本水平等。这就要求企业的生产系统在创新、产品投放到市场的周期（或交货期）以及产品成本等方面都具有更强的竞争能力。因此，一个有效的生产系统的功能目标是：它制造的产品不仅能满足用户对产品七项要求的基准水平，而且还要适应企业经营战略的要求，使企业能够在价格竞争、质量竞争、时间竞争以及其他方面的竞争中取得并保持竞争优势。

用户的需求和企业的竞争战略对产品的要求，都是依靠生产系统制造出相应的产品来实现的。产品把用户的要求和企业竞争战略的要求，转化为对生产系统的要

求，产品是这种转换的媒体。用户对产品要求和产品对生产系统的要求，两者之间有很强的相关关系。对应于用户对产品提出的七个方面的要求，产品对生产系统提出了创新、质量、弹性（应变能力）、成本、继承性、按期交货和环保与安全等七项要求。用户对产品的要求，在转换为生产系统的要求的过程中受到企业竞争战略的影响，使上述七项要求中的某些要求得到强化，并产生了优先顺序。

三、生产系统各项功能间的相互影响

从系统的目标来分析，生产系统的七项功能可分为两组。一组功能，指创新、弹性〔市场应变能力）、继承性和环保安全，它是由外部环境提出的，是使系统适应环境要求的功能；另一组功能，指质量、成本和按期交货，是按照生产过程中的运行规律，合理组织生产过程所体现的与生产效率相关的功能。这里，第一组功能是决定生产系统的服务方向的。如果系统生产的产品不符合社会的需要，那么第二组功能就失去意义，甚至生产的越多，产品积压的越多，其后果也越严重。同样，如果系统拥有良好的第一功能，但是得不到第二组功能的支持和保证，产品仍然不具有强大的市场竞争能力，不能为企业带来竞争优势。所以一个设计合理和有效的生产系统，这两组功能应该相辅相成，共同为实现企业的经营战略服务。

在实际生产中生产系统的这七项功能相互之间常常是相悖的。通常当系统的七项功能达到一定水平之后，某些功能水平的提高，会导致其他一些功能水平的下降；或某些功能的改善，需以其他功能的劣化为代价。如，要迅速提高系统的创新功能，则会对保持产品的继承性提出挑战，还会对产品的标准化、通用化、系列化水平产生影响。同样，生产达不到规模经济等原因会引起成本指标的劣化。又如强化系统的弹性功能后，会由于降低了生产过程的稳定性而带来产品的质量和成本方面的问题。生产系统各项功能之间的矛盾关系，是由生产系统的结构特性决定的。所以，如何正确设计生产系统的功能与结构是企业经营战略和生产战略中的重要问题。

四、生产系统的构成要素

生产系统的功能，决定于生产系统的结构形式。生产系统的构成要素，是指构成生产系统主体框架的要素，主要包含生产技术（即生产工艺特征、生产设备构成、生产技术水平等）；生产设施（即生产设施的规模、设施的布局、工作地的装备和布置等）；生产能力（即生产能力的特性、生产能力的大小、生产能力的弹性等）；生产系统的集成度（即系统的集成范围、系统集成的方向、系统与外部的协作关系等）等。生产系统的构成要素很多，为了研究的方便，常把它们分成两大类：结构化要素和非结构化要素。

1. 生产系统的结构化要素，是指生产系统中的硬件及其组合关系。这里主要是指采用何种工艺和设备，要求达到什么样的技术水平，生产线和设备如何布局，生产能力达到多大的规模，生产过程集成的范围等。结构化要素是形成生产系统框架

结构的物质基础，正确选择系统的结构化要素对形成系统的功能起决定性作用。建立这些要素需要的投资多，一旦建立起来并形成一定的组合关系之后，要想改变并进行调整是比较困难的。但是，在产品更新换代十分频繁的现代社会里，生产系统的不断改建和重建是必然的和不可避免的。因此，如何正确选择系统的结构化要素，并进行合理组合，十分重要。而且由于它涉及的投资量大，所以决策时应慎重。

2.生产系统的非结构化要素，是指在生产系统中支持和控制系统运行的软件要素，主要包含人员组织、生产计划、库存管理和质量管理等。

（1）人员组织：即人员的素质特点、人员的管理政策、组织机构等。

（2）生产计划：指计划体系、计划编制方法及其相关技术。

（3）库存管理：指库存类型、库存量、库存控制方式。

（4）质量管理：指质量检验制度、质量控制方法、质量保证体系等。

建立非结构化要素一般不需花费很大的投资，建成以后对它的改变和调整较为容易。因此，采用何种非结构化要素，决策的风险性不像结构化要素那样大。但是，在实施过程中非结构化要素容易受其他因素的影响，这类要素的实施，在掌握和控制上也比较复杂。

生产系统中的结构化与非结构化要素都有自己的作用。结构化要素的内容及其组合形式，决定生产系统的结构形式。非结构化要素的内容及其组合形式，决定生产系统的运行机制。具有某种结构形式的生产系统，要求一定的运行机制与之相匹配，系统才能顺利运转，发挥其功能。生产系统的结构形式对系统的功能起决定性作用。在设计生产系统时，首先应根据所需的功能选择结构化要素及其组合形式，形成一定的系统结构，进而根据系统对运行机制的要求选择非结构化要素及其组合形式。

第二节 企业生产系统设计

企业在进行生产作业之前，需要建立必要的生产系统。生产系统的设计涉及企业、车间和设备生产能力的合理确定、设施和设备合理布置以及生产过程的合理组织等。

一、生产能力的计算

生产能力是指一个作业单元满负荷生产所能达到的最大限度。这里的作业单元可以是一个工厂、部门、机器或单个工人。在计算生产能力时，要把握以下内容：

1.确定生产能力的计算单位

由于企业种类的广泛性，不同企业的产品和生产过程差别很大，计算生产能力以前，必须确定本企业生产能力的计量单位。

（1）以投入量和产出量为计量单位。生产能力同投入量和产出量密切相关，不同的企业可以根据自身的性质和其他情况，选择投入量或产出量作为生产能力的计量单位。

当企业以产出量作为计量单位时，则需考虑企业生产的产品种类有多少。如果只有一种主要产品，则可以以该产品作为计量单位；如果生产多种产品，则很难以其中某一种产品的产出量作为整体的计量单位，这时可采用代表产品计量法。选择出代表企业专业方向、产量与工时定额乘积最大的产品作为代表产品，其他产品可利用换算系数换算为代表产品的数量。

如果企业用产出量计算生产能力的准确度不高，不能很好地反映生产能力，可以用投入量为计量单位，如设备总数、装机总容量等。

（2）以原材料处理量为计量单位。当企业使用单一且固定的原材料生产多种产品，可以原材料的年处理量作为生产能力的计量单位。

2.影响生产能力的因素

（1）产品因素。产品设计对生产能力有重要的影响。如果生产相似产品，作业系统生产这类产品的能力要比生产不同产品的生产能力大。一般来说，产出越相近，其生产方式和材料就越有可能实现标准化，从而能达到更大的生产能力。此外，设计的特定产品组合也必须加以考虑，因为不同的产品组合有不同的产量。

（2）人员因素。组成一项工作的任务，涉及活动的各类人员，以及履行一项任务需要的技能、经验以及培训情况，对潜在和实际产出有重要的影响。另外，相关人员的动机、出勤与流动情况都和生产能力有着直接的联系。

（3）设施因素。生产设施的设计也是一个关键性的影响因素，它包括厂房的大小以及为扩大规模留有的空间。其他如运输成本、与市场的距离、劳务与能源供应等，以及工作区的布局也都决定着生产作业能否平稳进行。

（4）工艺因素。产品工艺设计是决定生产能力的一个显在因素，工艺设计是否合理影响着产品质量的好坏。如果产品质量不能达到标准的要求，就会增加产品检验和返工工时，从而导致生产效率的下降。

（5）其他因素。产品标准，特别是产品最低质量标准，能够限制管理人员增加和使用生产能力的选择余地。如企业为了达到产品和设备的污染标准，经常会减少有效生产能力。

3．成批加工企业生产能力的计算

批量生产类型的企业，生产单位的组织采用工艺专业化原则，产品的投料有较长的间隔期，且产出具有明显的周期性。它们生产能力的计算，与划分车间和班组所采用的工艺专业化原则有着密切的关系。

（1）单台设备生产能力的计算。由于所加工的零件不是单一品种，不仅数量多，而且加工零件的形状大小不同，加工的工艺步骤不同，加工的时间长短也不一。这时不能用产出量计算，只能采用设备能提供的有效加工时间来计算，称为机时。

（2）班组生产能力的计算。车间班组是最小的生产单位，每个班组配备一定数量加工工艺相同的设备，但它们的性能与能力不一定相同。所以，班组生产能力是从单台设备开始计算，再将这些设备的生产能力进行整合计算。

（3）车间生产能力的确定。由于班组的加工对象是零件，它们的生产能力应以机时计量。对于车间而言，它的生产对象往往是产品或零部件配套数，它的生产能力应以产量来计量。

（4）企业生产能力的确定。企业生产能力可以根据主要生产车间的生产能力来确定，能力不足的车间，可采用调整措施来解决。

4．流水线企业生产能力的计算

（1）流水线生产能力的计算。流水线的生产能力，取决于每道工序设备的生产能力，所以应从单台设备开始计算。

（2）车间生产能力的确定。如果是制造车间，它既有零件加工流水线，又有部件装配流水线，这时它的生产能力应该由装配流水线的生产能力来决定。即使有个别的零件加工能力低于装配流水线生产能力，也应该按照这个原则确定。如果是零件加工车间，每个零件有一条专用生产线，而所有零件又都是为本企业的产品配套，则车间的生产能力应该取决于生产能力最小的那条生产线的能力。

（3）企业生产能力的确定。由于各车间之间加工对象和加工工艺差别较大，选用的设备性能也有较大的差别，生产能力是不一致的。因此，基本生产车间的生产能力通常按主导生产环节来确定。但是，当基本生产车间和辅助生产部门的生产能力不一致时，企业生产能力应由基本生产车间的生产能力来决定。

二、生产能力规划方案的制定

在确定了企业的生产能力后，下一步就应着手制定生产能力规划方案。生产能力规划可分为长、中、短期规划，长期生产能力规划一般为 3～5 年，中期生产能力规划一般为 1～2 年，而短期规划一般为 1 年以下。

生产能力规划方案的制定，一般可按以下步骤进行：

1. 预测生产能力需求

在制定生产能力规划方案时，首先要进行产能需求预测，对需求所作的预测必须转变为一种可以与能力直接进行比较的度量。制造企业的生产能力经常是以可利用的设备数来表示的，在这种情况下，必须把需求（通常是产品产量）转变为所需的设备数。

2. 计算需求与现有生产能力的差额

当预测需求与现有产能之间的差为正数时，就需要扩大生产能力。特别是当一个生产运作系统包括多个环节或多个工序时，产能的计划和选择需格外谨慎。在制造企业中，扩大生产能力必须考虑到各工序能力的平衡。当企业的生产环节很多，设备种类较多时，各个环节所拥有的生产能力往往不一致，既有过剩环节，又有瓶颈环节，而过剩环节和瓶颈环节又随着产品品种和制造工艺的改变而变化，而企业的整体生产能力是由瓶颈环节的能力所决定的。这是制定生产能力计划时必须注意的一个关键问题。

3. 产能规划备选方案的制定

处理生产能力与需求差异的方法可有多种，最简单的一种是：不考虑能力扩大，任由这部分客户或订单失去。其他方法包括扩大规模和延长作业时间等多种方案，可以选择积极策略、消极策略或中间策略，还包括考虑使用加班、外包等临时性措施，这些都是制定生产能力规划方案所要考虑的内容。企业所考虑的重点不同，就会形成不同的备选方案。一般来说，至少应给出 3～5 个备选方案。

4. 产能规划方案的评价

产能规划方案的评价方法，主要有定量评价和定性评价。定量评价，主要是从财务的角度，以所要进行的投资为基准，比较各种方案给企业带来的收益以及投资回收情况。这里，可使用净现值法、盈亏平衡分析法、投资回收率法等不同方法。定性评价，主要是考虑不能用财务分析来判断的其他因素，如与企业的整体战略相符程度、与竞争策略的关系、人工成本、技术变化因素等，这些因素有些实际上仍可进行定量计算，有些则需要用直觉和经验来判断。

三、进行设施选址

设施是指生产运作过程得以进行的硬件手段，通常是由办公场所、车间、设备等物质实体所构成。设施选址，是指运用科学的方法决定设施的地理位置，使其与企业的整体经营运作系统有机结合，以便有效、经济地达到企业的经营目的。

1. 影响设施选址的因素主要有：与原材料供应地的接近程度；与市场的接近程度；劳动力资源的数量和质量；基础设施条件；可扩展性；地区优惠政策等。

2. 单一设施选址。单一设施选址，是指独立地选择一个新的设施地点，其运营不受企业现有设施网络的影响。有些情况下，所要选择位置的新设施是现有设施网络中的一部分，也可视为单一设施选址。

单一设施选址通常包括以下几个主要步骤：第一步，明确目标。即首先要明确，在一个新地点设置一个新设施是符合企业发展目标和生产运作战略，能为企业带来收益的。只有在此前提下，才能开始进行选址工作。目标一旦明确，就应该指定相应的负责人或工作团队，并开始进行工作。第二步，收集有关数据，分析各种影响因素，对各种因素进行主次排列，权衡取舍，拟定出初步的候选方案。这一步要收集的资料数据应包括：政府职能部门的有关规定，地区规划信息，工商管理部门的有关规定，土地、电力、水资源等有关情况，以及与企业经营相关的该地区物料资源、劳动力资源、交通运输条件等信息。在有些情况下，还需征询一些专家的意见。第三步，对初步拟定的备选方案进行详细的分析。所采用的分析方法取决于各种所要考虑的因素是定性的还是定量的。例如运输成本、建筑成本、劳动力成本、水资源等因素，可以明确用数字度量，就可通过计算进行分析比较。也可以把这些因素都用金额来表示，综合成一个财务因素，用现金流等方法来分析。另外一类因素，如生活环境、当地的文化氛围、扩展余地等，难以用明确的数值来表示，则需要进行定性分析，或采用分级加权法，人为地加以量化，进行分析与比较。最后，在对每一个备选方案都进行上述的详细分析之后，将会得出各个方案的优劣程度的结论，或找到一个明显优于其他方案的方案，这样就可选定最终方案，并准备详细的论证材料，以提交企业最高决策层批准。

3. 设施网络选址。企业拥有一个设施网络，网络中的不同设施之间互相有影响，在企业增加一个新的设施地址时要考虑到对其他设施的影响。设施网络中的新址选择，往往不仅要决定新设施的地点位置，还必须同时考虑添加新设施后整个网络的工作任务重新分配的问题，以达到整体运营效果最优的目的。

总之，企业在进行设施选址时要充分了解选址的目的，明确影响因素处理的方法，确定最终的设施地址。

四、进行厂区布置

地址选定以后要考虑厂址上各生产单位的平面布置，主要内容为确定生产车间和其他部门的平面布置。企业的生产活动在物质上表现为物流过程，因此厂区的平面布置对物流是有影响的。物流过程还随着人力消耗、运输工具和能源的消耗而变化。

1. 厂区布置方法

（1）物料流向图法。它根据原材料、在制品及其他物资在生产过程中的流动方向，绘制物料流向图来布置各个车间、仓库和其他设施。根据流向大体一致、路线最短的顺序，安排生产单位的位置。

（2）物料运量图法。它根据各车间、仓库和站场的物料运量大小进行工厂布置。运量大的布置近些，运量小的可布置远些。

（3）模板布置法。在形状面积一定的厂址上布置各个生产过程，即确定基本生产单位。处理这个问题，模板法是比较好的布置方法。首先，按照一定的比例制作厂址平面图和所有生产单位的模板；然后，在平面上排列出一个个的布置方案；最后，采用适当的评价分析，选择较满意的方案。

（4）生产活动相关图法，这种方法借助于图解，将生产单位之间联系的密切程度这样一个定性的问题转化为定量分析，最终计算出生产单位之间密切程度的评分值，为平面布置提供依据，具体步骤为：

①根据关系密切程度的原因和级别制作相关图；

②将相关图中的关系表达在相同规格的卡片上，卡片上要标明部门名称、代码；

③根据关系密切程度和靠近的必要性重新排列卡片；

④按一定比例制作反映各单位面积大小的卡片，适当调整这些卡片。

⑤根据厂区范围和道路规划等因素设计成工厂总平面布置形式。

2. 厂区划分

（1）员工生活区。宿舍、食堂、休闲场所，最好独立于厂区之外。如放在厂区内，则应尽量置于独立的地方。

（2）停车场。

（3）绿化区。

（4）工厂作业区（车间）。工厂作业区可分为：厂内行政区（如办公室、资料室等）；仓库（物料仓库、成品仓库）；作业区，指实际生产的工作区。

（5）厂区通道。应考虑货物及机器设备进出的通道。

（6）办公行政区。办公行政区因内外部的往来接洽较多，应尽可能置于厂区前端。

总之，合理进行厂区布置可以使生产作业活动协调有序地进行，减少不必要的物资、运输、人员成本的损耗，节约劳动时间。

五、进行混合设施布置

混合设施布置指几种布置类型的混合，这种布置在企业中是最常见的。在许多企业中产品的批量不足以大到形成单一的生产线，但系列产品常有加工类似性，又有可能使单件生产完全"无序"的设施布置在某种程度上"有序"，因此可采取混合布置方法。在进行混合设施布置时可采用以下几种方法：

1. 使用成组技术

成组技术，是一种按照零件或产品在某种特征上的相似性，把它们分组归类，然后在不同的设备群上进行加工的一种方法。有时尽管生产多种不同的产品，而且每种产品的产量不足以达到组成流水线的程度，而这些产品的通用零部件也不多，但只要这些零部件有类似这样的相似性，就可以尽量把它们分组归类加工。需要注意的是，在采用成组技术的情况下，产品要按其相似性来分组。设备则恰恰相反，是把进行某一组相似产品加工所需的设备布置在一起，构成一个近似的、小的生产线或一组设备，称为加工单元。这样的一个加工单元内的设备不可能是同一设备，否则无法按流程生产。

2. 使用一人多机方法

一人多机的基本原理是：如果生产量不大，1 个员工看管 1 台机器设备并没有完全发挥效能，可以设置 1 人看管小型生产线，既可使操作人员维持满工作量，又可在这种小生产线内使物流流向有一定秩序。所谓小生产线，即由 1 个员工同时看管几台机器。在一人多机的作业系统中，应该设置相似性的产品在一个一人多机系统中生产，操作人员不需要时时刻刻守在某一台设备前，只在需要的时候才去看管，可以提高劳动生产率。

总之，混合布置是企业车间内的一种常见设备布置形式，它使用一组用来加工相似产品的设备组合成一个小型的生产线，减少人员成本，提高生产效率，缩短生产周期。

六、生产作业过程的劳动组织设计

劳动组织是生产过程组织设计中的一个重要内容，就是将工作人员同设备以及工作协调安排，发挥最大效率的过程。企业在进行劳动组织工作时要做好以下工作。

1. 组织班内工作组

班内工作组是企业最基本的劳动组织形式。它是在劳动分工的基础上，以完成某项工作为目的，把互相协作的有关人员组织在一起的劳动团体，是生产班组内的基本劳动组合。它与作为一级行政组织的生产班组不完全相同，工作组的规模通常比生产班组小，一个生产班组往往包括几个工作组。

2. 建立生产轮班组织

生产轮班是指企业在生产作业工作日内，为保证作业活动协调持续进行，组织不同生产班次进行生产作业的形式。不同的企业要根据自己的工艺特点、生产任务、人员配置及其他有关生产条件，选择不同的轮班制度。企业的生产轮班制度，可分为单班制和多班制。

单班制是指每天只组织一班生产。它的组织工作比较简单，主要是促进不同工种之间的相互配合，充分利用工作班内的时间；多班制是组织两班或三班的生产。组织多班制的生产，要比单班制复杂一些。

3. 劳动定员

劳动定员是根据企业的产品特性和生产规模，在一定时期内和一定的技术组织条件下，确定企业各类人员的数量和质量。劳动定员是企业实行分工协作、明确岗位职责的重要手段，也是企业内部劳动调配的主要依据。

由于企业各类人员的工作性质不同，工作量和劳动效率表现形式不同，影响定员的因素也不同，在确定定员时可选用以下方法：

（1）岗位定员法。这种方法是按岗位定员、标准工作班次和岗位数计算编制定员，适用于大型装配型企业、自动流水线生产岗位以及某些岗位的定员。对于多岗共同操作的设备，其计算公式是：

班定员人数=共同操作的岗位生产作业时间总和/（作业时间-休息与生理需要的时间）

对于单人操作设备的工种，主要根据设备条件、岗位条件、实行兼职作业和交叉作业的可能性等因素来确定劳动定员。

（2）劳动效率定员法。这种方法是根据员工工作效率和劳动定额计算定员。用于能够用劳动定额表现生产工作量的一切工作或岗位。计算公式是：

定员人数=生产任务/（员工劳动定额×定额完成率×员工出勤率）

（3）经验比例定员法。这种方法是以服务对象的人数为基础，按定员的标准比例来计算编制定员。这种定员方法的前提，是待测岗位人员的数量随企业员工总数或某一类人员总数的增减而增减，具有比较固定的比例关系。

（4）设备定员法。这种方法根据完成一定的生产任务所必须运转的设备台数和班次，以及单机设备定员确定劳动定员。其计算公式是：

定员人数=（每台机器设备开动班次×机器设备台数）/（员工看管设备数×出勤率）

4. 配置生产单位

生产系统要想有效地运转，需要将生产系统分成若干个生产单位，每个生产单位配置一定的生产力要素，完成特定的某些功能，并占据一定的空间位置。不同的生产单位组织形式下有不同的工艺路线和不同的运输路线，所以有必要合理地配置生产单位。

总之，生产过程的劳动组织，就是在生产过程中合理地组织劳动者的劳动。合理的劳动组织可以协调劳动者之间以及劳动者与劳动工具、劳动对象之间的关系，充分调动劳动者的积极性，充分利用劳动时间和劳动资料，以提高劳动生产率。

第三节 企业生产系统运行管理

生产系统的运行管理是比较复杂的，它包括新产品开发、生产计划、生产调度、生产技术、产品质量以及生产作业管理等多方面的内容。本节仅讨论生产计划与技术管理的相关内容。

一、生产周期的确定

确定生产周期是生产计划管理的重要内容，生产周期如果制定得准确、合理，可以使生产作业活动衔接紧密，减少生产时间的无效损耗。

1.标准生产周期的确定

（1）工艺阶段生产周期的计算。以机械加工为例，一批零件工艺阶段的生产周期的计算公式如下：

$$T = \sum_{1}^{m} \frac{n \times t_0}{c \times s \times k_1} \times k_2 + \sum_{1}^{m} t_p + m \times t_q + t_t + t_s$$

式中：T——一批零件加工的生产周期；

m——车间内部零件的加工的工序数；

n——批量；

t_0——零件的工序单件工时定额；

c——每日有效工作时间；

s——执行定额完成系数；

k_1——预计定额完成系数；

k_2——工序之间的平行系数；

t_p——工序调整设备工具的时间；

t_q——平均每道工序的间断时间；

t_t——跨车间协作工序时间；

t_s——工艺规定的自然时效时间

（2）产品生产周期的计算。把各个工艺阶段的生产周期汇总起来，就是产品的生产周期。由于各个零部件的装配程序比较复杂，产品生产周期的确定，一般采用图表法。

根据零部件的工艺加工文件和产品的装配系统图，来确定零部件的工艺周期和各个零部件的组合情况。在绘制产品生产周期图时，要尽可能地使各个零部件的工艺加工阶段平行交叉地进行，以缩短整个产品的生产周期。为了防止生产脱节，在各个工艺阶段之间要留有必要的保险时间。

2.生产提前期的确定

生产提前期同标准生产周期有着密切的联系，它是在确定了各个生产环节的生产周期的基础上制定的。

（1）前后车间生产批量相等的情况下，提前期的确定

①投入提前期的计算。产品在最后一个加工车间的投入提前期，等于产品在该车间的标准生产周期。而其他任何一个车间的投入提前期都要比相应车间出产提前期再提早一个相应车间的标准生产周期。因此，计算投入提前期的一般公式如下：

车间投入提前期=本车间出产提前期+本车间标准生产周期

②计算出产提前期。产品在某车间的出产提前期，除了要考虑后车间的投入提前期以外，还需要加上与后车间之间必要的保险期。这是防备本车间可能发生出产误期情况而预留的时间，以及办理交库、领用、运输等所需要的时间。计算出产提前期的公式如下：

车间出产提前期=后车间投入提前期+保险期

③前后车间生产批量不等时，确定提前期。如果前后车间生产批量不等（呈简单倍数关系），计算各车间投入提前期的公式，仍与上述公式相同，即等于本车间出产提前期加上本车间标准生产周期。但是，在计算出产提前期时则有所不同。这是因为前车间批量大，出一批可供后车间几批投入之用。这时，车间出产提前期的数值就应比上述公式计算的结果要大一些，即要加上前后车间生产间隔期的差。

计算公式为：

车间出产提前期=后车间投入提前期+保险期（本车间生产间隔期-后车间生产间隔期）

由于批量相等，前后车间生产间隔之差等于零。所以，此计算公式在车间之间批量相等的情况下也同样适用。因而这是计算出产提前期的一般公式。

标准生产周期和出产提前期是生产作业计划的重要计量标准，对于组织各生产环节的紧密衔接，减少在制品占用量、缩短交货期限等方面有着重要的作用。

二、车间作业计划的编制

当企业的生产作业计划编制完成以后，需要将企业的生产任务分配到各个车间，编制车间的作业计划。这项工作可以由企业厂部管理人员编制，也可以由车间负责人编制。

1.车间作业计划的编制

把企业的生产任务分配到车间、工段以至小组的工作，首先是把企业的生产任务分解到车间，编制分车间的作业计划；然后，进一步把车间任务分解到工段以至小组，编制分工段或分小组作业计划。这两步工作的方法原理是相同的，差别只是计划编制的详细程度有所不同以及计划编制的责任单位（厂部或车间）有所不同。

（1）对象专业化的车间。每个车间分别独立完成一定产品的全部（或基本上全

部）生产过程，各个车间之间平行地完成相同或不相同的生产任务。在这种情况下，厂部编制车间作业计划的方法比较简单，基本上是按照各个车间既定的产品专业分工来分配生产任务。同时，也要考虑到各车间的生产能力负荷等状况，适当加以调整。

（2）工艺专业化的车间。各个车间是依次加工半成品的关系。在这种情况下，编制车间作业计划的方法比较复杂。分配备车间任务，既要能够保证企业的成品出产任务按期、按量地完成，又要确保各个车间之间在生产的数量和期限上衔接平衡。实现上述要求，就要从企业的成品出产任务出发，按照工艺过程的相反顺序，逐个地决定各个车间的生产作业计划。

2.车间作业计划的编制方法

由于企业的生产类型和其他情况不同，编制车间作业计划有下列多种方法。

（1）在制品定额法

用在制品定额与实际在制品结存量进行比较，就可以发现各生产环节之间有无可能发生脱节或过多地占用在制品的情况。按照在制品数量经常保持在定额水平上的要求，来计划各生产环节的投入和出产任务，就可以保证生产过程协调地进行。

①采用在制品定额法，是按照产品的反工艺顺序，从成品出产的最后车间开始，逐个往前推算的。计算各车间投入、出产任务的公式如下：

某车间出产量=后车间投入量+该车间外售量+（库存半成品定额-初期库存半成品预计结存量）

某车间投入量=该车间出产量+本车间计划废品量+（车间在制品定额-初期车间在制品预计结存量）

②最后工序车间的出产量，即企业的成品出产量。它与车间的半成品外售量一样，是根据生产计划任务来规定的。计划初期的库存半成品和车间在制品的结存量，一般采用编制计划时账面结存量加上预计将要发生的变化量来确定，到计划期开始时，再根据实际盘点数加以修正。编制车间作业计划，不仅要规定车间全月的总生产任务，而且要规定车间在计划期内的生产进度（用出产量表示）。大量流水生产企业，一般可以规定每日的生产进度。每日出产量可以是相等的，也可以是递增的，根据具体需要和可能的情况来决定。

（2）提前期法

提前期法，就是根据预先制定的提前期，转化为提前量，然后计算同一时间产品在各生产环节的提前量，来保证各车间之间在生产数量上的衔接。

①采用提前期法，生产的产品必须实行累计编号，所以又称累计编号法。所谓累计编号，是指从年初或从开始生产这种产品起，依成品出产的先后顺序，为每一件产品编上一个累计号码。由于成品出产号是按反工艺顺序排列编码的，因此，在同一时间上，某种产品的累计编号，越接近完成阶段，其累计编号越小；越是处于

生产开始的阶段，其累计编号越大。在同一时间上，产品在某一生产环节上的累计号数，同成品出产累计号数相比，相差的号数叫提前量。提前量的大小同产品的提前期成正比。它们之间的关系可以用以下公式来表示：

提前量=提前期×平均日产量

②具体计算过程。先计算产品在各车间计划期末应达到的累计出产和投入的号数，其计算公式是：

某车间出产累计号数=成品出产累计号数+该车间出产提前期定额×成品的平均日产量

某车间投入累计号数=成品出产累计号数+该车间投入提前期定额×成品的平均日产量

进一步计算各车间在计划内应完成的出产量和投入量。其计算公式为：

计划期车间出产（或投入）量=计划期末出产（或投入）的累计号-计划期已出产（或投入）的累计号数

最后，如果是严格地按照批量进行生产的话，则计算出的车间出产量和投入量，还应按各种零件的批量进行修正，使车间出产（或投入）的数量和批量相等或是批量的倍数。

提前期法适用于成批轮番生产的企业。在这类企业中，由于各种产品轮番上下场，各个生产环节结存的在制品的品种和数量经常一样，主要产品的生产间隔期、批量、生产周期和提前期都是比较固定的。

（3）生产周期法

①运用生产周期法规定车间生产任务，首先要为每一批订货编制一份产品生产周期进度表。这个进度表是单件小批生产企业主要的期量标准。有了它，就可以用来规定各车间的生产任务。

②其次，根据合同规定的交货期限以及该产品的生产周期进度表，为每一项订货编制一份订货生产说明书，其中规定该产品（或产品各成套部件）在各车间投入与出产的时间。

③根据订货生产说明书，编制月度作业计划。在编制计划时，将计划月份应该投入和出产的部分摘出来按车间归类，并将各批订货的任务汇总起来，这就是计划月份各车间的投入、出产任务。由于单件小批生产企业的生产不稳定，在发交车间计划任务表中，其进度要求往往比较概略，如按旬或周要求；另外各类设备和工种的负荷经常变化，所以摘出汇总的生产任务必须进行设备能力的负荷核算，经过平衡才能下达车间。

三、产品生产交货期的确定

确定产品生产交货期是以订货合同为基础，本着生产均衡、负荷均匀、合理利用生产能力的原则，使生产技术准备工作、原材料、外协件等供应时间与数量同出产进度的安排协调一致，避免供应与生产脱节，影响生产的正常进行。确定生产交货期的重要内容就是编制产品出产进度计划。其具体工作内容包括：

1.制定大量生产企业产品出产进度计划

大量生产的企业，产品品种少，产量大，而且比较固定。因此，这种类型的企业安排产品出产进度，主要是确定各月以至每日的产量。为了满足市场对各种产品存在的季节性要求，企业可用库存量来调节，考虑库存、生产和销售诸因素，进行安排决策。因此，可有下面几种安排方法。

（1）平均安排方法就是根据年生产总量，进行完全均衡的安排。具体计算方法和步骤是：

①按月列出一年的有效工作天数；

②确定日产量，即根据年计划生产总量和年有效工作日数进行计算；

日产量=年计划总产量/年有效工作日数

③根据日产量和各月有效工作日数安排各月的产量；

④列出生产日库存计划表。

（2）配合销售量变化安排法是根据各月的计划销售量的变化来安排生产任务。用这种方法安排生产任务，总库存量会很小，但当销售量存在季节性交化比较大时，必然会产生某些月份生产能力不足，因而必须采取加班加点等措施来解决。用这种方法可能会影响产品质量、增加工资支出等，但节约了流动资金。

2.制定成批生产企业产品出产进度计划

在成批生产情况下，产品品种较多，少数品种产量大，定期或不定期地轮番生产，产品数量、出产期限的要求各不相同。因此，成批生产企业产品出产进度安排，要着重解决不同时期、不同品种的合理搭配和按季、按月分配产品产量。

3.制定单件小批生产企业产品出产进度计划

单件小批生产企业，产品品种较多，而且是不重复生产或很少重复生产的。因此，在这类企业里，主要是根据用户的要求，按照订货合同来组织生产。

四、制作生产进度表

生产进度表是安排生产任务及其日历进度、检查和控制计划执行情况的图表。随着科学技术的迅速发展，工业企业生产规模日益扩大，生产过程也越来越复杂，许多企业都采用生产进度表的形式来进行生产控制，以有效地使用人力、物力、财力和时间。

1.编制大量大批生产的月度生产进度计划表

在大批大量生产的条件下，各个车间的分工及联系相对稳定。同一时期内，各车间分工协作地生产同一种或少数几种产品的半成品，只要解决各车间生产数量的协调问题，制定好在制品的定额，确定各车间投入量和出产量，明确车间的生产任务，就可以编制月度生产进度计划表。

（1）采用在制品定额计算车间的生产任务。车间出产量和车间产品外销量，是根据企业下达的任务和订货合同的要求来确定的。按计划规定的废品率计算车间可能发生的废品数。仓库半成品和车间在制品的期初预计数量，应当根据账面加上预计来确定。正式下达计划时，还要按实际盘点数量进行调整。

（2）车间任务安排好后，将计划任务按日进行具体分配，安排每日的生产量，编制月度生产进度计划表。

2.编制成批生产的月度生产进度计划表

成批生产任务的确定方式与大批大量生产任务确定的方式相同。成批生产的特点是在稳定的成批生产条件下，各车间或工段（小组）轮番地加工几种零件。一般为半月或一旬安排一个轮番，以保证均衡地完成全月的生产任务。

3.编制投入出产累计计划表

投入出产累计计划表是采用"提前期累计编号法"，通过对投入和出产累计数的计算，使车间在生产的期限和数量上进行衔接。

（1）先将预定的提前期转化为提前量，确定各车间在计划月份应该达到的投入累计数和生产累计数，然后减去各车间在上月已投入和生产的累计数，计算各车间当月应完成的投入数和出产数，据此编制"投入出产累计计划表"。

这里所说的"累计数"，是指从年初或开始生产这种产品时起所计算的累计数。按照预先制定的提前期标准，确定各车间在计划月份应该达到的出产和投入累计数的计算公式如下：

车间出产（或投入）累计数=最后车间出产（或投入）累计数+最后车间平均每日出产量×本车间出产（或投入）提前期

各车间计划期应完成的当月出产量和投入量按下式计算：

计划期车间出产（或投入）量=计划期末计划出产（或投入）累计数-计划期初已达到的出产（或投入）累计数

（2）计算出车间生产或投入量以后，还应依据各种零件的批量进行调整，使车间出产或投入的数量能够凑足合适批量。

4.编制零件工序进度和机床负荷进度表

这是企业生产任务落实到小组，安排小组生产任务的方法。对于生产稳定的小组可采用标准计划法来编制进度表。编制标准计划进度表时，既要尽量做到各种零件的工序平行交叉，以缩短生产周期，又要使各道工序的负荷平衡和相互衔接。

（1）按照规定的出产日期，由最后一道工序反向逐序安排，并首先安排好那些工序最复杂、劳动量最大、产量最多的主要零件，然后再安排那些工序简单、劳动量小、产量不多的次要零件。

（2）当机床负荷发生冲突时，以先主后次的顺序，进行妥善地调整。

（3）为便于简化计划安排工作，在实际工作中，常常只安排主要工序和主要零件的进度，其他工序和零件可采用适时分配的方法，利用机床的空闲时间安排生产。

5.编制生产周期进度表

根据订货的情况编制生产周期图表，用来规定各车间的生产任务。此方法适用于按订货安排生产的单件小批生产企业。

（1）在单件小批生产条件下，处理好品种多变与保持车间负荷均衡是企业编制生产作业计划的重要问题。由于单件小批生产数量不稳定、产品少、重复生产，所以只能按订货合同要求的完工日期，编制定货周期表，把生产技术准备和正常生产衔接起来，以保证按期交货。

（2）生产周期表的编制顺序，根据合同交货日期、各阶段生产周期、平行交叉作业等因素，按工艺过程和准备过程相反的顺序编制。

总之，企业的生产作业计划对日常生产活动做了周密而具体的安排，企业还应编制各种生产进度表对生产的进度及时监督和检查，如发现偏差，应及时进行调整。

五、生产进度的控制

生产进度控制是指对产品生产作业计划、车间作业计划和生产进度计划所进行的安排和检查，其目的在于提高效率、降低成本、按期生产出优质产品。

1.生产进度的静态控制

它是指从某一"时点"（日）通过各生产环节所结存的在制品、半成品的品种和数量的变化情况来掌握和控制生产进度。这是从数量方面（横向）控制进度的一种方法。

（1）控制范围包括在制品占用量的实物和信息（账目、凭证等）形成的全过程。具体范围有以下几方面：

①原材料投入生产的实物与账目控制；

②在制品加工、检验、运送和储存的实物与账目控制；

③在制品流转交接的实物与账目控制；

④在制品出产期和投入期的控制；

⑤产成品验收入库的控制等。

（2）控制方法主要取决于生产类型和生产组织形式

①成批和单件生产时，因产品品种和批量经常轮换，生产情况比较复杂。在此条件下，一般可采用工票或加工路线单来控制在制品的流转，并通过在制品账目来掌握在制品占用量的变化情况，检查是否符合原定控制标准。如发现偏差，要及时采取措施，组织调节，使它被控制在允许范围之内。

②大量大批生产时，在制品在各个工序之间的流转，是按一定路线有节奏地移动的，各工序固定衔接，在制品的数量比较稳定。在此条件下，对在制品占用量的控制，通常采用轮班任务报告单，结合生产原始凭证或报账来进行，即以各工作地每一轮班在制品的实际占用量，与规定的定额进行比较，使在制品的流转和储备量经常保持正常占用水平。

2. 生产进度的动态控制

它是从生产的时间、进度方面或从时间序列纵向进行观察、核算和分析比较，用以控制生产进度变化的一种方法，一般包括投入进度控制、出产进度控制和工序进度控制等。

（1）投入进度控制。指对产品开始投入的日期、数量、品种进行控制，以便符合计划要求。还包括检查各个生产环节，各种原材料、毛坯、零部件是否按提前期标准投入，设备、人力、技术措施等项目的投入生产是否符合计划日期。

（2）出产进度控制。指对产品（或零部件）的出产日期、出产提前期、出产量、出产均衡性和成套性的控制。出产进度控制，是保证按时按量完成计划，保证生产过程各个环节之间的紧密衔接、各零部件出产成套和均衡生产的有效手段。

（3）工序进度控制。在成批、单件生产条件下，由于品种多、工序不固定，各品种（零部件）加工进度所需用设备经常发生冲突，即使作业计划安排得很好，能按时投产，往往投产后在生产执行过程中一出现干扰因素，原计划就会被打乱。因此，对成批或单件生产只控制投入进度和出产进度是不够的，还必须加强工序进度的控制。

在生产作业计划的执行过程中，企业从厂部负责人一直到各段、小组负责人，都要重视生产进度的控制，时时监控生产计划的完成情况，发现问题及时进行调整，避免影响整个生产作业计划的完成。

第四节 准时制生产

一、准时制概述

1.准时制生产的含义。准时制生产方式（Just In Time,JIT）的概念，是1953年由日本丰田工业公司提出的。所谓准时制生产，是指在需要的时间和地点，生产必要的数量和完美质量的产品和零部件，以杜绝超量生产，消除无效劳动和浪费，达到以最少的投入实现产出最大化的目的。准时制的创立者认为，生产工艺的改进对于降低生产成本固然重要，但是当各企业的生产工艺雷同时，只有通过合理配置和使用设备、人员、材料等资源，才能较多地降低成本。准时制生产系统以准时生产为出发点，首先暴露出生产过量和其他方面的浪费，然后对设备、人员等资源进行调整，达到有效利用各种资源、降低成本、简化计划和提高控制的目的。

2.准时制生产方式的组成。准时制生产方式由准时生产的生产思想、准时生产系统设计与计划技术和准时制生产现场控制技术三部分构成。见图2.4所示。

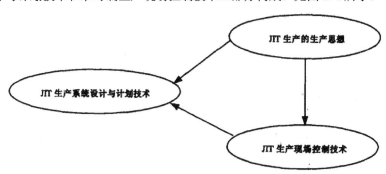

图2.4 JIT生产方式构成示意图

（1）准时生产的生产思想。只有在准时生产思想基础上，才能设计及规划准时生产系统，才能实施准时生产系统。

（2）准时生产系统设计与计划技术为创造应用看板的条件，在准时生产系统中，要进行广义的生产系统设计，包括市场、销售、产品设计、加工工艺、质量工程、工厂布局和生产管理等，以便于看板系统的实施。

（3）准时制生产现场控制技术。准时制生产的基本原则是在正确的时间、生产正确数量的零件或产品，即准时生产。它的基本原则与 MRP（一种以计划和控制为主体的计算机辅助企业管理系统，又称为制造资源计划）十分相似，但 MRP 是按主生产计划的要求，在需要的时间、地点生产需要的零部件，是受主生产计划"推动"的生产方式。而准时生产的零件仅在后续工序提出要求时才生产，是一种"拉动"的生产方式。它将传统生产过程中前道工序向后道工序送货，改为后道工序根据"看板"向前道工序取货。看板系统是准时生产现场控制技术的核心。但是准时生产不仅仅是看板管理，它是准时生产思想、准时生产系统设计与计划技术，以及看板生产现场控制的有机结合体。

3.JIT 方式的目标

JIT 生产方式的目标，是彻底消除无效劳动和浪费。具体要达到以下几个方面的目标：

（1）废品量最低。JIT 生产方式要求消除各种引起不合理的原因，在加工过程每一道工序都要求达到最好水平。

（2）库存量最低。JIT 生产方式认为，库存是生产系统设计不合理、生产过程不协调、生产操作不良的证明。

（3）准备时间最短。准备时间长短与批量选择相联系，如果准备时间趋于零，准备成本也趋于零，就有可能采用极小批量。

（4）生产提前期最短。短的生产提前期与小批量相结合的系统，应变能力强，柔性好。

（5）较少零件搬运，搬运量最低。零件送进搬运是非增值操作，如果能使零件和装配件运送量最少，搬运次数减少，可以书约装配时间，减少装配中可能出现的问题。

（6）机器损坏率低。

（7）批量小。

4.JIT 生产方式的原则

为了达到 JIT 生产方式的目标，JIT 对产品和生产系统设计考虑的主要原则，有以下三个方面：

（1）在当今产品寿命周期已大大缩短的年代，产品设计应与市场需求相一致，在产品设计阶段，应考虑设计出的产品要便于生产；

（2）尽量采用成组技术与流程式生产；

（3）与原材料或外购件的供应者建立联系，以达到 JIT 供应原材料及采购零部件的目的。

二、JIT 生产系统设计与计划技术

JIT 生产系统是建立在一系列"生产管理技术"基础之上的，这些技术包括：

1.设计易生产、易装配的产品

现代生产系统设计，受到经济与技术两方面的约束，如图 2.5 所示。

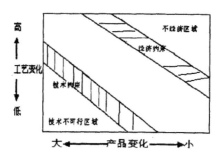

图 2.5　生产系统中的技术约束与经济约束

大批量生产利用专用设备，进行大量、高效率方式的生产。其加工工艺变化小，产品范围窄，处于图中阴影部分右下角。多品种中、小批量混合生产的产品范围大，每种产品生产量小，较多地应用通用设备，加工工艺变化大，处于图中阴影部分左上角。若想设计产品范围大、加工工艺变化小的生产系统，即应向图的左下角移动，但却会受到技术方面的约束。西方一些国家的厂家采用先进的技术，如计算机控制、柔性生产设备等来突破原有的技术约束，以达到上述目的。

2. 实现均衡生产

达到准时生产的基础是均衡化生产，即使产品物流在各作业间、生产线、各工序和企业之间平衡、均衡地流动。为达到均衡化，在 JIT 中采用月计划、日计划，并根据需求的变化及时对计划进行合理的搭配与调整。

（1）月计划

制定 JIT 月计划，即以主生产计划作为主要输入，根据三个月的生产计划和月需求预测，确定月生产的产品品种及每种产品的产量。一般来说，月计划的建议应在两个月之前提出，在生产前一个月确定，并将计划有关内容传输给协作厂（或供应者）。月计划确定后，可以将产量平均分配至每个工作日，形成每日平均产出量。其计划见表 1.6 所示。表中以 20 个工作日计，在一个月内生产总数为 4800 件，生产的产品系列为 A、B、C、D、E、F。

表 1.6　JIT 月计划表

产品	月需求	日平均产出
A	1200	60
B	400	20
C	1600	80
D	400	20
E	600	30
F	600	30
需求量	每月 4800 件	每天 240 件（4800 分钟）

（2）日计划

为了在日计划中均匀分布各种产品的生产，达到品种平均，在生产中常采用混流生产模式（混合流水线），即在一定时间内同时生产几种产品。混流模式有较好的柔性，但只有在产品相似，变换品种时基本上不需要重新调整设备与工艺装备时，才可能实行混流生产。例如根据表 1.6 的月生产计划制定，制定计划时，可以按每日生产要求先生产 60 件 A，接着生产 20 件 B，然后生产 80 件 C 等方式安排生产。也可以更进一步以较短时间间隔平均分配各产品品种的生产，如按 48 分钟为单位均匀分配作业，如表 1.7 这个分配过程多次分配，直到完成日均产量为止。这就是采用混流的生产模式，这样的日计划具有较高的柔性，当市场需求有变化时容易调整。按照实际需求调整日计划是 JIT 的思想。

产品	生产量
A	6
B	2
C	8
D	2
E	3
F	3
	每 48 分钟 24 件

表 1.7　JIT 生产作业表

3. 缩短生产提前期

一个产品的生产提前期有四个部分组成，即准备时间、加工时间、运输时间及排队时间。在批量生产中，排队时间和运输时间在整个产品提前期中占很大比重，经常占到 95％ 以上，其余不足 5％ 为准备时间与加工时间（包括检验在内）。排队和运输是生产中非增值的作业，在准备与加工时间也仅有 30％ 为增值的活动。要缩短产品提前期，就要缩短上述四部分的时间，尤其是要缩短占比重很大的非增值活动的时间。

4. 生产资源的合理利用

JIT 生产资源合理利用，包括劳动力柔性和设备柔性。

（1）劳动力柔性。当市场需求波动时，需求劳动力资源也作相应调整。如果需求量增加不大时，可通过适当调整具有多种技能操作者的操作来完成；当需求量降低时，可采用减少生产班次、解雇临时工、分配多余的操作工去参加维护和维修设备，参加质量循环会议等方法。

（2）设备柔性。JIT 在产品设计时就考虑加工问题，发展多功能设备使之能提供满足市场不同需求的加工能力。大批量生产所用的专用设备，可进行改装或加入一些工装、工具使之成为生产一定范围产品的多功能机器。多功能机器能支持 JIT 生产，有利于生产的稳定，这种概念的发展形成了柔性生产系统。

第五节 敏捷制造

一、敏捷制造

20 世纪 80 年代后期，美国意识到必须夺回在制造业上的优势，才能保持在国际上的领先地位。于是委托宾州里海大学的亚科卡研究所编写了一份《21 世纪制造企业战略》的报告。里海大学邀请了国防部、工业界和学术界的代表，建立了以 13 家大公司为核心的，有 100 多家公司参加的联合研究组，分析研究了美国工业界近期的 400 多篇优秀报告，提出了"敏捷制造"的概念，描绘了一幅在 2006 年以前实现敏捷制造模式的图画。敏捷制造目前尚无统一、公认的定义，一般可以这样认为：敏捷制造是在"竞争—合作／协同"机制作用下，企业通过与市场／用户、合作伙伴等方面的联合协同的组织形式。

二、敏捷制造的特点

敏捷制造的特点可以概括为，通过先进的柔性生产技术与动态的组织结构和高素质人员的集成，着眼于获取企业的长期经济效益；用全新的产品设计和产品生产的组织管理方法，来对市场需求和用户需求做出灵活和有效的响应。具体地讲，它有以下特点：

1. 从产品开发到产品生命周期的全过程满足用户要求

敏捷制造采用柔性化、规模化的产品设计方法和充足的工艺设备，使产品的功能和性能可根据用户的具体需要进行改变，并借助仿真技术让用户很方便地参与设计，从而很快地生产出满足用户需要的产品。它对产品质量的概念是，保证在整个产品生产周期内达到用户满意；企业的质量跟踪将持续到产品报废，甚至直到产品的更新换代。

2. 采用多变的动态组织结构

21 世纪衡量竞争优势的准则，在于企业对市场反应的速度和满足用户的能力。而要提高这种速度和能力，必须以最快的速度把企业内部的优势和企业外部不同公司的优势集中在一起，组成为灵活的经营实体，即虚拟公司。所谓虚拟公司，是一种利用信息技术打破时空阻隔的新型企业组织形式。它一般是某个企业为完成一定任务项目与供货商、销售商、设计单位或设计师，甚至于用户组成的企业联合体。选择这些伙伴的依据是他们的专长、竞争能力和商誉。这样，虚拟公司能把与任务项目有关的各领域的精华力量集中起来，形成单个公司所无法比拟的绝对优势。当既定任务一旦完成，虚拟公司即自行解体；当出现新的市场机会时，再重新组建新的虚拟公司。虚拟公司这种动态组织结构，大大缩短了产品上市时间，加速产品的改进发展，使产品质量不断提高，也能大大降低公司开支，增加收益。虚拟公司已被认为是企业重新建造自己生产经营过程的一个步骤，预计 10 年或 20 年之后，虚拟公司的数量会急剧增加。

3.战略着眼点在于获取长期经济效益

传统的大批量生产企业，其竞争优势在于规模生产，即依靠大量生产同一种产品，减少每个产品所分摊的制造费用和人工费用，来降低产品的成本。敏捷制造是采用先进制造技术和具有高度柔性的设备进行生产，这些具有高柔性、可重组的设备可以用于多种产品，不需要像大量生产那样要求在短期内回收专用设备及工本等费用，而且变换容易，可在一段较长时间内获取经济效益，所以它可以使生产成本与批量无关，做到完全按订单生产，充分把握市场中的每一个获利机会，使企业长期获得经济效益。

4.建立新型的标准基础结构，实现技术、管理和人的集成

敏捷制造企业需要充分利用分布在各地的各种资源，要把这些资源集中在一起，以及把企业中的生产技术、管理和人集成到一个相互协调的系统，必须建立新的标准基础结构来支持这一集成。这些标准基础结构包括大范围的通讯基础结构、信息交换标准等的硬件和软件。

5.最大限度地调动和发挥人的作用

敏捷制造提倡以"人"为中心的管理，强调用分散决策代替集中控制，用协商机制代替控制机制。它的基础组织是"多学科群体"，是以任务为中心的一种动态组合。也就是把权力下放到项目组，提倡"基于统观全局的管理"模式，要求各个项目组都能了解全局的远景，胸怀企业全局，明确工作目标和任务的时间要求，但完成任务的中间过程则由项目组自主决定，以此来发挥人的主动性和积极性。

三、敏捷制造的基础结构

虚拟企业生成和运行所需要的必要条件决定了敏捷制造基础结构的构成。一个虚拟公司存在的必要条件包括：物理基础、法律保障、社会环境和信息支持技术等4个方面，它们构成了敏捷制造的4个基础结构。

1.物理基础结构

物理基础结构是指虚拟企业运行所必需的厂房、设备、设施、运输、资源等必要的物理设施。这样考虑的目的是，当有一个机会出现时，为了抓住机会，尽快占领市场，只需要添置少量必要的设备，集中优势开发关键部分，而多数的物理设施可以通过选择合作伙伴得到，这样就可以实现敏捷制造。

对希望参与敏捷制造的企业来说，需要实现CIMS（即计算机集成制造系统），至少实现网络化，这样才能够将本企业的设备、人员、能力等情况，通过网络化，让具有核心资格的企业或公司能够查询到这些信息，以便进行伙伴选择，形成虚拟企业。企业运行中，可以通过网络接受或传送要加工的产品或服务需求的技术信息和数控程序，以及参与虚拟企业的管理等。

2.法律基础结构

法律基础结构也称为规则基础结构，是指虚拟企业运行所必需的遵循规则和国家关于虚拟企业的法律、合同和政策。具体来说，它规定出如何组成一个法律上承认的虚拟企业，如何交易，利益如何分享，资本如何流动和获得，如何纳税，虚拟企业破产后如何还债，虚拟企业解散后如何善后，人员如何流动等。由于虚拟企业是一种新的概念，它给法律带来了许多新的研究课题。

3.社会基础结构

虚拟企业要生存和发展，还需要社会环境，即由社会提供为虚拟企业服务的公共设施等。例如，虚拟企业经常会解散和重组，人员的流动是一个非常自然的事。因而人员需要不断地接受职业培训、不断地更换工作环境，这些都需要社会来提供职业培训、职业介绍的服务环境。

4.信息基础结构

这是敏捷制造的信息支持环境，包括能提供各种服务的网点、中介机构等一切为虚拟企业服务的信息手段。

第九章 创新中的企业市场营销管理

市场营销是企业生产经营的出发点和落脚点，是现代企业管理的重要组成部分。它是企业为了实现其目标而进行的市场营销的计划、组织及控制等活动。本章主要介绍市场营销的概念、市场分析、目标市场选择、市场管辖组合策略和市场营销的发展等内容。

第一节 企业市场营销管理概述

一、市场营销相关核心概念

1.市场营销

美国著名的营销学者菲利浦·科特勒对市场营销的核心定义进行了如下的描述："市场营销是个人或集体通过创造，提供并同他人交换有价值的产品，以满足其需求和欲望的一种社会和管理的过程。"市场营销的核心定义告诉了我们以下几个基本要点：

（1）市场营销的核心功能是交换。交换，是以提供某物作回报而与他人换取所需要物品的行为。交换活动存在于市场经济条件下的一切社会经济生活中。

（2）市场交换活动的基本动因是满足交换双方的需求和欲望。用市场营销的视角观察市场交换活动，顾客购买的是对某种需求和欲望的"满足"，企业产出的是能使顾客的这种需求和欲望的"满足"的方法或手段。

（3）市场营销活动的价值实现手段是创造产品与价值。"市场营销意味着企业应先开市场后开工厂"，整合各种可利用资源，创造出能使顾客的需求和欲望得到"满足"的方法或手段。

（4）市场营销活动是一个社会和管理过程，而不是某一个阶段。市场营销活动包括决策的过程和贯彻实施该决策的过程，需要全部工作的协调平衡才能达到目标。

2.需要、欲望、需求

（1）需要就是身心没有得到基本满足的一种感受状态。

（2）欲望是人们欲获取某种能满足自己需要的东西的心愿。

（3）需求是人们有支付能力作保证的欲望。

需求对市场营销最具现实意义，企业必须高度重视对市场需求的研究，研究需求的种类、规模、人群等现状，尤其是研究需求的发展趋势，准确把握市场需求的方向和水平。

3.产品

产品是满足人们各种欲望与需要的任何方法或载体。它分为有形产品与无形产品、物质产品与精神产品。对于产品来说，重要的并不是它们的形态、性能和对它们的占有，而是它们所能解决人们因欲望和需要而产生的问题的能力。

4.价值

价值是产品或服务所具有的、带给消费者并使消费者在消费过程中所感受到的满足程度，价值是人们满足欲望时的主观感受和评价。一般说来，消费者总是购买那些单位支出具有最大价值的产品。

5.交换

人们有了需要且对产品做出满意的评价，但这些还不足以定义营销。只有当人们决定通过交换来取得产品，满足自己的需要时，营销才会发生。交换是以某些东西从其他人手中换取所需要产品的行为，交换是定义营销的基础，市场交换一般包含五个要素：

（1）有两个或两个以上的买卖者；

（2）交换双方都拥有对方认为有价值的东西；

（3）交换取方都拥有沟通信息和向另一方传送货物或服务的能力；

（4）交换双方都可以自由接受或拒绝对方的产品；

（5）交换双方都认为值得与对方进行交换。

这五个条件满足以后，交换才可能发生。但是，交换是否真正发生，最终还取决于交换双方是否找到了交换的条件，或者说，交换双方是否能认同交换的价值。如果双方确认通过交换能得到更大的利益和满意，交换就会实际发生。

6.关系

应该指出的是交换不仅仅是一种交易，而且是建立关系的过程。精明的市场推销人员总是试图与顾客、批发商、零售商以及供应商建立起长期互利、相互信任的关系。关系营销的结果，是企业建立了一个营销网络，这种网络由公司及其他利益相关者所构成，包括顾客、员工、供应商、分销商、零售商、广告代理人等等。拥有完善的营销关系网络的企业，在市场竞争中就能取胜。

7.市场

现代经济学所说的市场是指一切交换关系的总和，包括卖主和买主，包括供求关系。市场营销学中的市场，则是指一切具有特定欲望和需求并且愿意和可能从事交换来使欲望和需求得到满足的潜在顾客所组成的消费者总体。市场营销学认为卖主构成行业，买主构成市场。所以，衡量一个市场的规模大小，有三个主要尺度：人口、购买欲望、购买力。现代社会由无数的市场组成，按商品的基本属性可划分为一般商品市场和特殊商品市场。

（1）一般商品市场。一般商品市场指狭义的商品市场，即货物市场，包括消费品市场和生产资料市场。

消费品市场是为个人提供最后的、直接的消费品的市场。其特点是：购买者人数众多，每个人都可以是消费品市场上的购买者。这就使得消费品市场广阔，设施分散，布局广泛；商品品种繁多，花色多样，规格齐全，并具有一定程度的差异性，如民族、地区、性别、年龄特色等；商品交易次数频繁，除批发业务外，一般每次交易的数量和金额较小；供求关系复杂多变，购买力流动性大；购买者容易受广告宣传促销活动的影响。

生产资料市场，是生产资料流通的场所，是提供生产资料以满足生产需要的市场。其特点是：生产资料市场上的购买者以各企业为主，企业需要的生产资料数量大、金额多，属大宗购买和固定购买，因而购买的次数少，使用周期较长。但生产资料商品的专用性强，技术服务要求高，购买者一般对商品的品种、规格、数量、质量、交货期、标准化等都有严格要求。

（2）特殊商品市场。特殊商品市场指为满足消费者的资金需要和服务需要而形成的市场，包括资本市场、劳动力市场和技术市场。对以上市场作分析时一般要研究消费者市场、产业市场和政府市场。

①资本市场是指证券融资和经营一年以上中长期资金借贷的金融市场，包括股票市场、债券市场、基金市场和中长期信贷市场等，其融通的资金主要作为扩大再生产的资本使用，因此称为资本市场。作为资本市场重要组成部分的证券市场，具有通过发行股票和债券的形式吸收中长期资金的巨大能力，公开发行的股票和债券还可在二级市场自由买卖和流通，有着很强的灵活性。

②劳动力市场就是指在劳动力管理和就业领域中，按照市场规律，自觉运用市场机制调节劳动力供求关系，对劳动力的流动进行合理引导，从而实现对劳动力的合理配置的机构。目前我国主要劳动力市场由以下几类就业机构构成：各级人事部门举办的人才交流中心；各类民办的人才交流中心；各级劳动社会保障部门举办的职业介绍所；各类民办的职业介绍所；政府有关部门举办的各类劳动力供需交流会；社区劳动服务部门；专门的职业介绍网站。

③信息技术市场是指信息商品进行交换或流通的场所。

二、市场营销系统

1.商场营销系统的含义

市场营销系统是指介入有组织的交换活动场所的一整套相互影响、相互作用的参加者、市场和流程。任何社会只要存在着社会大生产和商品经济，都必然存在着许多相互联结的市场营销系统。

根据市场营销系统的不同性质，营销系统可以从宏观和微观两个方面来进行考察。宏观即从社会的市场营销系统来组织整个社会的生产和流通，以达到社会生产与社会需要的平衡，满足社会全体成员的多样性需求，实现社会的目标。微观市场营销，即每个现代企业都需要通过市场营销系统来开展市场营销活动，以满足目标顾客的需要，实现企业的目标。

2. 宏观市场营销系统

（1）参与者子系统

①消费者。消费者一般是通过资源市场上出售生产资源，取得货币收入，然后用货币收入去购买自己所需要的产品。

②企业。它包括全国所有的企业。企业在资源市场上购买自己所需要的资源，从事各种货物和劳务的生产，然后在产品市场上出售，以取得货币收入。

③政府。它包括政府行政机构及全部职能机构。政府一方面从制造商及中间商购买产品以维持政府各职能部门的正常活动，另一方面又向企业及消费者征收各种税收，取得财政收入，同时又向企业及消费者提供各种服务。

（2）市场子系统

①要素市场。主要包括：自然资源市场、劳动力市场、资本市场、技术市场等。

②产品市场。主要指消费品市场，它是人们获得物质生活资料的主要场所，消费品市场的繁荣与否，消费品结构是否合理，直接影响消费者的需求。市场运行流程，如图2.6所示。

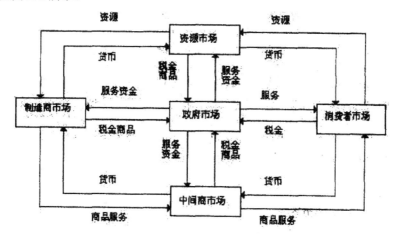

图 2.6 市场运行流程图

（3）流程子系统

主要包括资源流程，商品或劳务流程，货币流程及信息流程。流程子系统是关系到宏观市场营销及企业市场营销活动是否顺利地获得生产资源，获得生产经营所需的资金，收集到有关市场营销健康运行的信息以及保证产品顺利达到用户手中的重要部分。影响流程子系统运行的因素中，有两个方面的因素是不容忽视的：其一，先进的科学技术及先进的手段；其二，经济制度、经济管理体制是否合理。

3.微观市场营销系统

微观市场营销系统是指一个企业从事营销活动中而形成的一整套相互作用、相互影响、相互依存的参加者、市场和力量。微观市场营销系统是由企业、市场营销渠道企业、市场、竞争者、公众、宏观环境力量等诸多子系统构成的。

（1）企业。企业主要指参与市场营销活动的企业中的市场营销部门及各职能部门。在现代企业营销活动中，市场营销部门是把市场顾客需求变为企业盈利目标的核心部门，它在企业微观市场系统运行中起主导作用及起点作用。

（2）市场营销渠道企业。它主要包括资源供应商、中间商、便利交换和物质分配者。

①资源供应商是指为公司供应原材料、部件、能源、劳动力和资金等生产资源的供应者。

②中间商是指同特定生产企业发生购销关系的商人、中间商或代理中间商。

③便利交换和物资分配者。便利交换机构主要包括金融机构（如银行、保险公司等），广告代理商，市场营销调研公司，市场营销咨询公司等。物资分配者主要是指为工商企业实现产品间接移动的交通运输企业及公共货栈。

（3）市场。市场一般有五种基本类型即消费者市场、生产者市场、转卖者市场、政府市场和国家市场。现代企业在营销业务中，应根据五种不同类型的市场，研究消费者的需求特点及购买能力，结合企业自身的条件，合理确定经营目标，选择最佳的目标市场。

（4）竞争者。有市场就避免不了竞争。每一个企业在市场营销过程中面临着不同类型的竞争者，必须在竞争中时刻考虑到自己的顾客市场、渠道和竞争优劣势等。

（5）公众。指对一个组织实现其目标的能力有实际的或潜在的兴趣或影响的任何团体。一个企业的公众，主要有以下几种：金融公众，即那些关心和可能影响企业取得资金能力的任何集团，包括银行、投资公司、证券经纪行和股东等；媒介公众，如报纸、杂志、广播电台和电视台等大众媒介；政府公众，即负责管理企业的业务经营活动的有关政府机构；市民行为公众，包括消费者利益的组织，环境保护组织，少数民族组织等等；地方公众，如企业附近的居民群众、地方官员、一般群众、企业内部公众。企业在实践中，必须同各种公众搞好关系。

（6）宏观环境力量。包括人口力量、经济力量、生态力量、技术力量、政治力量和文化力量，这些是企业不可控制的因素，企业在营销决策时，必须全面考虑到这些不可控制的因素，善于抓住市场机会。

这里需要说明的是,营销与推销是两个不同的概念。两者的区别,见表1.8所示。

表1.8 推销和营销的区别

	推销	营销
营销重点	生产、销售产品以获取利润	满足顾客需求以获得长期利益
营销目的	让产品变成现金	让顾客满意,以培养顾客忠诚度
营销手段	单一的促销互动	整体营销
营销程序	厂商→顾客	顾客→厂商→顾客
营销理念	以产定销	以需定销
营销机构	由第一副总经理负责抓生产管理,由营销主管直接领导若干营销部门(可按地区或产品类别划分)	由第一副总经理全面负责市场调研和市场销售工作,下设市场调研部、产品销售部、广告推广部、客户服务部等几个职能部门

总之,推销(即为产品寻找销路)仅是营销的一个组成部分,且不是最主要的部分。营销以顾客的需求为出发点,注重的是企业的长期利益,体现了"以需定产"的现代经营观念;而推销则以卖方的需要为出发点,考虑如何把产品变成现金,体现的是"以产定销"的传统经营观念。营销工作的重点在于战略规划,推销是实施营销战略的手段和措施。

三、市场营销的内容与过程

1. 市场营销的内容

市场营销作为企业旨在满足市场有求,实现自身目标所进行的商务活动过程,它包括:市场调查与预测、营销环境分析、选择目标市场、消费者研究、新产品开发、价格制定、分销渠道抉择、产品储存与运输、产品促销、产品销售、提供服务等一系列与市场有关的企业经营活动。

现代市场营销的根本任务在于解决生产与消费的矛盾,使得生产者方面的各种不同供给与消费者方面各种不同需要相适应,实现生产与消费的统一。现代市场营销已经成为现代企业生产经营管理中不可分割的组成部分。

2. 市场营销的过程

市场营销管理过程包括如下步骤:分析市场机会、选择目标市场、设计市场销售组合和管理市场营销活动。

(1)分析市场机会。市场营销学认为,寻找和分析、评价市场机会,是市场营销管理人员的主要任务,也是市场营销管理过程的首要步骤。由于市场环境要素不断变化,市场需求处于动态的变化之中,每一个企业都必须经常寻找、发现新的市场机会。市场营销管理人员不仅要善于寻找、发现有吸引力的市场机会,而且要善于对所发现的各种市场机会加以评价,决定哪些市场机会能成为本企业有利可图的企业机会。

（2）选择目标市场。市场营销管理人员在发现和评价市场机会以及选择目标市场的过程中，要广泛地分析研究市场营销环境，进行市场营销研究和信息收集工作、市场测量和市场预测工作，据以决定企业应当生产经营哪些新产品，决定企业应当以哪个或哪些市场为目标市场。

（3）设计市场营销策略组合。市场营销策略组合是现代市场营销理论的一个重要概念。市场营销策略组合中所包含的主要是以下四个策略的整合应用：产品（Product）、渠道（地点）（Place）、价格（Price）、促销〔Promotion〕。由于这四个名词的英文字头都是P，所以市场营销策略组合又称为4P's组合。

（4）管理市场营销活动。企业市场营销管理过程的第四个主要步骤是管理市场营销活动，即执行和控制市场营销计划。这是整个市场营销管理过程的一个带有关键性的、极其重要的步骤。

四、市场营销观念的发展

市场营销观念是企业从事营销活动的指导思想和行为准则，它概括了一个企业的经营态度和思维方式。市场营销观念，一般来说，经历了六个不断演进的过程。

1.生产观念。这是一种最古老的经营观念。其基本指导思想是企业以改进、增加生产为中心，企业生产什么产品就销售什么产品，显然生产观念是一种重生产、轻市场营销的指导思想。

生产观念是在市场上商品供不应求的形势下产生的。企业着力于组织所有资源，集中一切力量提高生产效率，增加产量，降低成本，很少考虑顾客的具体需求，其一切经济活动以生产为中心，生产什么就卖什么，这时还谈不上市场营销。

2.产品观念。这也是一种古老的经营思想。其基本指导思想是，消费者或用户总是欢迎那些质量高、性能好、有特色、价格合理的产品，企业应致力于提高产品质量，只要做到物美价廉顾客就会找上门，无需大力推销。

产品观念与生产观念从本质上来看还是生产什么就销售什么，但二者又有所不同。产品观念是在产品供给不太紧缺的情况下产生的，它强调"以货取胜""以廉取胜"。

3.推销观念。这种观念认为，广大消费者一般不愿意购买非必要的商品，但如果企业采取适当的措施，重视和加强推销工作，激发消费者对企业产品的兴趣，有可能扩大产品销售。

推销观念是从"卖方市场"向买方市场的转折过程中产生的。当社会产品日益丰富，市场上出现某些产品供过于求时，许多企业认识到不能只抓生产，还应重视推销工作。推销观念是在生产观念的基础上发展起来的，其本质仍然是生产什么销售什么，即以生产为起点，先生产后推销，以产定销，仍然轻视市场营销。

4.市场营销观念。它是以企业的目标顾客为中心，集中企业一切资源和力量，适当安排市场营销为手段，以满足目标顾客的需要，扩大销售，获得利润，实现企业目标。

市场营销观念与推销观念不同，推销观念强调企业生产什么就推销什么，很少考虑消费者的需要，而市场营销观念正好把问题的逻辑颠倒过来，企业从目标顾客的需要出发，消费者需要什么产品，企业就应当生产、销售什么产品，实现了企业营销观念的革命性演变。

市场营销观念是在第二次世界大战后，特别是 20 世纪 50 年代以后逐渐形成和发展起来的。这一时期，一方面是由于西方发达资本主义国家的市场特别是消费品市场供过于求，买方市场的出现，市场竞争更加激烈。另一方面是战后主要资本主义国家由于科学技术的发展，产品的丰富，人民收入水平和文化生活水平的提高，人们的消费需求也出现了多样性的变化。此外，一些发达资本主义国家对管理科学研究的深入，市场营销经验的积累，使得企业在生产经营方面迈出了重大的一步。

5.社会营销观念。社会营销观念的基本指导思想是企业提供产品，不仅要满足消费者的需求与欲望，而且要符合消费者的长远利益和社会的长远发展，改善社会福利。企业在做市场营销决策时，必须全面兼顾企业利润、消费需要、社会利益三方面的统一。

社会营销观念产生于 20 世纪 70 年代，由于许多工商企业为牟取暴利，以虚假广告和伪劣产品损害消费者利益，回避了消费者欲望满足、消费者利益和长远的社会福利之间潜在矛盾；企业奉行"市场营销观念"往往会导致物质浪费、环境污染等弊病。正是在这种情况下，人们对"市场营销观念"进行了修正，提出了社会市场营销观念。

6.大市场营销观念。是指为成功进入和占领某特定市场而综合协调运用经济、心理、政治、公共关系等各方面的手段开展的市场营销活动。所谓特定市场是指壁垒很高的封闭或保守型市场。

进入 20 世纪 80 年代后，国际市场中贸易保护主义抬头，政府干预加强，从而使市场通道受阻。企业仅运用原有市场营销组合手段难以奏效，必须运用大市场营销组合手段，即在产品、价格、渠道、促销四要素（"4P"）之后，再加上权力和公共关系两要素。

总之，以上六种市场营销观念中的前三种可称之为传统营销观念，其出发点是产品，是以卖方的要求为中心的，其目的是将产品销售出去，以获取利润，这可以认为是一种"以生产者为导向"的经营观念；后三种现象又称为新型营销观念，其出发点是消费需求是以买方的要求为中心的，其目的是从顾客的满足之中获取利润，这是一种以"消费者为导向"的经营销售观念。

第二节 市场营销分析

市场营销分析采用的方法是市场细分。所谓市场细分，是指根据市场需求的多样性和消费者行为的差异性，把企业的一种产品或一系列产品的整体市场，化分为若干个具有相似特征的细分市场，然后对每一细分市场展开营销分析，以便选择企业市场营销活动的目标市场。

一、市场细分的意义

在一般情况下，一个企业不可能满足所有消费者的需求，尤其在激烈的市场竞争中，企业更应集中力量，有效地选择市场，取得竞争优势。市场细分化对于企业来讲，具有以下作用与意义。

1.有利于企业发现新的市场营销机会

市场机会，是指市场上客观存在的、尚未被满足的或未能得到充分满足的消费需求。这种纯粹意义上的市场机会是绝对存在的，就看企业如何去发掘它。做营销调查是一种不错的手段。

2.有利于企业制定及采用最佳的营销方案，更有效地开展营销活动

市场细分化，可以帮助企业明确自己在市场分配中的地位，哪些是企业有把握做的，根据实际情况制定营销方案，更有针对性地开展营销活动。

3.有利于提高企业的经济效益

由于把目标市场瞄得很准，集中力量发挥企业的长处，避免短处，集中使用有限的资源，有的放矢地针对目标市场，不仅可以降低成本，也可以提高竞争力，因此，可以取得可观的收益。

4.有利于满足消费者不断变化的各种消费需要

如果企业的产品都能具有相当大的针对性，并在此基础上不断挖掘创新，肯定能更好地满足消费者不断变化的各种需要，也能跟上时代发展与变化的要求。

二、市场机会的选择

1.环境机会与公司机会

环境机会是指环境变化中需求变化带来的机会。环境机会对不同的企业来说，并不一定都是最佳机会，只有环境机会中符合企业目标与能力，能发挥企业优势的市场机会，才是公司机会。

2.潜在的市场机会与表面的市场机会

对表面的市场机会企业容易寻找和识别。由于市场机会明显，能抓住机会的市场经营者也多，一旦超过了市场容量，这一机会不能为企业创造机会效益。潜在的市场机会由于识别与寻找的难度大，如果一旦抓住了这种机会，机会效益比较高。

因此，企业如何去发现、寻找和识别隐藏在某种需求背后的东西，对消费者本质的认识，是辨认这种市场机会的有效方法。

3.行业市场机会与边缘市场机会

行业市场机会是指出现在本企业所经营领域的市场机会；边缘市场机会是指在不同行业之间的交叉与结合部分出现的市场机会。行业市场机会在行业内部会遇到同业间的激烈竞争而失去或减弱机会利益；边缘市场机会往往是企业容易忽略的地方。在这些区域消费者的需要往往不能得到充分的满足，甚至还会出现一些新的需求。企业要重视边缘市场机会的开掘。

4.目前市场机会与未来市场机会

目前市场机会与未来市场机会两者之间并没有严格的界限，区别只在于时间的先后顺序和从可能转变为现实的客观条件是否具备。因此，企业需在取得大量数据资料基础上分析预测，随时注意观察环境变化的趋势，经常修改不合实际的预测，提高未来市场机会转化为现实市场机会的概率。

三、市场细分的条件与标准

1.市场细分的条件

（1）可衡量性。它是指用以细分市场的变数是可以衡量的，或者说为了将购买者分门别类地划分为不同的群体，公司必须能对购买者的特点和需求予以衡量。

（2）足量性。它是指细分市场的大小和利润值得单独营销的程度，即划分出来的细分市场必须是值得采取单独营销方案的最小单位。

（3）可接近性。它是指企业对细分出来的市场能进行有效促销和分销的程度，或获得该细分市场有关资料的难易程度。

（4）独特性。它是指细分出来的市场必须对市场营销计划有独特的反应，即用某种特定方法细分出来的各个细分市场，其成员对市场营销计划的反应必须是不同的。

2.市场细分的标准

消费品市场的细分标准，因企业不同而各具特色。但是有一些标准是共同的，即地理环境、人口状态、消费心理及行为因素等四个方面，各个方面又包括一系列的细分因素。

（1）地理环境。以地理环境为标准细分市场，就是按消费者所在的不同地理位置将市场加以划分，是大多数企业采取的主要标准之一。这是因为，这一因素相对其他因素表现得较为稳定，也较容易分析。地理环境主要包括区域、地形、气候、城镇大小、交通条件等。由于不同地理环境、气候条件、社会风俗等因素影响，同一地区内的消费者需求具有一定的相似性，不同地区的消费需求则具有明显的差异。按照国家、地区、南方北方、城市农村、沿海内地、热带寒带等标准来细分市场是必需的。但是，地理环境是一种静态因素，处在同一地理位置的消费者仍然会存在很大的差异。因此，企业还必须采取其他因素进一步细分市场。

（2）人口状态。这是市场划分惯用的和最主要的标准，它与消费需求以及许多产品的销售有着密切联系，而且这些因素又往往容易被辨认和衡量。人口状态包括的内容，见表1.9所示。

表1.9　按人口状态标准细分市场

分类标准	主要变量	营销要点
性别	男女构成	了解男女构成及消费需求特点
年龄	婴儿、儿童、少年、青年、成年、老年	掌握年龄结构、比重及各档次年龄的消费特征收入
收入	白领和蓝领；高收入、中高收入和低收入者	掌握不同收入层次的消费特征和购买行为
家庭生命周期	单身阶段、备婚阶段、新婚阶段、育儿阶段、空巢阶段、鳏寡阶段	研究各家庭处在哪一阶段、不同阶段消费需求的数量和结构
职业	工人、农民、军人、学生、干部、教育工作者、文艺工作者	了解不同职业的消费差异
文化程度	文盲、小学、中学、大学等	了解不同文化层次人群购买种类、行为、习惯及结构
民族	汉族、满族、回族、蒙古族等	了解不同民族的文化、宗教、风俗及不同的消费习惯

（3）消费心理。在地理环境和人口状态相同的条件下，消费者之间存在着截然不同的消费习惯和特点，这往往是消费者的不同消费心理的差异所导致的。尤其是在比较富裕的社会中，顾客购物已不限于满足基本生活需要，因而消费心理对市场需求的影响更大。所以，消费心理也就成为市场细分的又一重要标准。其中包括：

①生活方式。生活方式是人们对消费、工作和娱乐的特定习惯。由于人们生活方式不同，消费倾向及需求的商品也不一样。如美国一服装公司把妇女分为"朴素型"（喜欢大方、清淡、素雅的服装），"时髦型"（追求时尚、新潮、前卫），"有男子气质型"等三种类型，分别为她们设计制造出不同式样和颜色的服装。

②性格。不同性格购买者在消费需求上有不同特点。见表2.1所示。

表2.1 不同性格消费者类型

性格类型	消费需求特点
习惯型	偏爱、信任某些熟悉的品牌，购买时注意力集中，定向性强，反复购买
理智型	不易受广告等外来因素影响，购买时头脑冷静，注重对商品的了解和比较
冲动型	容易受商品外形、包装或促销的刺激而购买，对商品评价以直观为主，购买前并没有明确目标
想象型	感情丰富，善于联想，重视商品造型、包装及命名，以自己的丰富想象去联想产品的意义
时髦型	易受相关群体、流行时尚的影响，以标新立异、赶时髦为荣，购物注重引人注意，或显示身份和个性
节俭型	对商品价格敏感，力求以较少的钱买较多的商品，购物时精打细算、讨价还价

不少企业常常使用性格变量来细分市场，他们给自己的产品赋予品牌个性，以适合相应消费者个性。

③品牌忠诚程度。消费者对企业和产品品牌的忠诚程度，也可以作为细分市场的依据，企业借这一划分可采取不同的营销对策，见表2.2所示。

表2.2 顾客忠诚程度细分

忠诚程度类型	购买特征	销售对策
专一品牌忠诚者	始终购买同一品牌	用俱乐部制等办法保持老顾客
几种品牌忠诚者	同时喜欢几种品牌交替购买	分析竞争者的分布、竞争者的营销策略
转移忠诚者	不固定忠于某一品牌，一段时间忠于A，一段时间忠于B	了解营销工作的弱点
犹豫不定者	从来不忠于任何品牌	使用有力的营销手段吸引他们

（4）行为因素。行为因素是细分市场的重要标准，特别是在商品经济发达阶段和广大消费者的收入水平提高的条件下，这一细分标准越来越显示其重要地位。不过，这一标准比其他标准要复杂得多，而且也难掌握。

①购买习惯。即使在地理环境、人口状态等条件相同的情况下，由于购买习惯不同，仍可以细分出不同的消费群体。如购买时间习惯标准，就是根据消费者产生

需要购买或使用产品的时间来细分市场的。如新学期开学前学习用品热销，春节前副食品销售达到高峰，重阳节前各类保健食品吃紧。又如购买地点习惯，一般日用品人们愿意去超市、便利店购买，高档商品则去大店名店挑选，这就为各类零售企业市场定位提供了依据。

②寻找利益。消费者购买商品所要寻找的利益往往是各有侧重的，据此可以对同一市场进行细分。一般地说，运用利益细分法，首先必须了解消费者购买某种产品所寻找的主要利益是什么；其次要了解寻求某种利益的消费者是哪些人；再者要调查市场上的竞争品牌各适合哪些利益，以及哪些利益还没有得到满足。通过上述分析，企业能更明确市场竞争格局，挖掘新的市场机会。

五、市场细分的步骤

1.选择某种产品所形成的市场作为市场细分的对象。将要被细分的市场应该是企业正在生产经营或将要生产经营的产品所形成的市场。

2.列举现实和潜在消费者的基本需求。可以通过"头脑风暴法"，列举已选为市场细分对象的某种产品所形成的市场中的现实和潜在消费者的基本需求。

3.分析现实和潜在消费者的不同需求。根据人口变数做抽样调查，向不同的现实和潜在消费者了解：哪些需求对他们更为重要？这样就会导致细分市场的出现。

4.移去现实和潜在消费者的共同需求。市场细分标准考虑的是个性问题。共同需求固然重要，但不能作为市场细分的基础。

5.选择市场细分的标准。根据消费者对某种产品的需求差异特点，选择一个或两个以上的变量作为市场细分的标准。

6.审查市场细分标准。检查各个细分市场符合细分标准的情况，以便对各种细分市场进行必要的合并或分解，形成各具特色的并能产生规模效益的细分市场。

7.测量各细分市场的市场容量。就是对市场规模和性质、市场变数等综合起来加以分析，明确市场容量的大小。因为市场容量过于小的话，市场细分是没有什么实际意义的。

8.撰写市场细分研究报告或市场营销分析报告。这是对研究结果的总结性环节。一般包括这样一些内容：目录；调研目的；执行摘要；调研方法的简明阐述，结论和建议；详细介绍；详细分析和结果；详细的结论；详细的方法论；局限性；附录（如有必要）。

第三节 目标市场营销模式

目标市场，是指企业在市场细分的基础上，根据市场增量、竞争对手状况、企业自身特点所选定和进入的市场。作为企业的目标市场应具备这样几个条件：有足够的市场需求，市场上有一定的购买力；企业必须有能力满足目标市场的需求；在被选择的目标市场上，本企业具有竞争优势。

一、企业目标市场选择

在企业市场营销活动中，企业必须选择和确定目标市场。这是因为，首先，选择和确定目标市场，明确企业的具体服务对象，关系到企业市场营销战略目标的落实，是企业制定市场营销战略的首要内容和基本出发点；其次，对于企业来说，并非所有的细分市场都具有同等吸引力，都有利可图，只有那些和企业资源条件相适应的细分市场对企业才具有较强的吸引力，是企业的最佳细分市场。

1.确定目标市场

确定目标市场，就是对企业有吸引力的、有可能成为企业目标市场的细分市场进行分析和评估，然后根据企业的市场营销战略目标和资源条件，选择企业最佳的细分市场。确定目标市场，应从下列四个方面分析和评估细分市场：

（1）细分市场的规模及成长潜力。企业必须考虑的第一个问题是潜在的细分市场是否具有适度规模和成长潜力。"适度规模"是个相对的概念，大企业往往重视销售量大的细分市场，而小企业往往也应避免进入大的细分市场，转而重视销售量小的细分市场。细分市场的规模衡量指标，是细分市场上某一时期内，现实消费者购买某种产品的数量总额；细分市场成长潜力的衡量指标，是细分市场上在某一时期内，全部潜在消费者对某种产品的需求总量。这就要求企业首先要调查细分市场的现实消费者数量及购买力水平，其次要调查细分市场潜在消费者数量及购买力水平。

（2）细分市场的吸引力。细分市场可能具有适度规模和成长潜力，然而从长期赢利的观点来看，细分市场未必具有长期吸引力。细分市场吸引力的衡量指标是成本和利润。美国市场营销学家迈克尔·波特认为有五种群体力量影响整个市场或其中任何细分市场。企业应对这五种群体力量对长期盈利能力的影响做出评价。这五种群体力量是：同行业竞争者、潜在的新参加的竞争者、替代产品、购买者和供应商议价能力。细分市场内激烈竞争、潜在的新参加的竞争者的加入、替代产品的出现、购买者议价能力的提高、供应商议价能力的加强都有可能对细分市场造成威胁，失去吸引力。

（3）企业的市场营销战略目标和资源。细分市场可能具有适度规模和成长潜力，而且细分市场也具有长期的吸引力。然而，企业必须结合其市场营销战略目标和资源来综合评估。某些细分市场虽然有较大的吸引力，但不符合企业长远的市场营销战略目标，不能推动企业实现市场营销战略目标，甚至会分散企业的精力，阻止企业实现市场营销战略目标，因此，企业不得不放弃。细分市场可能也符合企业长远的市场营销战略目标，企业也必须对企业资源条件进行评估，必须考虑企业是否具备在细分市场所必需的资源条件。如果企业在细分市场缺乏必要的资源，并且缺乏获得必要资源的能力，企业就要放弃这个细分市场。如果企业确实能在该细分市场取得成功，它也需要发挥其经营优势，以压倒竞争者。如果企业无法在细分市场创造某种形式的优势地位，它就不应贸然进入。

2.确定目标市场的原则

企业在确定目标市场时，应遵循以下四个原则：

（1）产品、市场和技术三者密切关联。企业所选择的目标市场，企业的技术特长，生产符合目标市场需求的产品。

（2）遵循企业既定的发展方向。即目标市场的选择应根据企业市场营销战略目标的发展方向来确定。

（3）发挥企业的竞争优势。即应当选择能够突出和发挥企业特长的细分市场作为目标市场，这样才能利用企业相对竞争优势，在竞争中处于有利的地位。

（4）取得相乘效果。即新确定的目标市场不能对企业原有的产品带来消极的影响。新、老产品要能互相促进，实现同时扩大销售量和提高市场占有率的目的，从而使企业所拥有的人才、技术、资金等资源都能有效地加以利用，使企业获得更好的经济效益。

企业通过对不同细分市场的评估，就可确定一个或几个细分市场为其目标市场，即确定企业目标市场策略。

二、企业目标市场营销策略

根据各个细分市场的独特性和企业自身的目标，共有三种目标市场策略可供选择。

1.无差异市场营销策略

无差异市场营销策略，是指公司只推出一种产品，或只用一套市场营销办法来招徕顾客。当公司断定各个细分市场之间很少差异时，可考虑采用这种大量市场营销策略。无差异市场营销策略适用于少数消费者需求同质的产品；消费者需求广泛，能够大量生产、大量销售的产品；以探求消费者购买情况的新产品、某些具有特殊专利的产品。采用无差异市场营销策略的企业，一般具有大规模、单一、连续的生产线，拥有广泛或大众化的分销渠道，并能开展强有力的促销活动，投放大量的广告和进行统一的宣传。

无差异市场营销策略的优点是，有利于标准化和大规模生产，有利于降低单位产品的成本费用，获得较好的规模效益。因为只设计一种产品，产品容易标准化，能够大批量地生产和储运，可以节省产品生产、储存、运输、广告宣传等费用；不搞市场细分，也相应减少了市场调研、制定多种市场营销组合策略所要消耗的费用。

无差异市场营销策略的缺点是，不能满足消费者需求的多样性，不能满足其他较小的细分市场的消费者需求，不能适应多变的市场形势。因此，在现代市场营销实践中，无差异市场营销策略只有少数企业才采用，而且对于一个企业来说，一般也不宜长期采用。

2.差异性市场营销策略

差异性市场营销策略，是指公司根据各个细分市场的特点，相应扩大某些产品的花色、式样和品种，或制定不同的营销计划和办法，以充分适应不同消费者的不同需求，吸引各种不同的购买者，从而扩大各种产品的销售量。差异性市场营销策略适用于大多数异质的产品。采用差异市场营销策略的企业一般是大企业，有一部分企业，尤其是小企业无力采用。因为，采用差异市场营销策略必然受到企业资源和条件的限制。较为雄厚的财力、较强的技术力量和素质较高的管理人员，是实行差异市场营销策略的必要条件。而且随着产品品种的增加，分销渠道的多样化，以及市场调研和广告宣传活动的扩大与复杂化，生产成本和各种费用必然大幅度增加，需大量资源作为依托。

差异性市场营销策略的优点是：在产品设计或宣传推销上能有的放矢，分别满足不同地区消费者的需求；可增加产品的总销售量，减少经营风险，提高市场占有率；同时可使公司在细分小市场上占有优势，从而提高企业的经营效果，在消费者中树立良好的公司形象。

差异性市场营销策略的缺点，是会增加各种费用，如增加产品改良成本、制造成本、管理费用、储存费用。

3.密集性（集中性）市场营销策略

密集性（集中性）市场营销策略，是指公司将一切市场营销努力集中于一个或少数几个有利的细分市场，实行专业化生产和经营。密集性市场营销策略主要适用于资源有限的中小企业或是初次进入新市场的大企业。中小企业由于资源有限，无力在整体市场或多个细分市场上与大企业展开竞争，而在大企业未予注意或不愿顾及而自己又力所能及的某个细分市场上全力以赴，则往往容易取得成功。实行集中市场营销策略是中小企业变劣势为优势的最佳选择。

密集性市场营销策略的优点，是目标市场集中，有助于企业更深入地注意、了解目标市场的消费者需求，使产品适销对路，有助于提高企业和产品在市场上的知名度。集中市场营销策略还有利于企业集中资源，节约生产成本和各种费用，增加盈利，取得良好的经济效益。

密集性市场营销策略的缺点，是企业潜伏着较大的经营风险。由于目标市场集中，一旦市场出现诸如较强大的竞争者加入、消费者需求的突然变化等，企业就有可能因承受不了短时间的竞争压力，而立即陷入困境。因此，采用集中市场营销策略的企业，要随时密切关注市场动向，充分考虑企业对未来可能意外情况下的各种对策和应急措施。

上述三种目标市场策略各有优缺点，企业要采取哪种目标市场营销策略，取决于影响目标市场策略选择的各种因素。

三、影响企业目标市场策略选择的因素

企业选择目标市场营销策略应考虑这样几个方面的因素：企业实力、商品性质、市场性质、商品市场生命周期、竞争状况等。

1. 企业实力。如果企业实力较强，可根据产品的不同特性选择采用差异市场营销策略或无差异市场营销策略；如果企业实力较弱，无力顾及整体市场或多个细分市场，则可选择采用集中市场营销策略。

2. 商品性质。这里的产品性质是指产品是否同质，即产品在性能、特点等方面差异性的大小。如果企业生产同质产品，可选择采用无差异市场营销策略；如果企业生产异质产品，则可选择采用差异市场营销策略或集中市场营销策略。

3. 市场性质。这里的市场性质是指市场是否同质，即市场上消费者需求差异性的大小。如果市场是同质的，即消费者需求差异性不大，消费者购买行为基本相同，企业则可选择采用无差异市场营销策略；反之，企业则可选择采用差异市场营销策略或集中市场营销策略。

4. 商品市场生命周期。处在投入期和成长期初期的新产品，由于竞争者少，品种比较单一，市场营销的重点主要是探求市场需求和潜在消费者，企业可选择采用无差异市场营销策略；当产品进入成长期后期和成熟期时，由于市场竞争激烈，消费者需求差异性日益增大，为了开拓新的市场，扩大销售，企业可选择采用差异市场营销策略或集中性市场营销策略或保持原有市场，延长产品市场生命周期。

5. 企业的市场营销战略目标和资源。企业的目标市场策略应当与竞争对手的目标市场策略不同。如果竞争对手强大并采取无差异市场营销策略，则企业应选择差异性市场营销策略或密集性市场营销策略，以提高产品的市场竞争能力；如果竞争对手与自身实力相当或面对实力较弱的竞争对手，企业则可选择采用与之相同的目标市场策略；如果竞争对手都采用差异市场营销策略，企业则应进一步细分市场，实行更有效、更深入的差异市场营销策略或集中市场营销策略。

企业选择目标市场营销策略时，应综合考虑以上影响目标市场策略选择的因素，权衡利弊，综合决策。目标市场营销策略应保持相对稳定，但当市场营销环境发生重大改变时，企业应当及时改变目标市场策略。竞争对手之间没有完全相同的目标市场策略,企业也没有一成不变的目标市场策略。

四、企业目标市场定位

1.企业目标市场定位的含义

企业目标市场定位,是指企业根据所选定目标市场的竞争状况和自身条件,确定企业和产品在目标市场上特色、形象和位置的过程。市场定位的意义在于:

(1)市场定位就是根据所选定目标市场上的竞争者产品所处的位置和企业自身条件,从各方面为企业和产品创造一定的特色,塑造并树立一定的市场形象,以求在目标顾客心目中形成一种特殊的偏爱。这种特色和形象可以通过产品实体方面体现出来,如形状、构造、成分等,也可以从消费者心理上反映出来,如舒服、典雅、豪华、朴素、时髦等,或者由两个方面共同作用而表现出来,如价廉、优质、服务周到、技术先进等。

(2)市场定位,实际上是在已有市场细分和目标市场选择的基础上深一层次的细分和选择,即从产品特征出发对目标市场进行进一步细分,进而在按消费者需求确定的目标市场内再选择企业的目标市场。

(3)市场定位主要指本企业产品在目标市场的地位,研究的是以怎样的姿态进入目标市场,所以又叫产品定位。同时,定位就是要设法建立一种竞争优势,所以,市场定位又叫竞争定位。

2.目标市场定位策略

(1)差异性定位策略。企业一旦选定了目标市场,就要在目标市场上为其产品确定一个适当的市场位置和特殊印象。但在实际营销中,我们经常会发现这样一种情况,即在同一市场上出现许多相同的产品,这些产品往往很难给顾客留下深刻的印象。因此,企业要使产品获得稳定的销路,就应该使其与众不同、创出特色,从而获得一种竞争优势。差异性有以下几个方面的内容。

①产品实体差异化。产品实体差异化包括产品特色、产品质量、产品式样等方面,见表2.3所示。

表2.3　产品实体差异化举例

产品实体差异	内容	举例
产品特色	产品功能、技术含量、包装、服务	牙膏的防蛀、增白,IBM就是服务
产品质量	使用效果、耐用性能、可靠程度	M牌汽车更平稳、操作更容易、速度更快,永不磨损的××手表
产品样式	产品特有的样式、风格,对产品的展示方法	多面剃须刀、平面电视、超平电视

②服务差异化。当实体产品不易与竞争产品相区别时,竞争制胜的关键往往取决于服务。服务差异化包括送货、安装、用户培训、咨询、维修等方面。送货必须

准时、安全，这似乎已成为一个常识，但在实际活动中真正坚持做到这一点的企业并不多，而购买者往往选择那些能准时送货的供应商，设备买主常常希望获得良好的安装服务。随着产品本身在技术方面越来越复杂，其销售也越来越依赖于质量和附带的服务，正是由于这样考虑，许多公司对服务的重视程度并不亚于对产品质量的重视。

不同行业的服务有不同的内容，也有不同的重点。因而企业应首先对服务事项进行排列，进而确定重点选择。以零售业为例，典型零售服务事项有以下内容，见表2.4所示。

表2.4　零售业服务项目

售前服务	售后服务	附加服务
承接电话订货	送货	支票付款
广告	常规包装	一般性解答
初创展览	礼品包装	免费停车
内部展览	调试	餐厅
试衣间	退货	修理
营业时间	换货	内部装潢
时装展览	安装	休息室
折价以旧换新	货到付款	代客照顾小孩

在确定了服务事项后，根据顾客的需求、企业自身特点以及竞争对手策略，来确定服务差异性定位。

③形象差异化。即使产品实体和服务都与竞争企业十分相似，顾客依然可能接受一种企业产品形象的差异化。如大多数香烟味道差不多，万宝路烟借助其"西部牛仔"形象夺得一定的市场份额。

企业在实施差异性定位过程中，应注意以下几点：

从顾客价值提升角度来定位。产品差异化的基础是消费需求的差异化，顾客也因此为各种产品或服务所吸引。消费需求是产品差异化的前提，没有前者也就没有后者，企业不能为了差异化而差异化，每一个差异化定位首先要考虑消费者是否认可，是否使用本企业产品所获得的价值高于其他产品。

从同类企业特点的差异性来定位。同行企业中每个企业都有它的特殊性，当一个企业特点是其他企业所不具备的，这一差异性即可成为定位的依据，如我们轿车很多，但为什么市场占有率会有这样大的反差？上汽为什么能独占整头？关键是上汽有一个全国性的销售网络和服务网络，因而，"便利"就成为上汽公司产品定位的要点之一。

差异化应该是可以沟通的，是顾客能够感受到的，是有能力购买的。否则，任何差异性都是没有意义的。

差异性不能太多，当某一产品强调特色过多，反而失去特色，也不易引起顾客认同。

（2）重新定位策略

①因产品变化而重新定位。这是因产品进行了改良或产品发现了新用途，为改变顾客心目中原有的产品形象而采取的再次定位。

因产品变化而重新定位。有的产品由于市场竞争等原因，不断地否定自己，又不断地对产品进行改良。当改良产品出现后，其形象、特色等定位也随之改变。

因产品发现新功能而重新定位。许多产品在投入使用过程中会超出发明者当初的设想而发现一些新用途，为了完善产品的形象，扩大市场，产品需要重新定位。

②因市场需求变化而重新定位。由于时代及社会条件的变化以及顾客需求的变化，产品定位也需要重新考虑。如人们生活富裕了，要养生，要保健减肥，因而希望食品中糖分尽量少些。某一品牌奶粉在 20 世纪 50～60 年代针对消费者喜爱强调含糖分，进入 80 年代则强调不含糖分，正好迎合人们"只要健康不要胖"的心理。

③因扩展市场而重新定位。市场定位常因竞争双方状态变化、市场扩展等而变化。美国约翰逊公司生产的一种洗发剂，由于不含碱性，不会刺激皮肤和眼睛，市场定位于"婴幼儿的洗发剂"。后来，随着美国人口出生率的降低，婴幼儿市场日趋缩小，该公司改变定位，强调这种洗发剂能使头发柔软，富有色泽，没有刺激性。

（3）比附定位策略

比附定位是处于市场第二位、第三位产品使用的一种定位方法。当市场竞争对手已稳坐领先者交椅时，与其撞得头破血流，不如把自己产品比附于领先者，以守为攻。

第四节 企业市场营销组合策略

一、企业市场营销组合概述

企业市场营销组合，是指企业针对目标市场综合运用各种可能的市场营销策略，优化组合成一个系统化的整体营销策略，以实现企业的经营目标，取得最佳的经济效益。企业市场营销组合大致可分为四组变量：即 4P——产品（Product）、价格（Price）、渠道（Place）和促销（Promotion）。4P's 的精华在于 4P 必须协调与动态调整，并使企业具有较强的动态控制能力，而且不同的企业应当有不同的营销组合方案。

在现代市场经济条件下，传统的企业 4P 组合策略有了新的变化。首先，由于电子商务等的出现，地域和范围的概念已失去原有的意义；其次，企业的宣传和销售渠道已有了统一到互联网上的趋势；第三，企业在剔除了商业成本后，产品的价格将大幅度降低等；第四，企业的营销活动已不再是单纯的产品供应，而是要满足顾客的欲望和需求；第五，研究顾客的目的不是为了单纯地制定价格策略的需要，而是研究顾客为满足自己的需要所愿意负担的成本；第六，企业考虑营销渠道的目的，不是单纯地考虑渠道本身，而是如何方便顾客的购买；第七，企业不再简单地向顾客促销商品，而是与顾客进行双向沟通。于是，企业市场营销策略就由 4P's 策略向 4C's 策略转变。如表 2.5 所示。

表 2.5　4P's 策略与 4C's 策略

4P's 策略	4C's 策略
Product 产品	Customer 顾客
Price 价格	Cost 成本
Place 渠道	Convenience 便利
Promotion 促销	Communication 沟通

二、市场营销组合的内容

1.4P's 组合策略

4P's 组合策略，包括四个基本策略，分别是：产品策略、价格策略、渠道策略和促销策略。

（1）产品组合策略

从市场营销学的意义上讲，产品的本质是一种满足消费者需求的载体，或是一种能使消费者需求得以满足的手段。由于消费者需求满足方式的多样性所决定，产品由实体和服务构成，即产品=实体+服务。而且市场营销强调的是产品的整体概念，即消费需求的不断扩展和变化使产品的内涵和外延不断扩大。从内涵看，产品从有形实物产品扩大到服务、人员、地点、组织和观念；从外延上看，产品从实质产品向形式产品、附加产品拓展。为此，我们应以发展的眼光，联系消费者需求和企业间的产品竞争，从整体上对产品进行研究，这就是营销学提出的产品的整体概念。见图 2.7 所示。

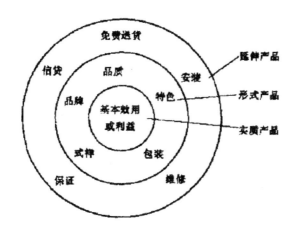

图 2.7 市场营销学中产品的整体概念

①实质产品，即向消费者提供产品的基本效用和性能，是指消费者需求核心部分，是产品整体概念中最主要的内容。消费者购买产品，并不是为了获得产品本身，而是为了获得满足自身某种需要的效用和利益。企业的产品生产或营销经营活动，首先考虑能为消费者提供哪些效用和功能，并且着眼于产品的这些基本效用和性能上。

②形式产品。是指产品的本体，是核心产品借以实现的各种具体产品形式，即向市场提供的产品实体的外观。而外观是指产品出现于市场时，可以为消费者识别的面貌，它一般由产品的质量、特色、品牌、商标、包装等有形因素构成。企业在产品设计时，应着眼于消费者所追求的基本利益，同时市场营销人员也要重视如何以独特的形式将这种利益呈现给消费者。因为形式产品的各种有形因素虽然不全部都直接进入产品的使用过程，但也间接影响消费者对产品的满足程度和评价。

③附加产品。是指消费者购买产品时随同产品所获得的全部附加服务与利益，它包括提供信贷、免费送货、安装调试、保养、包换、售后服务等。附加产品是产品整体概念中的一部分，是因为消费者购买产品就是为了需要得到满足，即希望得到满足其需求的一切东西。在现代市场经济中，特别在同类或同质产品中，附加产品有利于引导、启发、刺激消费者购买、重复购买和增加购买量。正如美国学者西奥多·莱维特所指出的："新的竞争不是发生在各个公司的工厂生产什么产品，而是发生在其产品能提供何种附加利益，如包装、服务、广告、顾客咨询、融资、送

货、仓储以及具有其他价值的形式。"由此可见，企业要增强竞争优势，应着眼于比对手提供更多的附加产品。实质产品、形式产品和附加产品作为产品的三个层次，构成产品整体概念，是不可分割的一个整体。其中，核心产品是实质，是根本，它必须转化为形式产品才能得以实现；在提供产品的同时，还要提供广泛的服务和附加利益，形成附加产品，提高企业的竞争力。产品的整体概念这一原理告诉我们，没有需求就没有产品，通过对产品整体概念三个层次的内容进行不同的组合，可以满足不同消费者对同一产品的差异性的需求。消费者对产品质量的评价是从产品整体概念的角度进行的，因而不同企业产品质量的竞争实质上是产品整体概念的竞争。

产品组合策略（Product Mix Decisions），是指一个企业所能提供给消费者的全部产品大类（产品线）和产品项目的组合，或叫做产品的各种花色品种的配备。产品大类（Product Line），又称产品线，是指密切相关的一组产品，因为这些产品以类似的方式发挥功能，售予同类顾客群，通过同一种的渠道出售，售价在一定的幅度内变动。一个企业的产品组合具有一定的宽度（width）、长度（Length）、深度（Depth）和关联性（Consistency）。宽度是指一个企业有多少产品大类（产品线）；长度是指一个企业的所有产品线中所包含的产品项目的总和；深度指产品线中每种产品所提供的花色品种规格的多少；关联性指一个企业的各个产品线在最终使用、生产条件、分销渠道或其他方面的相关联的程度。

企业可以从四个方面去发展自己的业务：①宽度，增加新的产品线，拓宽产品组合，新的产品线可以利用公司过去的声誉；②长度，延伸现有产品线，使企业产品线更加充实；③深度：增加产品的款式，从而增加公司产品组合的深度；④关联性：加强（或削弱）产品线的关联性，这主要看公司的重点是在一个领域还是多个领域。

（2）价格组合策略

马克思经济学把价格定义为——商品价格是商品价值的货币表现形式。西方经济学认为均衡价格是需求等于供给时的价格，是需求曲线与供应曲线相交点所在的价格。但无论对价格如何定义，在现在激烈的市场竞争中，定价策略是企业争夺市场的一个重要武器，是企业营销组合策略的重要组成部分。在4P中，价格是唯一产生收入的因素，其他3P只表现为成本。现将定价的基本策略（Pricing Strateges）介绍如下：

①新产品的定价策略

市场撇脂定价法，是指在产品生命周期的最初阶段，把产品的价格定得很高，以获取最大利润。这种定价方法适用于市场有足够的购买者，他们的需求缺乏弹性，即使把价格定得很高，市场需求也不会大量减少。其优点在于高价带来的利益可弥补成本，高价经营没有竞争者，会产生产品是高档的印象。

市场渗透定价法，是指把创新产品的价格定得相对较低，以吸引大量顾客，提高市场占有率。渗透策略的优点是可以占有比较大的市场份额，通过提高销售量来获得企业利润，也较容易得到销售渠道成员的支持。同时，低价低利对阻止竞争对手的介入有很大的屏障作用。其不利之处在于定价过低，一旦市场占有率扩展缓慢，收回成本速度也慢。有时低价还容易使消费者怀疑商品的质量保证。

满意定价法，这是一种介于撇脂定价和渗透定价之间的折衷定价策略，其新产品的价格水平适中，同时兼顾生产企业、购买者和中间商的利益，能较好地得到各方面的接受。这种定价策略既能保证企业获得合理的利润，又能兼顾中间商的利益，还能为消费者所接受。这种价格策略的优点在于：满意价格对企业和顾客都是较为合理公平的，由于价格比较稳定，在正常情况下盈利目标可按期实现。其缺点是：价格比较保守，不适于竞争激烈或复杂多变的市场环境。这一策略适用于需求价格弹性较小的商品，包括重要的生产资料和生活必需品。

②产品组合定价策略

◆产品系列定价，即在产品系列的产品间，设立系列价格差别。

◆备选产品定价，即为与主体产品一起售出的备选产品和附加产品定价。

◆附属产品定价，即为必须与主体产品一起使用的产品定价。

◆副产品定价，为副产品制定低价，以便售出。

◆成组产品定价，为成组销售的产品定价。

③产品价格调整的策略

企业为产品定出基本价格后，在营销过程中还需要根据市场供求情况、服务对象和交易条件等因素的变动，调整价格，以适应不同消费者和变化着的形势。其策略有：

◆折扣和折让定价，即对消费者提前付款或响应促销等行为给予回报，降低价格。

◆现金折扣，这是企业给那些当场付清货款顾客的一种减价措施。

◆数量折扣，这是企业给那些大量购买某种产品的顾客的一种减价措施。

◆功能折扣，也叫贸易折扣，是企业给某些批发商或零售商的一种额外折扣。

◆季节折扣，是公司给那些购买过季商品或服务的顾客的一种减价。

◆折让，这是另一种类型的价目表的减价（以旧换新折让）。

④心理定价策略

◆声望定价，是指企业利用消费者仰慕名牌或名店的声望所产生的某种心理来制定商品的价格，故意把价格定成整数或高价。

◆尾数定价又称奇数定价，即利用消费者对数字认识的某种心理制定尾数价格，使消费者产生价格比较低廉且信任的感觉。

◆招徕定价，即利用部分顾客求廉的心理特意将某几种商品的价格定得较低以吸引顾客。

◆参照定价，就是当购买者观察一个产品的时候，脑子里所想的价格。

（3）渠道组合策略

渠道，是指某种货物和劳务从生产者向消费者转移时取得这种货物和劳务的所有权或帮助转移其所有权的所有企业和个人。作为商品的提供者和接收者，生产企业和消费者分别处于分销渠道的两个端点。

确定渠道模式，即决策渠道的长度。首先要根据影响渠道的主要因素，决定采取什么类型的营销渠道，是派销售人员上门推销或自设销售商店的短渠道，还是选择通过中间商的长渠道，以及通过什么规模和类型的中间商，渠道选择模式首先要确定渠道的长度。一般认为，生产者—批发商—零售商—消费者（包含两个中间层次）的模式，是比较典型的市场营销渠道类型。当然，营销渠道的长与短只是相对而言，因为随着营销渠道长短的变化，其产品既定的营销职能不会增加或减少，而只能在参与流通过程的机构之间转移或替代。通常选择中间商的策略有：

①密集分销策略。实施这一策略的企业尽可能多地通过批发商、零售商销售其产品，使渠道尽可能加宽。密集分销策略的主要目标是扩大市场覆盖面，使消费者和用户可以随时随地买到商品。

②独家分销策略。实施此策略的企业在一定区域仅通过一家中间商经销或代销，通常双方协商签订独家经销合同，独家经销公司在享有该产品经销的特权下，其经营具有排他性，制造商规定经销商不得经营竞争产品。独家经销是一种最极端的形式，是最窄的分销渠道，通常是对某些技术强的耐用消费品、名牌商品及专利产品适用。独家经销对生产者的好处是有利于控制中间商，提高中间商的经营水平，加强产品形象，并可获得较高的利润率。

③选择性经销策略。这是介于密集分销和独家分销之间的销售形式，即生产厂家在某一销售区域精选几家最合适的中间商销售公司的产品。这种策略的特点是：比独家经销面宽，有利于开拓市场，展开竞争；比密集分销面窄，有助于厂商对中间商进行控制和管理，同时还可以有效地节省营销费用。这一策略的重点在于着眼稳固企业的市场竞争地位，维护产品在该地区的良好声誉。同时，促使中间商之间彼此了解，相互竞争，能够使被选中的中间商努力提高销售水平。

（4）促销组合策略

促销，是指公司利用各种有效的方法和手段，使消费者了解和注意企业的产品，激发消费者的购买欲望，并促使其实现最终的购买行为。促销实质上是企业与消费者之间的信息沟通活动，通过这种沟通消费者最终认可了企业的产品，而企业则销售了它们的产品。常用的促销方式有：人员推销、广告、销售促进（营业推广）和公共关系。促销可以分为"推"和"拉"两种策略：

①推式策略，就是企业把产品推销给中间商，中间商再把产品推销给零售商，最后零售商把产品推销给消费者。这种方式中，促销信息流向和产品流向是同方向的。因而人员推销和营业推广可以认为是"推"的方式。采用"推"的方式的企业，要针对不同的产品、不同的对象，采用不同的方法。

②拉式策略，就是企业不直接向中间商和零售商做广告，而是直接向广大顾客做广告。把顾客的消费欲望刺激到足够的强度，顾客就会主动找零售商购买这些产品。购买这些产品的顾客多了，零售商就会去找中间商。中间商觉得有利可图，就会去找生产企业订货。采用"拉"的方式，促销信息流向和产品流向是反向的。其优点就是能够直接得到顾客的支持，不需要去讨好中间商，在与中间商的关系中占有主动。但采用"拉"的方式，需要注意中间商（主要是零售商）是否有足够的库存能力和良好的信誉及经营能力。

推式策略和拉式策略都包含了企业与消费者双方的能动作用。但前者的重心在推动，着重强调了企业的能动性，表明消费需求是可以通过企业的积极促销而被激发和创造的；而后者的重心在拉引，着重强调了消费者的能动性，表明消费需求是决定生产的基本原因。企业的促销活动，必须顺乎消费需求，符合购买指向，才能取得事半功倍的效果。许多企业在促销实践中，都结合具体情况采取"推""拉"组合的方式，既各有侧重，又相互配合。

2.4C's 组合策略

1990 年，美国北卡罗莱纳大学教授劳特鹏在《广告时代》杂志上发表的文章中，提出用 4C's 取代传统的 4P's 论的观点，4C's 的含义为：消费者（Customer）需求，是指企业要生产消费者所需要的产品而不是买自己所能制造的产品；消费者愿意付出的成本（Cost），是指企业定价不是根据品牌策略而是要研究消费者的收入状况、消费习惯以及同类产品的市场价位；为消费者所提供的方便（Convenience），是指销售的过程在于如何使消费者快速便捷地买到该产品，由此产生送货上门、电话订货、电视购物等新的销售行为；与消费者的沟通（Communication），是指消费者不只是单纯的受众，其本身也是新的传播者，必须实现企业与消费者的双向沟通，以谋求与消费者建立长久不散的关系。4C's 理论认为：

（1）产品与顾客是对应的。产品，是营销中"销"的对象，现已开始意识到顾客所要购买的不是产品，而是产品所能带给他的好处。4C 中第一项是顾客，是 4C 的核心所在。

（2）价格与成本是对应的。价格这一因素为成本所代替，是因为大家逐渐认识到价格的最根本因素在于成本。如果降低成本，利润会更多，而营销就是通过做生意，追求利润的最大化。如果对产品定位越难确，其成本会越低。一般应进行：消费群体定位、产品定位、价格定位、市场定位和广告定位。如果这五点定位能做好，产品本身的成本就可以降到较低的一种水平。

（3）渠道与便利性是对应的。4P 中渠道主要还只是简单地想知道消费者得到信息的渠道从而加强广告宣传。4C 中升级为便利性，主要考虑消费者得到信息和产品的便利性。此信息包括我们所说的广告定位。广告定位的越好，设想中的理想消费群体便可以最快的速度、最便利的方式获得想要得到的信息。

（4）促销与沟通是对应的。沟通可以说是对 4P 中促销的延续，或是说提升。沟通的要点在于互动性，如果没有很好的互动性，便只是最简单的推销，而且也只是单方面的，而不是双向互动的。现在将沟通列为四因素之一，主要关注的是消费群体的忠诚度和品牌的核心竞争力。所以说从促销到沟通，主要是对买卖双方互动，而互动也将是未来发展的必然方向。

第五节 市场营销理论的新发展

21 世纪是市场营销发展史上具有划时代意义的年代，新的营销理论、方法、技术不断涌现，特别是 Internet 技术在市场营销领域的应用使市场营销理论有了新的发展。表现为：从关注盈利性交易向关注顾客终身价值转变；从以企业价值最大化为目标向以顾客满意为目标转变；从传统的依靠单一营销向整合营销转变；从提供标准化服务向提供定制化服务转变；从营销人员从事营销向公司里人人关注营销转变等。同时也提出了一些新的市场营销概念。简要介绍如下。

一、顾客让渡价值

顾客让渡价值，是指顾客总价值与顾客总成本之间的差额。其中，顾客总价值是指顾客购买某一产品与服务所期望获得的一组利益。它主要包括：产品价值、服务价值、人员价值、形象价值。顾客总成本是指顾客在购买某种产品或接受某种服务时的总支出，顾客总成本主要由以下成本构成：货币成本、时间成本、精神成本、体力成本。

顾客在购买过程中首选那些顾客让渡价值最大的商品或服务。企业在以顾客让渡价值为理念开展市场营销工作的过程中，应当注意以下几点：

第一，顾客是把购买总价值和总成本的各个要素作为整体看待的，其中的某一项价值最大或成本最低不一定能吸引顾客。

第二，顾客让渡价值的大小受顾客总价值和顾客总成本两个因素的影响，因此，必须从两个方面努力，以增加顾客让渡价值。

第三，不同顾客对顾客总价值和总成本中各因素的重视程度不同，不同时期顾客对产品价值的要求也不一样。

第四，追求顾客让渡价值最大化会导致企业成本增加，利润减少。

二、顾客终身价值

顾客终身价值，是基于顾客生命价值预期的由未来利润产生的价值。一般用以下两个比率来衡量顾客的终身价值：

1. 顾客保留率

顾客保留率=隔年的顾客数/某年的顾客数

顾客保留率越高，表明顾客对企业的评价越好。

2. 顾客权益

它是企业所有顾客生命价值的贴现总计。一般顾客越忠诚，顾客权益越高。企业可以从预期收入中减去用来吸引和服务顾客以及销售所花费的预期成本这个指标与营销策略及成本相比较，来预估对某一顾客群的营销是否会成功。如果成功的话，利润大约是多少；反之如果失败的话，就应取消对某些顾客的营销。

三、整合营销

整合营销，就是根据目标设计企业的战略，并支配企业的各种资源以达到企业目标。整合营销包括两个层次的内容，一是不同营销功能——销售、广告、产品管理、售后服务、市场调研等必须协调；一是营销部门与企业其他部门，如生产部门、研究开发等职能部门之间的协调。整合营销实质是谋求从供应商—生产商—分销商—顾客整条价值链的最优化。可以把整合营销视为是对价值链的整合，整合可以保证提供产品或服务的各个环节的质量，以实现顾客价值的最大化；整合可以更有效地管理各种相关资源，以发挥高效的经济效益。因此说，整合既有利于顾客，又有利于企业，可以实现双赢局面。

四、定制化营销

定制化营销，是指在大规模生产的基础上，将市场细分到极限程度——把每一位顾客视为一个潜在的细分市场，并根据每一位顾客的特定要求，单独设计、生产产品并迅提交货的营销方式。它的核心目标是以顾客愿意支付的价格并以能获得一定利润的成本高效率地进行产品定制。美国著名营销学者科特勒将定制化营销誉为21世纪市场营销的最新领域之一。

定制营销具有提供标准化服务所不具备的优势，无论对企业还是顾客都能带来巨大的利益。它能最大限度地满足顾客的需求，为企业赢得更多的定单；它采用大规模定制方式，又具备无差异营销大量生产而成本低的优势；它使企业与顾客的联系更加紧密，不仅防止了大量标准化生产因不适销对路而造成产品库存积压，而且也有利于缩短流通环节、减少流通费用，提高资源的配置效率；它还体现了社会营销的思想。定制营销对提高企业竞争力有着重要的作用。

五、绿色营销

绿色营销是指企业在绿色消费的驱动下，从保护环境、充分利用资源的角度出发，在研制开发产品、保护自然等营销过程中融入安全、环保与健康的概念，来满足消费者的绿色需求，从而实现营销目标的全过程。它包括，企业生产过程绿色化；企业促销绿色化；企业形象绿色化；攻克绿色壁垒等。

六、关系营销

关系营销是为了满足顾客需要，获得顾客的忠诚，企业与各个相关利益者，通过一系列的合作或配合创造各方亲密的相互依赖关系，同时实现各方目标的过程。关系营销的实质，是在买卖关系的基础上建立非交易关系，以保证交易关系能够持续不断地确立和发生。关系营销的核心，是建立和发展同利益相关者兼顾双方利益的长期关系。企业作为一个开放的系统从事活动不仅要关注顾客，还应注意大环境的各种关系：企业与客户的关系、与上游企业的关系、企业内部关系以及与竞争者、社会组织和政府之间的关系。其中与顾客的关系是关系营销的核心和归宿。关系营销的实现手段，是为顾客提供满意的服务。顾客关系是企业至关重要的外部关系，是企业的生命线。关系营销非常重视顾客关系的管理，强调充分利用现有资源，为顾客服务，努力留住老顾客。因此，顾客服务是关系营销的基本手段。

七、知识营销

知识营销是通过深入浅出地向大众传播新产品所包含的科学技术知识及对人们生活的影响，使消费者萌发对新产品需求的一种促销行为。它以产品的科普宣传为突破口，培育和创造新市场，是通过指导消费者正确使用不断更新的高科技产品启动消费的营销革命，是知识经济时代的核心竞争方式，是适应高科技和企业技术创新的有效的市场竞争手段。其要点在于：挖掘产品文化内涵，增加营销活动的知识含量，与消费者达成共鸣；注重与顾客建立战略性的营销关系，使顾客成为自己产品的忠实消费群体；加强营销队伍建设，以培训为中介，使营销更适应文化技术含量产品的销售，更适应产品智能化、个性化的发展要求；注重无形资产投资，不断创造新的市场。企业在销售产品与服务的同时，要潜移默化地改变消费者，将新的文化理念或生活方式渗透到他们心中。

八、国际营销

国际市场营销，是指企业超出国境的市场营销活动，是国内市场营销活动在国际市场上的延伸。其特点表现在：

1. 环境的不可控性。与国内市场相比，国际市场的营销环境更为复杂多变，难以控制。由于各国地理位置、自然条件、资源构成、人口状况、生产水平、传统文化、宗教信仰以及社会制度等方面都有很大差异，企业在进行国际营销的过程中会遇到各种意想不到的困难，营销环境难以准确把握和控制。

2. 市场竞争激烈。国际市场营销涉及企业与企业之间、企业与消费者之间、企业与国家之间和国家与国家之间的各种利益联系与交织。国际贸易关系与国际政治经济外交关系相互制约和影响，当今世界各国为稳定国内市场、发展本国经济，贸易保护主义盛行，一些国家推出"奖出限入"政策，一方面高筑贸易壁垒，阻挡国外商品进入本国；另一方面加强出口攻势，扩大本国商品出口，使国际市场上的商品营销日渐困难。

3. 市场行情变幻莫测。国际市场行情受到诸多因素的影响，变化快、变化大，难以准确预测。国际市场营销人员要重视搜集国际市场信息并适时做出灵敏的反应和正确决策。国际市场有自己独特的价格体系，市场价格的形成受国际市场供求关系的调节。

4. 国际市场结构日益发生着明显的变化。从国家构成来看，打破了少数几个国家在国际市场上一统天下的格局。从商品构成来看，新产品的比重越来越大，技术贸易和劳务贸易都在迅速发展，以许可证贸易为主要形式的知识产权贸易在国际市场上逐渐增加。从成员构成来看，集体贸易兴起，跨国公司的影响日益扩大，参与国际市场经营活动的大多数是各国的大型跨国企业或垄断组织，他们规模庞大，资金雄厚，经营范围宽广，市场垄断严重。

九、直复营销

直复营销，是指一种为了在任何地方产生可度量的反应和达成交易而使用的一种或多种广告媒体的互相作用的市场营销体系。直复营销作为一种商业模式，其特点在于：采取直复营销的企业，所销售的商品不一定是自己亲自生产的；其二，它也有自己或者第三方完备的物流配送系统；其三，它具备高度现代化和信息化的信息处理和交换系统；其四，它建立有庞大的顾客数据库；其五，它建立有完备的"顾客满意服务体系"。直复营销与传统的市场营销相比，直复营销更加强调和顾客间的良好关系，而且具有将单一的产品转换成一种全面的服务和令人满意的一种享受的功能。同时，直复营销具有信息反馈的功能，报纸、电视、收音机等所有的信息载体都可以是它经营的市场。

十、数据库营销

数据库营销，是企业通过搜集和积累消费者的大量信息，经过处理后预测消费者有多大可能去购买某种产品，以及利用这些信息给产品以精确定位，有针对性地制作营销信息以达到说服消费者去购买产品的目的。数据库营销是建立在直复营销和关系营销的基础之上，且充分体现全面质量管理（指产品质量、过程质量和企业对内对外的关系质量等）的管理原则，并借助于信息技术发展而日益强大起来的。它本身的理论体系和运作方式也随着营销理论的发展与营销实践的检验和充实而日臻完善，同时，它又被目前国内外营销界所热衷的整合营销所包容，高度的理性和个性化的营销策略是数据库营销的灵魂。

数据库营销对于产品的研制开发、定位以及营销策略的制定、实施与控制起着至关重要的作用。它可以创造新市场，敏锐地发现新市场，维持现有市场；它可以与消费者进行高效的、可衡量的、双向的沟通，真正实现了消费者对营销的指导作用；它可以与顾客保持持久的、甚至是终身的关系来保持并提升企业的短期与长期利润。通过数据库与顾客直接对话，依据顾客的价值观建立起更具特色、更加个性化的品牌，把品牌管理变成"企业—顾客共同体"管理，使品牌的形象更加鲜明，同时，它把企业对顾客的承诺管理变成获得和保持与顾客关系的手段。从某种程度上，可以说，数据库营销正在改写着这个世纪的营销规则。

数据库营销意味着创造力、判断力、直觉、团队精神和洞察力，它需要所谓的"亲密感"，需要深刻地理解人、机器、错综复杂的关系和系统，创造出一个系统性的有创造力的整合的营销体系。同时，数据库营销是技术与文化的交融，是过程与目标的结合，是消费者与企业的联姻，数据库营销在商业生活中将是一个被高度整合的营销。

第十章 创新中的人力资源管理

在现今知识经济时代，企业的竞争归根到底是人才的竞争。任何一个企业都必须提升人力资源的素质，才能创造企业的竞争优势。在已跨入 21 世纪的知识经济时代，几乎所有的企业家都意识到，人力资源是企业最重要的无形资产，为了提升企业核心竞争力，获取独特的竞争优势，企业必须重视人力资源的开发和管理。本章主要介绍人力资源管理的理念和人力资源的规划、培养等内容。

第一节 人力资源管理概述

一、人力资源的概念

1. 典型的三种观点

"成年人口观"：人力资源是具有劳动能力的全部人口，即 16 岁以上的具有劳动能力的全部人口。（传统观点）

"在岗人口观"：人力资源是目前正在从事社会劳动的全部人员。

"素质观"：把人力看作是人员素质综合发挥的作用力，即人力资源是指人的劳动能力与潜力，包括品德、知识、智力、体力、特殊能力、潜能等因素的总和。（近几年的观点）

我们认为：人力资源是指一定社会组织范围内可以直接投入劳动生产过程以创造价值的体力、智力、心力总和及其形成的基础素质，包括知识、技能、经验、品性与态度等身心素质。

2. 人力资源的数量与质量

从宏观上看人力资源的数量和质量，其中人力资源的数量体现为人力资源的绝对数量和相对数量。绝对数量是一个国家或地区中具有劳动能力、从事社会劳动的人口总数，公式表示：

绝对数量=劳动适龄人口-适龄人口中丧失劳动能力人口+适龄人口之外具有劳动能力的人口

其中劳动适龄人口包括直接的、已开发的现实社会劳动力和间接的尚未开发的潜在社会劳动力。

人力资源的相对量用人力资源率表示，指人力资源的绝对量占总人口的比例，是反映经济实力的重要指标。

人力资源数量影响因素有人口总量及其再生产状况、人口的年龄构成、人口迁移。人力资源的质量指人力资源所具有的体质、智力、知识、技能水平、劳动者的劳动态度，体现为劳动者的体质水平、文化水平、专业技术水平、思想道德素质，其影响因素有人类体质与智能遗传；营养状况；教育状况（国民教育发展水平，教育，早期教育）；文化观念；以及经济与社会环境等。

从微观上看人力资源的数量和质量，其中，企业人力资源的数量：

绝对数量=企业内在岗员工+企业外欲聘的潜在员工

企业人力资源率=企业人力资源绝对数量/企业员工总数

企业人力资源的质量与宏观方面人力资源的质量相同。但企业人力资源的数量和质量均随时间而动态变化，而宏观人力资源的数量和质量则在一定时间内是相对稳定的。

二、人力资源的主要特征

人力资源是进行社会生产最基本最重要的要素，与其他资源要素相比较，它具有如下特征：

1.能动性。这是人力资源区别于其他资源的最本质方面，是指人不同于其他资源处于被动使用的地位，他能积极主动地、有意识地、有目的地认识世界和利用其他资源去改造世界，推动社会和经济的发展，是唯一能起创造作用的因素，因而在社会发展和经济建设中起着积极和主导的作用。

2.可再生性。指可以通过人的不断学习、更新知识、提高技能来克服人力资源的磨损，因而是可持续开发的；人力资源的这一特点要求在人力资源开发与管理中注重终身教育，加强后期培训与开发，以不断提高人力的德才水平。

3.两重性。一方面人力资源是投资的结果，个人和社会都应该在人力资源上进行投资（如教育投资、增进体力的投资），投资大小决定人力资源质量的高低，它是个人和社会投资的结果；另一方面人力资源又能创造财富，是生产者。人力资源投资的结果体现为劳动者身上的体力、智力和技能，通过投入和使用而带来收益，因而是生产者。

4.时效性。指人力资源的形成、开发和利用都要受时间限制，随着时间推移、科技不断发展，人的知识和技能相对老化而导致劳动能力相对降低。

5.社会性。由于受民族（团体）文化特征、价值取向的影响，在人与人交往中因彼此行为准则不同而发生矛盾，因而人力资源管理具有社会性；社会性要求在人力资源管理中要注重团队建设和民主精神，强调协调和整合。

6.可控性。自然资源的生成与物力和财力资源的生成缺乏可控性，而人力资源的生成却是可控的。人力的生成不是自然而然的过程，而需要人们有组织、有计划地去培养与利用。

7.个体独立性。独立存在的个体独立性与分散性，使人力资源的管理工作显得复杂而艰难，管理得好则能够形成系统优势，否则，就会产生内耗。

8.内耗性。企业人力资源并不一定是越多越能产生效益，关键在于我们怎样去组织、利用与开发人力资源。

9.时代性。人是构成人类社会活动的基本前提，一个国家的人力资源，在其形成过程中受到时代条件的制约。即使在同一国家、同一个地区，社会经济发展水平不同，人力资源的质量也会不同。

三、人力资源在现代管理中的作用

人力资源管理的性质或特点决定了人力资源管理在企业中的作用和地位。现代管理大师彼得·德鲁克曾经说过："企业只有一项真正的资源——人"。其作用表现在如下方面：

1.人力资源是企业最重要的资源

首先，企业的发展与员工的职业能力发展是相互依赖的。但是重视人的职业能力必须先重视人本身。企业通过招聘、培训开发、各种调整和激励政策的目的，就是要鼓励员工能够不断地提高职业能力并愿意运用职业能力为企业工作，否则企业就无法适应激烈的竞争环境。

其次，人力资源是有意识、有价值的资源，这是它与其他物的资源的本质区别之一。如何有效调动员工的积极性，强化他们对组织的认同感，建立良好的工作价值观，是人力资源管理中的一项意义深远的管理任务。

最后，人是在特定环境中成长起来的，每个人形成了与其成长环境有关的生活和心理品质。这种统一的价值观念养成，我们称其为企业文化。

2.人力资源是创造利润的主要来源

商品的价值是由两个性质不同的主要部分构成：一部分是我们称为"转移价值"的东西，另一部分是所谓的"附加价值"。后一部分价值，归根到底源于人的劳动。

3.人力资源是一种战略性资源

对人力资源的管理，往往关系到一个企业的生存和可持续发展问题。人力资源特别是拥有高科技产业发展相关的知识型人才，就成为21世纪最重要的、具有战略意义的资源。

四、人力资源管理的概念、内容和基本原理

1.人力资源管理的概念和内容

人力资源管理，是指对人力资源的生产、开发、配置、使用等诸环节进行管理的各种措施的总称。人力资源在经济活动中具有主体性、能动性的作用，因而人力资源管理在经济管理体系中居于关键地位，并且具有较大的复杂性。人力资源管理可以分为宏观、微观两个方面。

宏观人力资源管理即对于全社会人力资源的管理，包括人力资源形成及前期的

人口规划管理，教育规划管理，职业定向指导，职业技术培训，人力资源的部门、地区间配置，就业与调配，流动管理，劳动保护管理，劳动保险及社会保障管理等。

　　微观人力资源管理即对于企业、事业单位人力资源的管理，包括职务与工作分析、人员配置与劳动组织设置、定额定员管理、人员的激励与考核等。具体见图2.8所示。

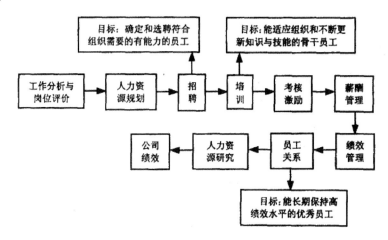

图 2.8　人力资源管理活动

　　2.现代人力资源管理与传统人事管理的差别

　　现代人力资源管理由传统人事管理演变而来。传统的人事管理将人作为一种工具来使用，把人看成是被动的、盲目的，是一种单纯的业务性例行管理。现代人力资源管理把人作为一种资源来对待，将人看成是活的、能动的因素，是具有创造力的资源，是具有战略和决策意义的挑战性管理。二者的区别，见表2.6所示。

表 2.6　现代人力资源管理与传统人事管理的区别

比较项目	现代人力资源管理	传统人事管理
管理视角	广阔的、长期的、未来的	狭窄的、短期的
管理观念	视员工为"社会人" 实施人本化、人格化管理 视人力为组织第一资源 重视人力资源的能动性	视员工为"经济人" 视员工为成本 忽视人力资源的能动性
工作目的	满足员工自身发展的需要，保障组织的长远发展	保障组织短期目标的实现
管理模式	以人为中心	以事为中心
工作性质	战略性、策略性	战术性、业务性
工作功能	系统、整合	单一、分散

工作效率	主动、重视人力资源培养与开发	被动、注重管理、忽视人力资源的开发
工作内容	丰富、复杂	简单
工作地位	管理决策层	工作执行层
工作部门性质	生产与效益部门，获得竞争优势的部门	非生产、非效益部门
与员工的关系	和谐、合作	对立、抵触
与其他部门的管理	帮助、服务、咨询	管理、控制

总之，现代人力资源管理较传统的人事管理更具有主动性、战略性与未来性，更适合当今全球经济一体化的组织管理模式与发展趋势。

3. 人力资源管理的职能

从微观角度讲，与生产、营销、财务管理等职能一样，人力资源管理职能同为组织的一项必不可少的管理职能。它包括以下五个方面：

（1）获取。这首先包括职务分析，即分析其存在的环境。组织根据其文化价值观、使命、目标与战略，确定了它的职能分工与劳动分工的形式，设计出它的结构后，分析并具体制定出每一工作岗位的职务说明书；根据组织内、外条件与目标，做出人力资源近期、中期与远期规划；据此进行对所需人员的吸引、招聘、考核、选拔、委派与安置。

（2）整合。又叫做一体化，即使招录到的人员不仅在组织上参加到本组织中来，而且在思想上、感情上和心理上与组织认同并融为一体。这包括对员工的培训，介绍组织的宗旨与目标，启发和指引他们接受这些宗旨与目标，协调好组织中的人际和群际关系等。

（3）保持与激励。指对招聘的人员采取适当措施，使其对工作的条件和环境感到满意，培养和保持工作热情。设计并执行公平合理的奖酬、福利、保健等制度，建立激励机制，特别是要激发劳动者的内在潜力。

（4）控制与调整。这包括合理而完整的绩效考评制度的设置与执行，并在此基础上采取适当的措施。如晋升、调迁、解雇、离退、奖励、惩戒等的实行与落实。

（5）开发。是指企业有效地发挥人的才干和提高人的能力的一系列活动。开发活动的主要环节有：人才发现，人才培养，人才使用与人才调剂。它包括两个目标：一是提高人力资源的质量；二是提高其活力。具体活动有教育训练、组织发展、提高生活质量等活动。

这五个方面是互相关联的，并且都是为实现组织的既定目标与使命而服务的。

4. 人力资源管理的基本原理

（1）要素有用原理。"庸才是放错位置的人才"。任何人都是有用的，这是共性。但是，从单个人本身来看，在某种条件下某一个方面可能发挥不了作用，而在另一条件另一方面发挥作用的可能性很大。也就是说，人发挥作用需要一定的环境。这种环境，一是知遇，快马依赖伯乐去发现；二是要靠政策，良好的政策会给人才的任用创造出各种机遇。因此，在组织的人才选拔和使用过程中，不能求全责备，要善于发现员工身上的闪光点，用人所长，避其所短，最大限度发挥每个人的作用。

（2）能位匹配原理。人员才能的发挥与提高，工作效率与效果，都与人员使用上的能位适合度成函数关系。能位适合度，是指个人能力与职位要求相一致的程度。能位适合度越高，说明能位匹配越适当，位得其人，人适其位。这不仅会带来工作上的高效率，还会促进员工能力的提高和发展。小马拉大车或大马拉小车都是不合适的。

（3）同素异构原理。事物的成分因在空间关系即排列次序和结构形式上的变化而引起不同的结果，甚至发生质的改变。最典型的例子是石墨和金刚石，由于相同的碳原子在空间关系上的不同，形成了两种在物理性质上有着巨大差异的物质。因此，按照这一原理对人力资源的开发与管理，不仅要考虑人的能力，而且还要考虑如何组合协调，以达到人尽其才，才尽其用，发挥群体最佳效应的目的。

（4）互补增值原理。人作为个体，不可能十全十美，而是各有所长，但是工作往往是由群体承担的。作为群体，完全可以通过个体间取长补短而形成整体优势。这里的互补主要包括：知识互补、能力互补、性格互补、年龄互补和关系互补等。

（5）动态适应原理。唯一最大的不"变"是变。一方面企业中经常存在用非所学、用非所长的现象，另一方面为适应外部环境的不断变化，组织机构和岗位也会经常发生变化。同时个人在时代的发展过程中也有一个知识技能更新的问题，因而在企业内部就应该把人事调整作为一项经常性的工作来做，不断调整，合理流动，只有这样，才能使组织的人力资源系统成为一个有生命力的系统。

（6）激励强化原理。从管理学的角度看，人是"复杂人"，因此在人力资源管理上要坚持奖惩结合，注重奖励的原则。只有对员工有奖有罚，赏罚分明，才能保证各项规章制度的贯彻落实，才能使员工自觉遵守纪律，严守岗位，各司其职，各尽其力，达到鼓励先进、鞭策后进、带动中间的目的。

（7）弹性冗余原理。在人力资源的管理与开发中，需充分考虑管理对象生理与心理的特殊性，以及内、外环境的多变性所造成的管理对象的复杂性，在人力资源管理工作中要留一定的余地，具有一定的灵活性。

（8）信息催化原理。人们通过获取和识别信息，来认识和改造世界。没有信息就不能很好地开发和管理人力资源。由于信息的数量与质量迅速增长，传递速度日新月异，使得在现代社会中人们能否迅速了解、掌握并运用大量信息，成为能否在竞争中获胜，能否使人力资源开发与管理适应发展需要的重要因素。

第二节 人力资源规划

一、人力资源规划概述

1.人力资源规划的概念

人力资源规划，是指科学地预测、分析组织在变化的环境中人力资源需求和供给状况，制定必要的政策和措施，以确保组织在需要的时间和需要的岗位上获得所需要的人力资源（数量和质量）的过程。它包括三层含义：

（1）一个组织所处的环境是不断变化的。企业环境是一个动态的变化过程，必然带来对人力资源需求和供给方面的变化。人力资源规划就是要对这些变化进行科学地预测和分析，以保证企业在近期、中期和远期都能获得必要的人力资源。

（2）企业应制定必要的人力资源政策和措施，以保证对人力资源需求的满足。如内部人员调动补缺、晋升或离职，外部招聘和培训以及奖惩等都要切实可行，否则就无法保证人力资源计划的实现。

（3）在实现组织目标的同时，要满足员工个人利益。企业的人力资源规划要创造良好的条件，充分发挥每个员工的积极性、主动性和创造性，提高工作效率，从而实现组织的目标。同时，企业也要关心每个员工的利益和要求，帮助他们在为企业做出贡献的同时实现个人的目标。只有这样，才能吸引和招聘到企业所需要的人才，满足企业对人力资源的需要。

2.人力资源规划的目的

（1）规划人力的发展。人力发展包括人力预测、人力增补及人员培训，这三者紧密联系，不可分割。人力资源规划一方面对目前人力现状予以分析，以了解人事动态；另一方面，对未来人力需求作出预测，以便对企业人力的增减进行通盘考虑，再据以制定人员增补和培训计划。所以，人力资源规划是人力资源发展的基础。

（2）促使人力资源的合理运用。事实上只有少数企业的人力配置完全符合理想的状况。在相当多的企业中，其中一些人的工作负荷过重，而另一些人则工作过于轻松；也许有一些人的能力有限，而另一些人则感到能力有余，未能充分利用。人力资源规划可改善人力分配的不平衡状况，进而谋求合理化，以使人力资源能配合组织的发展需要。

（3）配合组织发展的需要。任何组织的特性，都是不断地追求生存和发展，而生存和发展的主要因素是人力资源的获得与运用，也就是如何适时、适量及适质地使组织获得所需的各类人力资源。由于现代科学技术日新月异，社会环境变化多端，如何针对这些多变的因素，配合组织发展目标，对人力资源恰当规划甚为重要。

（4）降低用人成本。影响企业用人数目的因素很多，如业务、技术革新、机器设备、组织工作制度、工作人员的能力等。人力资源规划可对现有的人力结构作一些分析，并找出影响人力资源有效运用的瓶颈，使人力资源效能充分发挥，降低人工成本在总成本中的比率。

3.人力资源规划的内容

（1）预测未来的组织结构。一个组织或企业经常会随着外部环境的变化而变化。如全球市场的变化，跨国经营的需要，生产技术的突破，生产设备的更新，生产程序的变更，新产品的问世等，这些变化都将影响整个组织结构，即组织结构必须去适应企业经营策略的变化，而经营策略又因环境变化而变化。同时，组织结构的变化必然牵涉到人力资源的配置。因此，对未来组织结构的预测评估应列为第一步。

（2）制定人力供求平衡计划。该计划应考虑因业务发展、转变或技术装备更新所需增加的人员数量及其层次；考虑因员工变动所需补充的人员数量及其层次。这种变化包括退休、辞职、伤残、调职、解雇等，还要考虑因内部成员升迁而发生的人力结构变化。

（3）制定人力资源征聘补充计划。该计划主要考虑：内部提升或向外征聘以何者为先；外聘选用何种方式；外聘所选用的人力来源如何，有无困难，如何解决；如果是内部提升或调动，其方向与层次如何等。

（4）制定人员培训计划。人员培训计划的目的是为了培养人才，它包括两方面：对内遴选现有员工，加强对员工进行产品专业知识及工作技能培训；对外应积极猎取社会上少量的且未来急需的人才，以避免企业中这种人才的缺乏。至于人员的培训内容，可包括：第二专长培训（以利于企业弹性运用人力）；提高素质培训（以帮助员工树立正确的观念及提高办事能力，使之能担当更重要的工作任务）；在职培训（适应社会进步要求，以增进现有工作效率）；高层主管培训（进行管理能力、管理技术、分析方法、逻辑观念及决策判断能力等方面的培训）。

（5）制定人力使用计划。人力资源规划不仅要满足未来人力的需要，更应该对现有人力做充分的运用。人力运用涵盖的范围很广，其关键在于"人"与"事"的圆满配合，使事得其人，人尽其才。

人力资源使用包括下面几项：职位功能及职位重组；工作指派及调整；升职及选调；职务丰富化；人力资源的检查及调节等。

二、人力资源规划的基本程序

1.预测和规划本组织未来人力资源的供给状况

通过对本组织内部现有各种人力资源的认真测算，并对照本组织在某一定时期内人员流动的情况，即可预测出本组织在未来某一时期里可能提供的各种人力资源的状况。

（1）对本组织内现有的各种人力资源进行测算。包括各种人员的年龄、性别，工作简历和教育、技能等方面的资料；目前本组织内各个工作岗位所需要的知识和技能以及各个时期中人员变动的情况；雇员的潜力、个人发展目标以及工作兴趣爱好等方面的情况；有关职工技能——包括其技术、知识、受教育、经验、发明、创造以及发表的学术论文或所获专利等方面的信息资料。

（2）分析组织内人力资源流动的情况。一个企业组织中现有职工的流动可能有这样几种情况：第一，滞留在原来的工作岗位上；第二，平行岗位的流动；第三，在组织内的提升或降职变动；第四，辞职或被开除出本组织（流出）；第五，退休、工伤或病故。

2.对人力资源的需求进行预测

经过第一步对本组织员工在未来某一时期内人力资源供给方面预测规划的基础上，接着就要根据组织的战略目标来预测本组织在未来某一时期对各种人力资源的需求。对人力资源需求的预测和规划，可以根据时间的跨度而相应地采用不同的预测方法。

3.进行人力资源供需方面的分析比较

人力资源计划编制的第三步，是把本组织人力资源需求的预测数与在同期内组织本身仍可供给的人力资源数进行对比分析，在比较分析中则可测算出对各类人员的所需数。进行本企业组织在未来某一时期内可提供的人员和相应所需人员的对比分析时，不但可测算出某一时期内人员的短缺或过剩情况，还可以具体地了解到某一具体岗位上员工余缺的情况，从而可以测出需要具有哪一方面的知识、技术档次方面的人，这样就可有针对性地物色或培训，并为组织制定有关人力资源相应的政策和措施提供了依据。

4.制定有关人力资源供需方面的政策和措施

在经过人力资源供给测算和需求预测比较的基础上，组织即应制定相应的政策和措施，并将有关的政策和措施呈交最高管理层审批。具体有：

（1）制定解决人力资源需求的政策与措施。解决人员短缺的政策和措施有：培训本组织职工，对受过培训的员工据情况择优提升补缺并相应提高其工资等待遇；进行平行性岗位调动，适当进行岗位培训；延长员工工作时间或增加工作负荷量，给予超时超工作负荷的奖励；重新设计工作以提高员工的工作效率；雇用全日制临时工或非全日制临时工；改进技术或进行超前生产；制定招聘政策，向组织外进行招聘；采用正确的政策和措施调动现有员工的积极性。

（2）制定解决内部资源过剩的办法与措施。解决人力资源过剩的一般策略有：永久性地裁减或辞退职工；关闭一些不盈利的分厂或车间，或临时性关闭；提前退休；通过人力消耗缩减人员（劳动力转移）；重新培训，调往新的岗位，或适当储备一些人员；减少工作时间（随之亦减少相应工资）；由两个或两个以上人员分担一个工作岗位，并相应地减少工资。

三、人力资源供求预测及综合平衡

在企业人力资源供需预测的基础上，接下来的工作就是要进行人力资源的综合平衡，这是企业人力资源规划工作的核心和目的所在。企业人力资源的综合平衡主要从三个方面来进行，即人力供给与人力需求的平衡、人力资源规划内部各专项计划之间的平衡和组织需要与个人需要之间的平衡。

1.人力供给与人力需求的平衡

企业人力资源供给与需求的不平衡有三种类型，即人力资源不足，人力资源过剩和两者兼而有之的结构性失衡。

人力资源的供给不足，主要表现在企业的经营规模扩张和新的经营领域的开拓时期，因而需要增加新的人员补充。补充的途径有外部招聘、内部晋升、人员接任计划、技术培训计划等。同时企业人员净补充阶段也是企业人力资源结构调整的最好时机。企业在原有的经营规模和经营领域中也可能出现人力资源不足，比如人员的大量流失，这是一种不正常的现象，表明企业的人力资源管理政策出现了重大问题。

绝对的人力资源过剩状况主要发生在企业经营萎缩时期。一般的平衡办法有退休、辞退和工作分享。工作分享要以降低薪资水平为前提；辞退是最为有效的办法，但会产生劳资双方的敌对行为，也会带来众多的社会问题，需要有一个完善的社会保障体系为后盾，提前退休是一种较易为各方面所接受的妥协方案。

结构性失衡是企业人力资源供需中较为普通的一种现象，在企业的稳定发展状态中表现得尤为突出。平衡的办法一般有技术培训计划、人员接任计划、晋升和外部补充计划。其中外部补充主要是为了抵消退休和流失人员空缺。

2.专项人力资源计划间的平衡

企业的人力资源规划包括人员补充计划、培训计划、使用计划、晋升计划、薪资计划等，这些专项人力资源计划之间有着密切的内在联系。因此，在人力资源规划中必须充分注意它们之间的平衡与协调。如通过人员的培训计划，受训人员的素质与技能得到提高后，必须与人员使用计划衔接，将他们安置到适当的岗位；人员的晋升与调整使用后，因其承担的责任和所发挥的作用与以前不一样，必须配合相应的薪资调整。唯有如此，企业的人员才能保持完成各项任务的积极性，各专项人力资源计划才能得以实现。

3.组织需要与个人需要的平衡

组织的需要和组织成员的个人需要是不尽相同的，解决这对矛盾是企业人力资源规划的一个重要目的。企业人力资源规划中的各专项人力资源计划就是解决这一矛盾的手段和措施，如表2.7所作示。

表 2.7　需求平衡与人力资源规划

企业需求	员工需求	人力资源规划手段
专业化	工作丰富化	服务设计
人员精简	工作保障	培训计划
人员稳定	寻求发展	职业生涯计划
降低成本	提高待遇	生产率计划
领导的权威	受到尊重	劳动关系计划
员工的效率	公平的晋升机会	考核计划

第三节 工作分析与工作设计

工作分析是人力资源开发与管理最基本的作业，是人力资源开发与管理的基础，是获得有关工作信息的过程。工作分析是对组织中各工作职务的特征、规范、要求、流程以及对完成此工作员工的素质、知识、技能要求进行描述的过程，它的结果是产生工作描述和任职说明。

一个组织的工作涉及到人员、职务和环境三方面的因素。工作人员的分析乃"人与才"的问题；工作职务的分析乃"才与职"的问题；而工作环境的分析乃"职与用"的问题。"人与才""才与职""职与用"三者相结合乃是人力资源的运用，通过组织行为以达到组织目的。

一、工作分析的基本概念与术语

1. 工作要素：工作中不能再分解的最小动作单位。

2. 任务：为了达到某种目的所从事的一系列活动。它可以由一个或多个工作要素组成。

3. 责任：个体在工作岗位上需要完成的主要任务或大部分任务。它可以由一个或多个任务组成。

4. 职位：又称岗位，是指某一班制时间内某一个人所担负的一项或数项相互联系的职责集合，是指一个人要完成的一组任务。

5. 职务：是指主要职员在重要性和数量上相当的一组职位的集合或统称。指一组责任相似的职位，这些职位的性质、类别完全相同，完成工作所需的条件也一样。

6. 职系：是指职责繁简难易、轻重大小及所需资格条件并不相同，但工作性质充分相似的所有职系集合。

7. 职组：指若干工作性质相似的所有职系的集合。

8. 职门：指若干工作性质大致相近的所有职位的集合。

9. 职级：指将工作内容、难易程度、责任大小、所需资格都很相似的职位划分为同一职级，实行同样的管理使用与报酬。

10. 职等：指不同职系之间，职责的繁简、难易、轻重及任职条件要求充分相似的所有职位的集合。

11. 职务说明：是指通过与员工交谈、实地考察等方法，明确工作责任、工作范围及任职资格的过程。

12. 职务规范：指完成某一职务所应具备的、最低限度的能力、知识、学历、社会经历等。

二、工作分析的作用

工作分析对于人事研究和人事管理具有非常重要的作用。全面地和深入地进行工作分析，可以使组织充分了解工作的具体特点和对工作人员的行为要求，为做出人事决策奠定坚实的基础。

在人力资源管理中，几乎每一个方面都涉及到工作分析所取得的成果。具体地说，工作分析有以下八个方面的作用：

1.选拔和任用合格的人员。通过工作分析，能够明确地规定工作职务的近期和长期目标，掌握工作任务的静态和动态特点，提出有关人员的心理、生理、技能、文化和思想等方面的要求，选择工作的具体程序和方法。在此基础上，确定选人用人的标准。有了明确而有效的标准，就可以通过心理测评和工作考核，选拔和任用符合工作需要和职务要求的合格人员。

2.制定有效的人事预测方案和人事计划。每一个单位对于本单位或本部门的工作职务安排和人员配备，都必须有一个合理的计划，并根据生产和工作发展的趋势做出人事预测。工作分析的结果，可以为有效的人事预测和计划提供可靠的依据。在职业和组织面临不断变化的市场和社会要求的情况下，有效地进行人事预测和计划，对于企业和组织的生存和发展尤其重要。一个单位有多少种工作岗位，这些岗位目前的人员配备能否达到工作和职务的要求，今后几年内职务和工作将发生哪些变化，单位的人员结构应做什么相应的调整，几年甚至几十年内人员增减的趋势如何，后备人员的素质应达到什么水平等等问题，都可以依据工作分析的结果做出适当的处理和安排。

3.设计积极的人员培训和开发方案。通过工作分析，可以明确所从事的工作应具备的技能、知识和各种心理条件。这些条件和要求，并非是人人都能够满足和达到的，必须需要不断培训，不断开发。因此，可以按照工作分析的结果，设计和制定培训方案，根据实际工作要求和聘用人员的不同情况，有区别、有针对性地安排培训内容和方案，以培训促进工作技能的发展，提高工作效率。

4.提供考核、升职和作业的标准。工作分析可以为工作考核和升职提供标准和依据。工作的考核、评定和职务的提升如果缺乏科学依据，将影响干部、职工的积极性，使工作和生产受到损失。根据工作分析的结果，可以制定各项工作的客观标准和考核依据，也可以作为职务提升和工作调配的条件和要求。同时，还可以确定合理的作业标准，提高生产的计划性和管理水平。

5.提高工作和生产效率。通过工作分析，一方面，由于有明确的工作任务要求，建立起规范化的工作程序和结构，使工作职责明确，目标清楚；另一方面，明确了关键的工作环节和作业要领，能充分地利用和安排工作时间，使干部和职工能更合理地运用技能，分配其注意和记忆等心理资源，增强他们的工作满意感，从而提高工作效率。

6.建立先进、合理的工作定额和报酬制度。工作和职务的分析，可以为各种类型的任务确定先进、合理的工作定额。所谓先进、合理，就是在现有工作条件下，经过一定的努力，大多数人能够达到，其中一部分人可以超过，少数人能够接近的定额水平。它是动员和组织职工提高工作效率的手段，是工作和生产计划的基础，也是制定企业部门定员标准和工资奖励制度的重要依据。工资奖励制度是与工资定额和技术等级标准密切相关的，把工作定额和技术等级标准的评定建立在工作分析的基础上，就能够制定出比较合理公平的报酬制度。

7.改善工作设计和环境。通过工作分析，不但可以确定职务的任务特征和要求，建立工作规范，而且可以检查工作中不利于发挥人们积极性和能力的方面，并发现工作环境中有损于工作安全、加重工作负荷、造成工作疲劳与紧张以影响社会心理气氛的各种不合理因素。有利于改善工作设计和整个工作环境，最大程度地调动工作积极性和发挥技能水平，是人们在更适合于身心健康的安全舒适的环境中工作。

8.加强职业咨询和职业指导。工作分析可以为职业咨询和职业指导提供可靠和有效的信息。职业咨询和指导是劳动人事管理的一项重要内容。

三、工作分析的程序

1.了解企业的策略、目标以及人力资源规划的方向，以确定企业工作设定的重点。

2.确定工作分析的目标。其作用是对工作分析提出一个主要方向，据此可以确定资料收集的内容和工作分析的方法，以及工作分析的人员。

3.收集背景资料。对企业所处产业、企业竞争策略、文化、组织结构、职业分类、现有工作描述等因素加以分析，以了解工作的归属和关系。

4.选择具有代表性的工作进行分析。即对每个职位系列或类别的工作，找出具有代表性的工作进行分析。

5.确定资料收集和分析方法，并收集相关资料。

6.进行工作描述，即对选定的工作描述，列举主要工作事项和特性。

7.进行工作规范，即将工作描述转换为工作规范，强调从事该项工作应具备的能力和技术。

四、工作分析的方法

1.工作分析的工具。工作分析常用工作描述来进行，主要内容有：

（1）基本资料。包括：职务名称、直接上级职位、所属部门、工资等级、工资水平、所辖人员、定员人数、工作性质等。

（2）工作描述。工作概要，包括工作活动内容、时间百分比、权限等。工作关系，包括受谁监督，监督谁，可晋升、可转换的职位及可升迁至此的职位，与哪些职位有联系。

2.常用的各种工作分析方法的特点，见表2.8所示。

表2.8　各种工作分析法比较

工作分析方法	优点	缺点
观察法	能较多、较深刻地了解工作要求	不适用于高层领导、研究工作、耗时长或技术复杂的工作、不确定性工作
面谈法	效率较高	面谈对象可能持怀疑、保留态度；对提问要求高；易失真
问卷调查法	费用低、速度快，调查面广；可在业余进行；易于量化；可对调查结果进行多种方式、多用途径的分析	对问卷设计要求高；可能产生理解上的不一致
实践法	短期内可掌握的工作	不适用于需进行大量训练或危险的工作
典型事件法	可揭示工作的动态性，生动具体	费时，难以形成对一般性工作行为的总的概念

3.工作分析的因素

在工作分析中，经常会对一些相关因素进行分析，而这些因素会随着环境的变化而变化。如表2.9所示。

表2.9　工作分析因素比较

传统因素	影响	新因素	影响
劳动分工，清楚区一般工作与管理工作	对工作边界以及工作价值的先入为主	跨职能责任，一般工作与管理工作的界限模糊化	工作边界消失
静态的工作	工作要求固定、持久	动态的工作	工作要求持续变动
同事间互动最小化	对活动的分析局限于工作本身	同事间互动最大化	分析有交互作用的多种活动
对上级负责	强调与上级的交互作用	对内外部的顾客负责	强调与顾客的交互作用
人与技术的关系单项化	限定工作职责	人与技术的关系双向化	自主责任
长期雇用	工作活动与雇用条件的静态化	短期雇用	工作活动和雇用条件的持续演进
同质文化	强调技术性工作	文化多元化	强调情感及人际工作
预算松弛	费时的分析过程	控制成本	高效率的分析过程

第四节 员工招聘与选拔

在人力资源规划确认对企业内外人才的需求之后，要根据企业策略和文化确定企业员工的特征和性格倾向，然后再通过工作分析确定所需人才的资格条件和工作内容。有了这些支援性的背景作业，就为员工招聘奠定了良好的基础。

一、招聘与选拔概述

1.招聘与选拔的概念

招聘意指为企事业组织中空缺的职位寻找合适的人选。选拔，用科学的人员测评方法，选择有资格的人来填补职务空缺的过程。

选拔工作起源于各部门需要通过招聘人来填补空缺的职位。人力资源的选拔，是人力资源招聘的后续工作，也是招聘的延伸，就是从大量的申请人中挑选出最有可能有效胜任工作或组织认为最合适的人员的过程。

2.正确招聘与选拔员工的意义

（1）员工招聘与选拔的目的，是为了得到与岗位要求相适应的人才和具有良好发展潜力的人才。因此，一旦出现错误，对组织将会产生极其不利的影响。

（2）有效的招聘和选拔可提高生产率，也可减少培训成本，降低人员流失率。

（3）知识经济时代的企业、事业组织之间的竞争，在一定程度上就是人才的竞争，而人才的竞争，在很大程度上却是招聘和选拔的竞争。

二、影响员工招聘的因素

1.外部影响

（1）经济条件：人口和劳动力；劳动力市场条件；产品和服务市场条件。

（2）政府管理与法律的监控：对就业的控制，国家和地方的法律、法规、政策，已成为约束组织招聘的重要因素。

2.企事业组织对职务的要求

（1）空缺职位的性质。

（2）企事业组织的性质。

（3）企业组织的形象。

3.应聘者个人的资格与偏好。

三、国内人力资源的招聘、选拔的常见程序

1.筹划与准备阶段

（1）成立招录小组，培训工作人员；（2）确定招录区域的范围；（3）确定招录对象；（4）规定录取标准。

2.宣传与报名阶段

（1）拟定招工简章；（2）发布招聘广告或启事；（3）受理报名。

3．考核与录用阶段

（1）全面考核，一般分为笔试、体检、面谈和心理测验；

（2）确定录用名单；

（3）签订劳动合同。

4.岗前教育与安置阶段

（1）岗前教育；

（2）试用与安置。

四、员工招聘与选拔的途径

1.企业内部招聘

企业内部招聘，一般是指企业的岗位空缺，由企业或组织内的那些已经被确认为接近提升线的人员或通过平级调动来补充，其他岗位空缺也要求确定可晋升的候选人。用于吸引和确定将担任更高职务或有更高技能水平的现有人员的两种方法，是布告招标和利用技术档案的信息。

（1）布告招标。布告招标是在组织内部招聘人员的普通方法。过去的做法是在公司或企业的布告栏发布工作岗位空缺的信息，现在已开始采用多种方法发布招聘信息。采用布告招标时允许雇员有一段时间去"投标"，"投标"时要求员工填一张表格。在使用布告招标时，要满足以下几条要求：第一，至少要在内部招聘前一周，发布所有的永久性工作及任何调动人员的信息；第二，应该清楚地列出工作描述和工作规范；第三，使所有申请人收到有关申请书的反馈信息。

在西方，公布工作空缺和允许雇员投标这样一种方法，主要用于蓝领阶层的工作。但其应用范围近年来正在扩大，它不仅在政府部门被广泛使用，而且也被私人企业广泛应用。布告招标，有利于发挥组织中现有人员的工作积极性，激励士气，鼓励员工在组织内建功立业。因此，它是刺激员工职业发展的一种好方法。它的另外一个优点就是比较省时和经济。

（2）利用技术档案的信息。内部招聘的另一种方法，是利用现有人员技术档案中的信息。这些信息可以帮助招聘人员确定是否有合适的人选。然后，招聘人员可以与他们接触以了解他们是否想提出申请。这种方法可以和布告招标共同使用，以确保岗位空缺能引起所有有资格申请人的注意。

利用技术档案的优点是可以在整个组织内发掘合适的候选人，同时技术档案可以作为人力资源信息系统的一部分。如果经过适当的准备，并且技术档案包含的信息比较全面，采用这种方法比较便宜和省时。

2.企业外部招聘

所谓外部招聘，是指在企业外部吸收申请人，可以采用多种形式。较为普遍采用的方法主要有：

（1）广告招聘。广告招聘是一种应用很广泛的方法，它可以比较容易地从劳动力市场中招聘到所需的人才。其传播媒体可以是大学校园里的布告栏、专业技术杂志、报纸和电视等。广告的作用，一方面是可将有关工作的性质、要求、雇员应该具备的资格等信息提供给潜在的申请人；另一个作用是向申请人"兜售"公司或企业的优势。广告的内容应该真实，虚假的广告会引起雇用时的不满和日后的跳槽。

（2）职工引荐。职工引荐是将有关工作空缺的信息告诉现有人员，请他们向企业或组织推荐潜在的申请人。一些组织有时提供少量报酬以激励雇员推荐合适的申请人，尤其是在劳动力短缺的条件下，往往采用这种方法。

职工引荐省时、省钱并能取得较好的效果，所以在很多企业获得广泛的应用。

研究表明，通过这种方法招聘的人员比用其他方法招聘的人员跳槽率更低。但是，在中国目前的情况下，人员推荐可能给那些搞不正之风或裙带关系的人大开方便之门。因此，需要认真加以鉴别并经过严格的选择。

（3）校园招聘。大学的本科生、专科生和研究生是大多数专业管理人员和工程技术人员的主要来源。校园招聘的一种方法是管理人员或者其他代表，访问学校并发表演讲；另一种方法是与学生签约并参观校园，同时与签约及其他有兴趣的学生面谈。一些大公司可以雇用专职招聘人员去校园招聘。

（4）委托各种劳动就业中介机构招聘。企业可以利用各种人才市场、劳务市场、各种职业介绍所进行招聘，也可以委托各类学校的毕业生就业指导部门推荐。这种招聘方法具有选择面大、可信性高、工作量少的特点。

（5）主动"挖墙脚"。有时企业急需人才，一般招聘方法又难以招聘到上等之才。在这种情况下，企业可以主动出击"挖墙脚"。

（6）网上招聘。随者互联网技术的发展，网上招聘成为一种非常重要的人才获得渠道。这种方式具有传播面广、沟通方便快捷的特点，但网站的建设和维护费用不菲，专业的招聘网站也存在一个网站推广的问题。对多数企业而言，选择在企业自己的网页发布招聘信息，同时与一些知名的招聘求职网站建立协作关系，是目前流行的做法。

第五节 员工绩效考评与薪酬

一、员工的绩效考评

绩效考评也叫业绩考评，是企业人事管理的重要内容，更是企业管理强有力的手段之一。绩效考评的基本目的是为了给予员工公正待遇，发掘和有效地利用能力，提高每个个体的效率，最终实现企业的目标。其具体目的则是要通过考评为确定工资和奖励、晋升和调转、能力开发和教育培训、解雇等提供依据。

1.绩效的概念

绩效是相对一个人所担当的工作而言的，即按照其工作性质，职工完成工作的结果或履行职务的结果。换句话说，就是组织成员对组织的贡献，或对组织所具有的价值。在企业中，职工工作绩效具体表现为完成工作的数量、质量、成本费用以及为企业做出的其他贡献等。

2.绩效的特征。

（1）绩效是人们行为的后果，是目标的完成程度，是客观存在的，而不是观念中的东西。

（2）绩效必须具有实际的效果，无效劳动的结果不能称之为绩效。

（3）绩效是一定的主体作用于一定的客体所表现出来的效用，即它是在工作过程中产生的。

（4）绩效应当体现投入与产出的对比关系。比如，每天生产 100 件产品的工人和生产 90 件的工人，如果前者废品率为 10%，而后者废品率为零，那么，即使数量上前者高于后者，其绩效却要低于后者。

（5）绩效应当有一定的可度量性。对于实际成果的度量，需要经过必要的转换方可取得，这具有一定的难度，这正是评价过程必须解决的问题。因此，绩效是工作过程中的有效成果，是企业对成员最终期望的达到程度。

3.考评的概念

考评是考核和评价的总称。考核是为评价提供事实依据，只有基于客观考核基础上的评价才是公平合理的。考核的结果也只有通过评价才能得以进一步的运用。否则，为考核而考核是毫无意义的。

（1）绩效考核。绩效考核是用数学的方法，对员工绩效进行客观的描述过程。

（2）绩效评价。绩效评价是应用考核结果的描述，并根据描述来确定绩效的高低，做出评价。

相同的考核结果在不同的条件下，评价的结果可能不完全相同。评价是在一定条件下对业绩的分析，有利于找到影响绩效的因素和提高绩效的方法。

绩效考评与传统考核的比较，见表3.1所示。

表3.1 绩效考评与传统考核的比较

比较因素	传统考核	绩效管理中的绩效考核
战略目的	无	服务于组织目标
管理目的	人事管理中的中心环节	绩效管理中的中心环节
目标或指标设定	被考核者不参与	被评估者参与
绩效督导	无	有
参与主体	人事部门或上级	360度反馈
结果表示	优点与缺点	绩效目标的达到程度
反馈	注重缺点和指责	注重认识绩效状况
个人感受	惩罚性威慑	指导性改进绩效

4.绩效考评的原则

（1）公开性原则。应该最大限度地减少考核者和被考核者双方对考评工作的神秘感，绩效标准和水平的制订是通过协商来进行的，考评方法、考评过程和考评结果的公开，是考评工作制度化的必然要求。

（2）客观性原则。即进行客观考核，即用事实说话，切忌主观武断。缺乏事实依据，宁可不做评论，或注上"无从观察""待深入调查"等意见，按个体的绝对标准进行考核，引导成员改进工作，避免人与人之间的攀比，破坏团队精神。

（3）重视反馈的原则。在绩效考评之后，进行面谈讨论，把结果反馈给被考核者，同时听取被考核者的意见及自我评价情况，存在问题不要紧，应给予修改，以达到建立互相信赖关系的目的。

（4）可行性和实用性原则。可行性应考虑：①和绩效标准相关的资料来源；②潜在的问题分析，预测在考评过程中可能发生的问题、困难和障碍，准备应变措施。实用性应考虑：①考评的手段是否有助于组织目标的实现；②考评的方法和手段是否和相应的岗位以及考评的目的相适应。

（5）避免"鞭打快牛"的原则。考评结果的运用，避免"鞭打快牛"的做法，即给成绩好的成员予以其所不愿意接受的回报。

（6）以工作为重点的考评原则。绩效考评的项目是针对工作的，不可将与工作无关的因素带入考评工作，更不可涉及人员的隐私。在现实的绩效考评中，往往分不清哪些与工作有直接联系，结果将许多有关人格问题的判断掺进评判的结论，这是不恰当的。考评过程应就事论事。

（7）重视时效性原则。绩效考评是对考核期内的所有成果形成综合的评价，而不是将本考核期之前的行为强加于当前的考评结果中。也不能拿近期的业绩或比较突出的一两个业绩来代替整个考核期内的绩效进行评估，这就要求绩效数据与考核时段相吻合。

5.绩效考评过程

（1）搜集资料。收集和绩效标准有关的资料，使得考评过程有据可依。包括工作表现的记录，如生产数量、质量，工作质量，是否按时完工，安全情况，预算成本与实际成本比较，出勤情况，顾客或同事抱怨次数等；经由其他与受考者有来往的人，包括主管、同事和该人员服务对象等的记录；关键时间的记录；对职工表现特别优秀或恶劣事件的记录等。

对收集的资料应慎加选取，保持客观性，尽量避免引进和标准无关的信息，减少对考评工作的干扰。

（2）设计考评的指标体系。绩效考评结果客观与否的首要问题，是要建立和考核项目相适应的评价指标体系和相应的权重体系，正确反映工作的要求以及各项工作的相对重要性。

（3）业绩的综合评价。把收集的有关资料，通过指标体系加以综合分析，得到综合评价的结果。

（4）进一步寻找实际成果和标准的差距，采用适当的形式和方法将评价结果向被评对象反馈，通过寻找差距，分析原因，提出改进绩效的办法和措施。

二、360 度绩效考评简介

360 度绩效考评，也叫全方位绩效考评，是由被考评人的上级、同级、下级、本人或考评专家担任考评者，从各个角度对被考评者进行全方位评价的一种绩效考核方法。考评的内容涉及到被考评人的管理绩效、专业绩效、业务绩效、工作态度和能力等方面。考评结束后，人力资源部门通过预先制定的反馈程序，将整理出的考评结果反馈给本人，从而达到改变行为，提高被考评人工作绩效的目的。

传统的考评方法仅仅是上级对下级员工的考评，因而只有一个方向。与传统的考评方法相比，360 度绩效考评的方法可以从多个角度来反映被考评人，因而考评过程更加透明，考评结果更加客观、全面、公正和可靠。正因为 360 度绩效考评具有全员参与管理、信息收集对称、能分散管理者日常管理压力等特点，很快成为企业绩效考核的重要办法之一。目前，360 度绩效考评已经广泛应用于高层领导自我觉察与发展、员工绩效评估、企业高层候选人的评荐、组织学习与变革等领域。360 度评估一般包括以下几个过程：

1.评估准备阶段：这个阶段，一般包括评估项目的设计、内容的确定，以及参评人员的选择。评估人员的选择，要坚持对被评估者充分了解的原则。

2.评估前的宣传与辅导：评估前，必须要通过宣导会议等形式向所有参与者说明本次评估的目的，培养参与者进行评估的技能，对他们的疑问给予解答，这样，才能消除参与者的顾虑，提高评估的质量。

3.评估阶段：评估阶段除了保持保密和公正的环境外，组织者要积极引导，保证评估者的参与率。这样，结果才能反映客观真实的情况。

4.结果分析：结果的分析是一个相对专业化的过程，它绝不是简单的数据的罗列，而是要通过科学的分析方法，找出被评估者的特点，并通过文字予以明确的说明。

5.反馈面谈：评估后的反馈面谈是一个非常重要的过程，评估没有反馈，整个评估过程即使再科学、再有效，也将失去意义。反馈过程中要注意沟通的技巧，使被评估者能够真诚地接受。

6.评估结果的运用：360度评估是人力资源发展体系中的一部分，评估过程是一个循环往复、不断上升的过程。企业要善于通过评估，提升员工的核心能力，完善和构造员工发展体系，促进企业的业务发展。

三、薪酬与报酬

1.薪酬的定义

薪酬是员工为企业提供劳动而得到的各种货币与实物报酬的总和，可以包括工资、奖金、津贴、提成工资、劳动分红、福利等。其中工资是薪酬最主要的部分，具体构成，见图2.9所示。

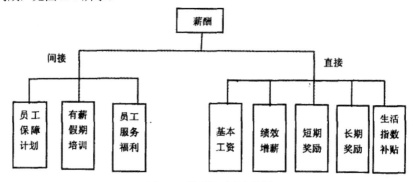

图2.9 薪酬的形式和范围

2.薪酬的功能

（1）补偿功能：补偿员工的劳动消耗，保证劳动力的再生产。

（2）激励功能：通过公平和有竞争力的薪酬体系激发员工积极性，保证员工较高的绩效水平。

（3）调节功能：调节不同岗位及不同人员的收入水平。

3.报酬的定义

报酬是指因工作而获得的直接的和间接的经济收益以及非经济收益的总和。除薪酬和福利外，报酬还包括了以下两个重要的部分：

（1）工作价值：包括工作的趣味性、挑战性、成就感，才能的发挥，晋升机会及发展前景等。

（2）工作环境：包括良好的企业文化、融洽的人际关系、舒适的工作条件、弹性的工作方式、便利的工作场所、良好的企业形象等。

现代社会随着经济社会的不断发展，劳动已不仅仅是一种谋生的手段，人们对工作开始赋予越来越多的期望和要求，尤其当薪酬水平达到一个较高程度的时候，非经济的报酬往往成为人们行为的重要动因，这一点相信在未来将会有更加普遍的体现。

四、工资

1. 工资及其类型

工资是企业雇佣者向从业人员支付的劳动报酬。其基本形式主要有三种类型：基本工资、激励工资、成就工资。

◆基本工资：是指职工只要仍在企业就业，就能定期拿到的一个固定数额的劳动报酬。形式有：小时工资、月薪和年薪。

◆激励工资：是工资中随着职工努力程度和劳动成果的变化而变化的部分。主要形式有，投入激励工资、产出激励工资、长期激励工资等。

◆成就工资：是当职工在企业工作卓有成效，为企业做出了突出的贡献后，企业以提高基本工资的形式支付给职工的报酬。

2. 影响工资的主要因素

（1）内在因素。所谓影响工资的内在因素，是指与劳动者所承担的工作或职务的特性及其状况有关的因素，主要有以下几种：

①劳动者的劳动。关于劳动，可区分为三种形态，一是潜在劳动形态，也就是蕴藏在劳动者身上的劳动能力，潜在劳动形态对工资的影响在不同工资体系中是不一样的。潜在劳动形态发挥的结果，首先表现为流动形态的劳动，它可用劳动时间来计量，成为计时工资的依据。流动形态劳动最终会凝结为物化劳动形态，它可以用生产的产品数量或工作数量的多少来衡量，成为计件工资的依据。

②职务的高低。职务既包含着权力，同时也负有相应的责任。

③技术和训练水平。原则上，技术水平越高，所受训练层次越深，则应给予的工资越高。这份较高的工资不仅有报酬的含义，还有积极的激励作用，即促使劳动者愿意不断地学习新技术，提高劳动生产水平，并从事更为复杂和技术要求更高的工作。

④工作的时间性。对绝大多数劳动者来说，他们所从事的工作通常都是长期的，而另外一些劳动者则从事季节性或临时性的工作，这部分劳动者的工资无论是以小时、周还是以月计算的，一般都比正常受雇劳动者的工资为高。其基本原因可归纳为三个：一是这些人在工作季节或期间过去之后，可能会不容易找到工作，而在失

业期间他们将没有收入来源；二是这些劳动者在受雇期间很可能得不到社会保障的保护，因为雇主或企业通常不需要为他们支付劳动保险等费用；三是这些劳动者很可能不享受企业福利。所以，工资支出应适当高一些，以为这部分劳动者的生活提供一定的缓解余地。

⑤工作的危险性。有些工作具有危险性，妨害人体健康，甚至危及人的生命。还有些工作具有比较恶劣的工作环境，这样他们的工资就应当比在舒适安全的工作环境中工作的人的工资为高。这种高工资的作用一方面用于补偿他们的体能消耗、耐力和冒险精神，另一方面，从心理学的角度来说，也是一种鼓励和安慰。

⑥福利及优惠权利。有些企业办有种种福利或给予职工若干优惠待遇，作为职工工资收入的补充。而没有福利或优惠的企业，则需在工资方面给予适当的弥补，方能维持企业骨干人员的稳定。

⑦年龄与工龄。从理论上讲，工龄并不体现劳动者的劳动能力，也不能体现劳动者的劳动成果，因此工龄不属于按劳分配的范畴。但在实际上，工龄往往是影响工资的一个很重要因素，这是由以下几方面的作用决定的：

第一，补偿劳动者过去的投资。

第二，保持平滑的年龄收入曲线。

第三，减少劳动力流动。连续企业工龄与工资收入挂钩能起到稳定职工队伍、降低企业成本的作用。

（2）外在因素。所谓影响工资的外在因素，是指与工作的状况、特性无关，但对工资的构成确定有重大影响的一些经济因素。与内在因素相比，外在因素更为具体而易见。具体有：生活费用与物价水平；企业负担能力；地区和行业间通行的工资水平；劳动力市场的供求状况；劳动力的潜在替代物；产品的需求弹性等。

表3.2 "以人为本"和"以工作为本"薪酬制度体系比较

项目	以人为本	以工作为本
薪酬结构	根据员工的技术与知识	根据员工从事的工作
企业角度	员工与薪酬相关联	工作与薪酬相关联
员工角度	掌握技术与知识提高薪酬	依靠晋升提高薪酬
薪酬确定	以工作有关的知识为主	以工作内容为主
优点	团队精神和灵活性	控制简单
缺点	成本控制难	不灵活

第十一章 创新中的质量管理

第一节 质量与质量管理

一、质量的含义

质量（Quality）是质量管理中最基本的概念。国际标准化组织在 ISO9000:2000《质量管理体系——基础和术语》这一国际标准中，将质量定义为：一组固有特性满足要求的程度。这一定义是从"特性"和"要求"这两者之间关系的角度来描述质量的，亦即某种事物的"特性"满足某个群体"要求"的程度。满足的程度越高，就可以说这种事物的质量就越高或是越好；反之，则认为该事物的质量低或差。

上述定义中的特性以及质量概念所描述的对象，早期只是局限于产品，现今则不仅包括产品和服务，而且还扩展到了过程、活动、组织乃至它们的结合。质量特性可分为以下几类：

1. 技术或理化方面的特性。这些特性可以用理化检测仪器精确测定。例如机械零件的钢性、弹性、耐磨性；汽车的速度、牵引力、耗油量、废气排放量；防水、防震、防磁等。科学技术的进步使得许多原来无法测定的特性可进测定，从而使得人们对质量进行更加客观的判断成为可能。

2. 心理方面的特性，例如服装的式样、食品的味道、汽车象征的地位和气派等。这些特性反映了顾客的心理感觉和审美价值，一般很难用准确的技术指标来衡量。

3. 时间方面的特性。产品使用过程中的及时性、可靠性、可维修性以及使用费用等都极大地影响着顾客的质量评价。

4. 安全方面的特性。产品的使用不仅要可靠、及时，更加重要的是不能给顾客造成伤害和事故。因此，产品必须有保证条款，有各种安全条款和安全措施。

5. 社会方面的特性。仅仅考虑对应顾客需要是不充分的，还必须考虑法律、法规、环保以及社会伦理等有关社会整体利益方面的要求。

上述质量定义中的"要求"，反映了人们对于质量概念所描述对象的需要和期望。这些要求有时是明确规定的，如产品的销售合同中对于产品性能的规定；也可以是隐含的或不言而喻的，如银行存款的保密性、食品的卫生、电器的安全等。

二、质量管理的概念及内容

1. 质量管理的概念

ISO9000 标准中将质量管理定义为：在质量方面指挥和控制组织的协调一致的活动。在质量方面指挥和控制活动，通常包括制定质量方针和质量目标，以及质量策划、质量控制、质量保证和质量改进。质量策划，致力于制定质量目标并规定必要的运行过程和相关资源以实现质量目标；质量控制致力于增强满足质量要求的能力。

2.质量管理的主要职能

质量管理是企业经营、生存、发展必须的一种综合性管理活动。质量管理是各级管理者的职责，涉及到企业的所有成员。其中主要职能为：

（1）制定质量方针的基本要求和质量目标。质量方针的基本要求应包括供方的组织目标和顾客的期望和需求，也是供方质量行为的准则。质量目标是质量方针的具体体现，目标既要先进，又要可行，便于实施和检查。

（2）确定质量职责和权限。企业最高管理者必须明确，质量方针是对用户的质量承诺。要使各有关部门和人员理解、执行，就需对所有与质量有关的管理、执行和验证人员明确其职责、权利关系，以便按期望的要求实现规定的质量目标。

（3）建立质量管理体系并使其有效运行。企业建立质量管理体系是质量管理的基础，使之组织落实，有资源保障，并有具体的工作内容，对产品质量形成的全过程实施控制。

3.质量管理的发展过程

质量是一个永恒的概念，质量管理也随着时代的发展而不断发展。在过去的整一个世纪中，质量管理的发展大致经历了三个阶段：

（1）质量检验阶段。20世纪初，人们对质量管理的理解还只限于质量的检验。这一阶段一直持续到20世纪40年代初，主要是通过检验的方式来控制和保证产品或转入下道工序的产品质量。在质量控制方面，主要依靠手工操作者的手艺和经验来进行把关。但这种事后检验把关，无法在生产过程中起到预防、控制的作用。1924年，美国的休哈特提出了控制和预防缺陷的概念，并成功地创造了"控制图"，把数理统计方法引入到质量管理中，使质量管理推进到新阶段。

（2）统计质量控制阶段。这一阶段的特征是数理统计方法与质量管理的结合。控制图的出现，是质量管理从单纯事后检验转入检验加预防的标志，也是形成一门独立学科的开始。第一本正式出版的质量管理科学专著，就是1931年出版的《工业产品质量的经济控制》。第二次世界大战开始以后，统计质量管理才得到了广泛应用。美国军政部门组织一批专家和工程技术人员，于1941~1942年间先后制定并公布了Z1.1、Z1.2、Z1.3等战备质量管理标准，强制生产武器弹药的厂商推行，并收到了显著效果。从此，统计质量管理的方法才得到了应用，其效果也得到了广泛的承认。

但是，统计质量管理也存在着缺陷，它过分强调质量控制的统计方法，忽视了其他部门的工作对质量的影响，制约了它的推广和应用。而这些问题的解决，又把质量管理推进到一个新的阶段。

（3）全面质量管理阶段。第二次世界大战以后，人类在科技上取得了许多划时代的重大突破，生产力获得了前所未有的大发展。随着市场竞争的加剧，各国企业都很重视产品责任和质量保证问题，仅仅依赖质量检验和运用统计方法已难以保证和提高产品质量，促使全面质量管理的理论逐步形成。最早提出全面质量管理概念的是美国通用电器公司质量经理A.V.费根堡姆，1961年，他发表了一本著作《全面质量管理》，使质量管理发展到一个新的阶段。随后，全面质量管理的观点在全球范围内得到了广泛的传播，各国都结合自己的实践进行了各方面的创新，成功的质量管理使得日本产品在全球成为了高质量的代名词，日本也成为质量管理最优秀的实践者。在 20 世纪的最后十几年中，经过长期而广泛的实践、积累、总结和升华，全面质量管理成为了全球企业界的共同实践，逐渐演变为一套以质量为中心的、综合的、全面的管理方式和管理理念。

第二节 ISO9000 族质量管理体系标准概述

ISO9000 族标准是关于质量管理体系的通用要求和指南。这套标准的问世，为各类组织出现合序、有效的质量管理提供了方法论和指导，为贸易中的供需双方建立信任、实施质量保证提供了通用的质量管理体系规范。"八项质量管理原则"构成了 ISO9000 族标准所蕴含的基本理念。

一、什么是 ISO9000 族标准

"ISO9000 族"是国际标准化组织（ISO）在 1994 年提出的概念，是指由 ISO／TCl76（国际标准化组织质量管理和质量保证技术委员会）制定的所有国际标准。该标准族可帮助组织实施并有效运行质量体系，是质量管理体系通用的要求和指南。它不受具体的行业或经济部门的限制，可广泛适用于各种类型和规模的组织，在国内和国际的贸易中可促进相互理解。

这套标准于 1987 年问世，是近 20 多年来对全球企业界影响最为深远的事件之一。目前已有 150 个国家和地区都采用了这套标准，获得 ISO9000 质量管理体系认证的组织多达数十万。为了使 1987 年版的 ISO9000 系列标准更加协调和完善，1990 年，ISO／TCl76 质量管理和质量保证技术委员会决定对标准进行修订，提出了《2000 年展望》。其目标是：要让全世界都接受和使用 ISO9000 族标准。按《2000 年展望》提出的目标，标准分两个阶段修改。第一阶段称之为有限修改，即为 1994 年版本的 ISO9000 族标准。第二阶段是在总体结构和技术内容上做较大的全新修改。2000 年 12 月 15 日又正式发布了经过第二次修订的 2000 年版本。

二、ISO9000 族标准在中国

1987 年 3 月 ISO9000 族标准正式发布以后，原国家标准局于 1988 年 12 月正式发布了等效采用 ISO9000 标准的 GB/T10300《质量管理和质量保证》系列国家标准，1989 年 8 月 1 日起在全国实施。

1992 年 5 月我国决定等同采用 ISO9000 系列标准，制定并发布了 GB／T19000-ISO9000 族标准。等同采用 2000 年版 ISO9000 族标准的国家标准于 2001 年 1 月由国家技术监督局正式发布。

第三节 质量管理体系

一、质量管理体系的概念和内容

1.质量管理体系的概念

质量管理体系，是指在质量方面指挥和控制组织的管理体系。质量管理体系是组织若干管理体系中的一个组成部分，它致力于建立质量方针和质量目标，并为实现质量方针和质量目标确定相关的过程、活动和资源。组织可通过质量管理体系来实施质量管理，质量管理的中心任务是建立、实施和保持一个有效的质量管理体系，并持续改进其有效性。

2.质量管理体系的内容

企业通过产品和服务来实现顾客的满意，而产品和服务是由进行过程控制和改进来实现高质量、低成本和高的生产率，这是现代企业管理的一种最有效的途径。ISO9000 族标准所确立的质量管理体系，便是对实现质量目标所必须的过程的规定。质量管理体系是一系列的相关过程的集合，建立和实施质量管理体系就是通过持续不断地识别、建立、控制和改进过程，来实现质量的改进、成本的降低和生产率的提高。管理职责、资源管理、产品实现以及测量分析和改进，这四个方面便构成了质量管理体系要求的基本内容。

二、质量管理体系建立的一般步骤

根据 1SO9000 族标准的要求，建立一个新的质量管理体系或者调整更新现行的质量管理体系，一般都要经过组织准备、总体规划、建立／更新体系、编制／完善文件、运行保持等几个阶段。

1.组织准备。组织策划阶段的主要任务，就是做好建立质量管理体系的前期准备工作并制定具体实施计划，一般包括以下环节：

（1）统一思想。为了统一思想、提高认识，要求本组织领导层应先进一步学习ISO9000 族标准。

（2）组织落实、培训队伍。

2.总体规划。这是从组织的质量方针、质量目标出发，系统分析质量管理的总体要求，统筹规划，整体设计，提出质量体系总体方案的过程。在总体规划阶段包括以下主要环节：

（1）广泛收集有关资料，为质量体系的总体规划提供依据参考。

（2）质量管理体系环境分析。在质量管理体系的总体规划时，应着重对以下几方面的体系环境进行分析：

◆顾客和市场及其他相关方对本组织质量管理体系的要求。

◆对于国际的、国家的、行业的或第三方认证、检查机构发布的法律、法令、法规、规定、规划等法规性文体的要求，凡适用于本组织的，在质量管理体系建设过程中应符合这些要求。

◆质量观念的扩展和深化，科学技术的进步可能引起管理方式和生产方式的变革。

（3）强化以"顾客为关注焦点"的质量意识，确定质量方针。

①强化"顾客为关注焦点"的意识形成。从最高管理者开始直至每一个员工，在建立和完善质量管理体系的同时强化这一质量意识。

②确立质量方针。建立质量管理体系的根本目的，是建立并实现组织的质量方针和质量目标。在制定质量方针时，应注意以下几点：

◆质量方针应为建立和评审质量目标提供框架。

◆质量方针应与组织的宗旨相适应。

◆质量方针应包括满足要求和持续改进的承诺。

3.确定产品实现过程，策划控制要求。

4.配置组织结构，明确职权关系。

5.确定资源及合理配置。资源是建立和实施质量体系的基本保障，资源包括了人力资源、资金、设备、设施、信息、技术和方法等。

6.建立形成文件的质量管理体系。质量管理的一项重要工作，是建立形成文件的质量管理体系。文件能够沟通意图，统一行动，它有助于产品质量改进的实现，文件的形成是一项增值的活动。在 ISO9000：2000 标准中，对质量管理的文件提出了几种类型：

（1）质量手册：向组织内部和外部提供关于质量体系信息的文件；

（2）质量计划：表述质量管理体系，如何应用于特定产品、项目或合同的文件；

（3）规范：阐明要求的文件；

（4）指南：阐明推荐的方法或建议的文件；

（5）作业文件：提供如何一致地完成活动和过程的信息的文件；

（6）记录：对所完成的活动或达到的结果，提供客观依据的文件。

上述建立质量管理体系的步骤之间，没有明确的界线，常常是相互穿插、交错进行的，工作中要注意及时协调和加强衔接。

第四节 质量管理常用统计控制方法

在质量管理活动中，需要收集和处理大量的数据，利用多种统计方法对质量管理过程的各个环节进行控制和管理，以达到保证和提高质量的目的。本节主要介绍质量管理中几种常用的工具和方法。

一、调查表

调查表，又称检查表，核对表，统计分析表。它是用来系统地收集资料和积累数据，确认事实，并对数据进行粗略整理和分析的统计图表。它被广泛地运用于现场管理，用以迅速地取得或整理数据。

1.种类和用途

在应用实践中，可根据收集数据的目的和数据类型等，自行设计所用的表格。在现场质量管理中，常用的调查表有不合格品项目调查表、缺陷位置调查表、质量特性分布调查表以及矩阵调查表等。

2.调查表的应用程序

调查的应用过程，通常包括以下五个步骤：（1）明确收集资料的目的；（2）明确为达到目的，所需要的资料及对资料所用的分析方法；（3）根据目的的不同，设计调查表的格式，包括调查者、调查时间、地点内容和方式等项目；（4）对搜集和记录的部分资料的预先调查，确定调查表格式设计的合理性并做出评价；（5）如果有必要，则应评审和修改调查表格式。

二、分层法

引起质量波动（或称变异）的原因是多种多样的。因此，搜集到的质量数据和意见往往带有综合性。为了能真实地反映产品质量波动的实质原因和变化规律，就必须对质量数据、意见等进行适当地归类和整理，即分层。分层法，又叫分类法、分组法，它是按照一定的标志，把搜集到的大量有关某一特性主题的统计数据、意见等，加以归类、整理和汇总的一种方法。

1.目的和用途。分层的目的在于把杂乱无章和错综复杂的数据和意见加以归类汇总，使之更能确切地反映客观事实。分层的目的不同，分层的标志也不一样，然而分层的原则是：同一层次内的数据波动（意见和观点差别）幅度尽可能小，而层与层之间的差别尽可能地大。这样才能达到归类汇总的目的。基于不同的分层标志，有多种分层方法，常用的分层标志有 5M1E、时间、意见和观点等，可根据具体的情况灵活运用和细分，也可以在质量管理活动中不断创新，创造出新的分层标志。

分层法常用于归类整理所搜集到的统计数据，或归纳汇总出"头脑风暴"法所产生的意见和想法。分层法常与其他统计方法结合起来应用，如分层直方图法、分层排列图法、分层控制图法、分层散布图法、分层因果图法和分层调查表法等。

2.应用程序。分层法应用过程包括以下步骤：（1）收集数据和意见；（2）将采集到的数据或意见根据目的不同选择分层标志；（3）分层；（4）按层归类；（5）

画分层归类图。

三、因果图

因果图又叫石川图、特性要因分析图、树枝图、鱼刺图等。它是表示质量特性波动与潜在原因关系，即表达和分析因果关系的一种图，运用因果图有利于找到问题的症结所在，然后对症下药，解决质量问题。因果图在质量管理活动中，尤其是在 QC 小组、质量分析和质量改进活动中有着广泛的用途。

1.因果图的应用程序

（1）简明扼要地规定结果，即规定需要解决的质量问题。

（2）规定可能发生的原因的主要类别。一般从人员、机器、材料、方法、环境这五个方面入手进行分析，他们构成了因果分析的所谓大原因，即通常所说的"人、机、料、法、环"，亦称 5M1E。

（3）把结果画在右边矩形框中，然后把各类主要原因放在左边矩形框中，作为结果的输入。

（4）寻求次一级的原因，画在相应的主（因）枝上，并继续一层层地展开下去。

（5）从最高层（最末一层）的原因（末端因素）中选取和识别少量对结果影响大的原因（称为重要因素或要因），必要时需要进一步验证。

2.应用因果图时，应注意的问题

（1）建立因果图时必须通过有效的方法，比如头脑风暴法，充分发扬民主，畅所欲言，集思广益，把每个人的意见都记录下来。

（2）确定需要分析的质量问题不能笼统，要具体，一张因果图分析一个主要质量问题。即因果图只能用于单一目标研究。

（3）因果图的层次要分明。最高层次的原因应寻求至可以采取措施为止。

（4）要因一定是在末端（最高层次）因素上，而不是在中间层次上。

（5）因果图本身只能用于分析原因或建立假设，而是否为真正原因特别是要因，需要进行检验来确定。

（6）将因果图与排列图、对策表结合起来应用，即我国企业所谓的"两图一表"，会收到很好的效果。

第五节 六西格玛管理

一、六西格玛的起源及其发展

六西格玛管理作为一种持续改进产品和服务质量的方法，最早起源于美国摩托罗拉公司。20 世纪 70 年代后期，在日本企业的强大攻势下，几乎所有的美国产业都面临着巨大的竞争压力。在这种形势下，摩托罗拉公司从 1980 年开始了其"质量振兴计划"，内容包括加快产品开发、大幅度提高产品质量以及通过调整生产过程来降低成本等，希望以此来提升企业的竞争力，从而能够同竞争对手抗衡。这一计划的核心构成，便是所谓的六西格玛管理活动，这一活动成了摩托罗拉在全公司范围内实施的质量改进活动。六西格玛管理在摩托罗拉的实践成果显著，该公司在 1988 年荣获了美国马尔科姆·波多里奇国家质量奖。

六西格玛管理活动的广泛开展，对于当代的企业管理也产生了很大的影响。到目前为止，在全世界范围内都掀起了六西格玛的热潮。很多管理者学会了六西格玛的术语，很多公司开始尝试六西格玛管理，其中尤以通用电器公司的成果最为显著。很多咨询公司和人员正在将六西格玛作为一个新的卖点。在此对六西格玛管理的基本思想进行介绍。

二、实现西格玛目标的"六步法"

现代质量管理是通过对过程进行持续不断地改进，来实现高质量、低成本和高的生产率的。实现六西格玛质量目标，便是要对过程进行持续不断地改进。持续改进是通过六个步骤的循环来实现的。这六个步骤分别为：

1.明确你所提供的产品或服务是什么？

这里"你"代表组织的过程链条上的任意一个环节，可以是一个部门、一道工序或一个团队等。这里的"产品或服务"指的便是这一特定环节的输出。通过这个步骤的活动，要明确你所提供的产品和服务是什么，同时也要确定测量你的产品或服务的单位。

2.明确你的顾客是谁？他们的需要是什么？

这里的顾客指过程链上的"你"的下一个环节，你的产品或服务质量的优劣是由你的顾客来判定的。在这一步骤中，要明确你的顾客，明确顾客的关键需要，并要同顾客就这些关键需要达成共识。

3.为了向顾客提供使他们满意的产品和服务，你需要什么？

这是要明确，为了满足你的顾客的需要，你需要什么？谁来满足你的需要？从过程链的角度来看，这是要明确你的上一个环节，以及为了使你能够满足顾客的需要，他们应当为你提供什么条件。

4.明确你的过程。

在这一步骤中，通常要借助于流程图将过程的现状描绘出来。

5.纠正过程中的错误，杜绝无用功。

在上一步对过程的现状充分认识的基础上，分析过程中的错误和冗余，制定纠错后的理想流程图。

6.对过程进行测量、分析、改进和控制，确保改进的持续进行。

三、成功实施六西格玛的关键

成功实施六西格玛需要遵循几个关键的原则：

1.高层管理者的承诺

摩托罗拉前 CEO 鲍勃·高尔文，充满热情地领导全体员工通过实施六西格玛来实现其进攻性目标：质量水平每两年提高 10 倍。同样，通用电器公司（GE）的 CEO 杰克·韦尔奇也亲自倡导和推动六西格玛。在他的支持下，通用电器公司的其他高层经理也亲身参与到六西格玛活动中来。

2.与公司当前的工作重点、战略以及绩效测评体系进行整合

在通用电器公司 1998 年的年度报告中，杰克·韦尔奇提出了三个工作重点：全球化、服务和六西格玛。他认为这三者能够"强有力地推动公司的成长，并能转变公司的文化和灵魂"。在这一指导思想下，六西格玛被应用到公司所有的领域，包括产品开发和金融服务。因此，能否与公司的战略结合起来，是六西格玛活动成败的关键。

3.过程思维

过程思维是全面质量管理的最基本的原则之一。因此，关注过程是六西格玛必要的先决条件，描绘出所有的业务过程是六西格玛的一项关键性的活动，甚至在信息收集、数据分析以及问题解决过程中也要建立规范的工作过程。

4.确保收益

无论是长期还是短期，六西格玛项目必然能够产生实际的收益。因此，在开展六西格玛活动时需要掌握这一基本原则。为了确保项目的收益性，项目时间不宜过长，大多数的六西格玛项目都被设计为在 3～6 个月内结束。

5.多层次的、深入现场的领导

在通用电器公司，六西格玛活动调动了来自关键业务领域的各个层次的人员，包括技术人员、非技术人员以及管理者等。其中倡导者是受过全面训练的业务领导，主要责任是推动和领导六西格玛活动在关键业务领域的开展。大黑带(Black Belt)是受过全面训练的质量领导，负责六西格玛战略、培训、指导、部署以及结果。黑带是受过全面训练的六西格玛专家，主要责任是领导跨职能的改进团队和工作项目，并且指导绿带(Green Belt)。绿带是受过全面训练的质量活动领导者，具备数量分析

的技能以及培训和领导的能力，负责项目的培训、指导、部署以及结果。项目成员是在各自领域里支持特定项目的人。

6.培训

六西格玛需要将大量的资源投入到培训中。很多开展全面质量管理的企业只是为员工提供了基本质量意识的培训，然而六西格玛的公司培训则要对几乎每个人进行严格的统计和解决问题工具方面的培训。通用电器公司将其绿带的培训紧缩为 10天，这种培训针对通用电器公司所有的员工。实际的绿带培训一般要延续 4 个月，不仅要学习到知识，而且要到实践中进行实际项目的操作。

7.不断强化和奖励

在通用电器公司中，韦尔奇让员工非常清晰地认识到六西格玛没有自由选择的余地，而是在全公司开展的、每个人都必须做的工作。而且，所有的员工，包括管理者，如果要得到升迁必须要通过六西格玛培训并完成一个项目。通过这种方式，通用电器公司在公司中确立了六西格玛的地位，并且将奖励和升迁与员工在六西格玛中取得的成绩紧密地联系在一起。

参考文献

1. 中国企业管理研究会《企业管理》编写组. 企业管理导论, 北京：经济科学出版社, 2002

2. 周三多. 管理学, 北京：高等教育出版社, 2002

3. 徐二明. 企业战略管理, 北京：中国经济出版社, 2002

4. 林有孚. 现代企业管理MBA, 北京：中国统计出版社, 2000

5. 朱道立, 龚国华, 罗齐. 物流和供应链管理, 上海：复旦大学出版社, 2003

6. 迈克尔·波特. 竞争优势, 北京：华夏出版社, 1997

7. 陈荣秋, 马士华. 生产与运作管理, 北京：高等教育出版社, 1999

8. 项保华. 战略管理——艺术与实务, 北京：华夏出版社, 2001

9. 李启明. 现代企业管理, 北京：高等教育出版社, 1999

10. 赵启兰. 企业物流管理, 北京：机械工业出版社, 2005

11. 李苏剑. 企业物流管理理论与案例, 北京：机械工业出版社, 2003

12. 孟建华. 现代物流管理概论, 北京：清华大学出版社, 2004

13. 吴培良, 郑明身, 王凤彬. 组织理论与设计, 北京中国人民大学出版社, 1998

14. 马士华. 供应链管理, 北京：机械工业出版社, 2000

15. 崔介何. 电子商务与物流, 北京：中国物资出版社, 2001

16. 丹尼尔·雷恩, 赵容等译. 管理思想的演变。中国社会科学出版社, 2000

17. 罗锐韧, 曾繁正. 人力资源管理, 北京：红旗出版社, 1997

18. 众凯成等. 人力资源管理, 大连理工大学出版社, 1997

19. 董泽芳等. 人力资源开发与管理, 武汉：华中师范大学出版社, 2000

20. 科特勒. 市场营销管理（第六版）, 北京：北京科学文献出版社, 1991